思想觀念的帶動者

文化現象的觀察者

本土經驗的整理者

生命故事的關懷者

心靈工坊 PsyGarden

Holistic

探索身體，追求智性，呼喊靈性
攀向更高遠的意義與價值
是幸福，是恩典，更是內在心靈的基本需求
企求穿越回歸眞我的旅程

鑽石途徑IV

【無可摧毀的純真】

Diamond Heart Book Four

Indestructible Innocence

阿瑪斯（A. H. Almaas）——著

胡因夢——策劃、翻譯

【目錄】

超個人心理學劃時代運動的先驅

身心靈療癒課程講師、作者、譯者
胡因夢

現代西方心理學最主要的任務之一，乃是要整合它們對人性的深度理解與世界宗教傳承早已發現的心靈解脫之道。心理學不但要治療人類在俗世生活裡的煩惱，還要為人類帶來真正的解脫及身心靈的統合。阿瑪斯（A. H. Almaas）將畢生獻給了這項任務。他從客體關係心理學及佛洛伊德派的自我心理學擷取了許多概念和經驗，同時也汲取了心理動力理論及其他的心理學體系。他更從自己的諮商過程中累積了深厚的個案經驗。他受過最高層的佛法訓練和其他的東方修練法門，他自己在修行上也有深刻的證悟經驗。他的觀念反映了葛吉夫（Gurdjieff）的教誨、蘇菲神祕主義、金剛乘及禪宗的精髓。他提醒我們不但要觀察人格與心智的內涵，還要洞察到人類內心最深的本質。

阿瑪斯發展出來的「鑽石途徑」是一條精準而直接的道路，它提供給我們的除了對心理活動的深度知識之外，同時也邀約我們發展出智慧、愛、喜悅、活力、祥和、熱情、好奇、快樂、信任、感恩等等的品質。它把上述的品質視為我們生命本體的不同面向，如果我們能允許自己在每個當下開放地體驗內心所有的感覺，我們自然渴望活出具足本體的生活。對大部分人而言，這份渴望在感覺上似乎是一種深沉的哀傷和痛苦，它埋藏在我們日常的覺知和意識活動的底端。這個背景場域是那麼平常，所以我們經常忽略它。某些人甚至會緊緊抓住這股渴望，把視野放在遙不可及的彼岸。還有的人則基於自保而刻意貶低這股渴望，甚至認為它是不可能達成的一種幻覺。或許絕大部分的人終其一生都在夢遊中，絲毫沒考慮過我們這份最深的渴求。

一旦隔絕了本體之中的能量、熱情及力量，我們的生命就無法拓展了。我們會感到虛弱、匱乏、不滿足，而這又會促使我們向外追求各種的讚美、肯定、安慰和支持。我們想要說服世界我們並不是那麼虛弱的，然而我們越是努力證明我們的力量，我們的虛弱就越明顯。這又會形成一種想要批判自己和別人的衝動，於是我們的超我——內化的母親形象——便開始全盤掌控我們的人生。人類因為和本體失去連結而造成的「心理坑洞」，往往是我們最想填滿，也最不能面對的問題。這些心理上的議題一向被視為自我認識的障礙，但「鑽石途徑」並不把它們看成是障礙，反而將它們當成是發現終極真相——本體——的重要線索。「坑洞理論」可以說是鑽石途徑對人類陰影層問題的核心洞識；它最能補足東方修行傳統在心理支持上的不足。幾乎所有的匱乏、自卑及不安全感問題，都是源自於童年的創傷經驗。

這些由創傷所形成的心理坑洞既是我們不願意面對的一種內在威脅，也是發現我們早已喪失某些本體品質的機會。整個「鑽石途徑」的精髓就在於揭露坑洞裡的情緒能量，並探入更深的本體品質——譬如上一段曾提過的愛、活力、祥和、喜悅、信任、感恩等等的高層精神境界，而這些品質都是鑽石般的本體的不同切面。

鑽石途徑採用的方法非常廣泛，它整合了情緒治療、認知治療、直覺式的揭露、呼吸技法及精微能量的探討，而這些全都包含在靈性的架構之內。多年來阿瑪斯已經訓練出一批老師，學生們的小型聚會便是由這些老師所帶領的。大型聚會則是用來發表演講，進行經驗性的練習，譬如靜坐及其他的鍛鍊方法。阿瑪斯和鑽石途徑的其他老師也帶領長期閉關。學生們則必須靠自己來消化老師的教誨，並且進行某些特定的練習。這個途徑會隨著學生的需要繼續發展下去，不過其中最重要的方法就是「探索」。

「探索」與透過高次元的覺知來鳥瞰意識活動不大相同，後者是東方傳統的禪定修持所採用的方法，其優點是比較容易進入定境與不認同的境界，因為基本上它並不去研究意識的內涵，但缺點卻是無法發展出心理動力式的觀察，也無法「確知」人性錯綜複雜的問題癥結是什麼。「探索」則是一種「理解」的途徑，它不僅是頭腦的認知，而是整合了智力、情感、身體覺知、精微能量及直覺的一種自我認識。「探索」鼓勵也容許自己去體驗當下所呈現出來的坑洞——深層的負面情緒能量，而不帶有偏見、定論，也不去擔憂結果會如何。這種體驗越來越深化之後，我們的覺知就會通達本體的各個面向而得以整合。這樣的方式能帶來真正的成長、療癒與解放。

超個人心理學界的菁英肯恩・威爾伯（Ken Wilber），將鑽石途徑譽為西方心理學和東方智慧的最佳整合途徑之一。威爾伯說，「它整合了向上迴旋和向下迴旋之道，成為一個前後連貫而又十分有效的內在工作形式。」連東尼・史瓦茲（Tony Schwartz）和賴瑞・史比洛（Larry Spiro）這兩位難以取悅的知識界菁英，也給予鑽石途徑高度的肯定。《狂喜之後》的作者傑克・康菲爾德（Jack Kornfield）更是對鑽石途徑倍加讚譽，他說：「阿瑪斯將深刻的靈性智慧及心理學知識注入到鑽石途徑裡，這項工作令他成為現代心理學劃時代運動的先趨。」

鑽石途徑系列叢書（總共有四冊），是阿瑪斯與學員互動時的心得記錄，也是他十本著作中最貼近一般大眾的教誨。但願這個劃時代的整合途徑，能夠為國人帶來有別於傳統的啟蒙和洞識。

鑽石途徑總序

我們活在一個美妙、神祕而不可思議的世界裡，但大多數人很少有能力享受這真實的世界。我們能夠覺知到的世界，多半充斥著爭鬥、痛苦及無意義感。這種情況起因於未能充分活出和證悟人類所有的潛能。若是能證悟和開顯出人類的本體，潛能才得以充分實現。

鑽石途徑系列著作，是由我多年來對加州和科羅拉多州內在工作團體的談話結集而成。這些談話的目的，乃是為了引領和導正那些專心致志於證悟本體的人。

這些談話是針對特定學生在證悟過程中所出現的狀態和階段而準備的。我們採用的教學方法稱為「鑽石途徑」。談話一開始探討的是內在工作所面臨的各種狀況以及必須了解的知識和問題，接著探索的是越來越微細而深入的各個發展階段，最後探討的則是證悟的條件，以及最成熟的幾個狀態中有哪些需要了解的細節。

每一次的談話都會闡明本體或存在的某種狀態，而相關的心理議題和障礙也會加以精確的探討。我們所採用的是現代心理學對存在狀態的理解，以及對個人心智、生活和內在揭露過程的解析。

然而，這一系列的談話並不僅只是細微而詳盡的引領，同時也表達和彰顯出人類本體的揭露過程，使我們能看到實相——我們真正的天性——之中的神奇、奧妙、優美與富足。

每一次進行談話時，老師都會針對學生的需要而闡明存在的某個次元。老師既是這實相的體現，也是能傳達攸關這實相鮮活知識的管道。

我希望有更多我的人類同胞能加入這實相，體嚐生而為人不可思議的美及尊嚴，並充分示現出對真理之愛。

〔第一章〕

人格的淨化過程

我們的許多模式、衝突和無明其實是求生本能的一部分，現在我們已經卡在這些為了防止太多的痛苦或遭到滅絕，而發展出來的模式和機制作用。我們一直沒有能力放掉它們，於是它們便決定了我們的人格內涵……

許多心靈導師描述他們的開悟經驗，就好像他們的人格突然消失，然後就證悟了。因此你也可能幻想有一天自己打完坐之後，人格就不見了。這樣的自我了悟概念是被誤導的，雖然你的確可能體驗到突如其來、改變一生的洞見或啓悟。至於那些聲稱自己的人格自發地徹底消失的人，我的觀察是，他們的人格深處遭到扭曲或欠缺整合的部分，有一天還是會顯現出來。這意味著他們雖然有深層的體悟，但人格並沒有徹底淨化；那只是一種自我層面的超驗經驗罷了。如果人格遭到了棄絕而並未完全統合，那麼生命仍然無法變得完整。

我們可以從超驗的角度來看開悟，也可以從在日常體現悟境的角度來看它。當一般人談到解脫自我時，指的多半是一種超驗經驗。超越人格或自我的確可能辦得到，但眞正體現悟境卻是很困難的事。這種境界不但要超越人格或肉身的侷限，而且還要在日常生活裡眞的活出本體來。

當然，某些修行體系是可以包含這兩種途徑的。從徹悟的角度來觀察在此地的經驗，你會發現鑽石途徑走的路子就是先有超驗經驗，然後再把這份經驗體現於生活中。這樣的方式有時被稱爲「先死再生」；死亡是一種超驗經驗，再生則是一種具體的體現。在體現的過程中，人格本身的穿透性會愈來愈強，因爲有了對「存在」的體悟，才可能依照悟境來生活，然後才能活在本體中。不過你仍然是活在現實世界裡面——有事業、興趣、自己愛做或不愛做的事，以及各種關係的互動。你仍然是個人，不是一個沒有具體肉身的魂魄。

體現悟境是讓生命一切元素都和諧圓滿

這個體現悟境的過程非常有趣又令人興奮，它帶來的圓滿和滿足感，會令你覺得人生是有深刻意義的。它會爲你的心智、情感、人格及肉身都帶來意義。除非你把這份體悟統合到自己的每個面向裡面，讓生命的一切元素都變得和諧，並且認淸眼前的各種情況，否則人生永遠是不完整的。如果有一部分的你被排拒在外或仍然分裂，生命便無法徹底統合。

人格必須徹底淨化了，悟境才能充分體現，但人格的淨化是個令人困惑的概念，因爲我們往往會把人格視爲煩惱的源頭。當我們在自身上下工夫時，我們不斷地會看到自我的痛苦和問題——愚昧、怨恨、憤怒、恐懼、嫉妒等等。因此我們禁不住會產生質疑：人格眞的可能屬靈嗎？我們充其量似乎只能忘卻自我、向人格宣戰，或是進行一場內在的游擊聖戰。其實戰爭的勝利並不意味打敗敵人；它最後帶來的是領土的合併。這本來就是戰爭最初發動的理由；它其實是一種擴充而非摧毀的舉動。

我們經歷的這場本體與人格的掙扎，是一件很奇特的事。它的確像是一場戰爭——一方勝了另一方，但即使是擴充了領土，內心的騷動仍然會持續下去。內心的反革命活動不會因爲一方勝了另一方，而徹底止息下來。只要一方仍然在掌握著另一方，和平就不可能降臨。爲了解決這份衝突，我們必須先了解人格的本質是什麼。讓我們以客觀的態度，毫無偏見地研究一下人格這個東西。它爲什麼會製造這麼多的問題？爲什麼每個人都在怪罪「自我」？

許多靈修著作把人格視爲魔鬼、野獸或是怪物，不斷地批評它、排拒它，嘴上同時還不斷鼓吹著愛，要你們把人格或自我交託出來。

沒錯，當我們用內心的慧眼去觀照時，人格還眞有點像怪獸或魔鬼。人格有時像小孩，有時像男人或女人，它既是失敗者、破壞狂，也可能變成觀察者、行動者或叛徒。然而，人格究竟是什麼呢？它勢必有某種智慧，某種驚人的力量，可以示現成各種面貌。這一分鐘它天眞如孩童，下一分鐘卻成了怪獸。這一刻它是脆弱無助的，下一刻卻變成了神鬼戰士。

到了人生的某個階段，我們會突然洞察到內在孩童、自我、自我身分、情緒、心智、虛假人格、觀察者、行動者、演出者、抗拒者、怨恨者等等，全都是同一個東西。它們都是在不同的情境裡以不同形式呈現出來的人格面向。我們會發現人格是一種具實質性的存有。對此我們可能會非常吃驚，但不妨去觀察一下；我們可能會發現人格也是一種物質；它是有內在質地的。

人格是帶有實質性的具體存有

人格和思想、感受以及各種覺受相連。成長到了某個階段，你會開始覺得人格的確是個有實質性的存有。它在感覺上並不是清新的，也不是一種當下的現實，更沒有本體的光明性或明亮感；它不給人一種眞實不虛的感覺。事實上，它往往給人一種混濁、遲鈍或沉重的感受〔譯註〕。但人格並不是由思想堆積成的；它有自己的實質成分。

許多靈修體系聲稱人格是不存在的，自我亦非實存；從某種觀點來看，它的確不存在。但人格如果在它所屬的層次上是不存在的，那麼別的東西也都不存在了。不但你的身體不存在，連物質現實也都是非實存的。因此，只要有概念活動，就會有人格和其他事物的存在。我們必須把人格看成是一種具體的存有，才能了解人格的淨化是什麼。

就大部分人而言，人格一開始會示現成一種抗拒、沉重或烏雲般的感覺。當人格仍然困惑不明時，質地一般是不清明、不純淨的。這裡所謂的「不純淨」，並不帶有批判或道德意味，而是說它沒有依照自己的本質存在。但人格的不純淨特質究竟有哪些呢？被淨化的又是什麼呢？答案其實很簡單：過往的一切歷史。你經驗到的混濁、沉重和痛苦的感受，起源就是人格並非以純粹的形式存在著。它攜帶了一堆的衝突、記憶、未釋放的感覺、誤解、蒙昧，以及種種的反應、聯想和幻覺，而這一切都和過往的生命歷史有關。

人格就是洗東西的水，而且始終沒有淨化或過濾，因此過往的一切必須先釋放和排除掉。人格的實體狀態——我稱之爲假寶石——會在脾臟和胰臟部位造成一種緊縮。我認爲脾臟和胰臟與心理層面的關係，就在於胰臟的功能是排除壞死的白血球。白血球存在的目的是

〔譯註〕有實修的人會明白，這裡指的其實是內在的能量體或脈輪上面的業氣感受。

防衛和保護，而這正是人格試圖完成的事。這些白血球一旦達成了任務，就會從血液裡排出來，但人格很少把老舊、不再需要的防衛模式摒棄掉，所以這些老舊的模式就是人格不清明或沉重的主因。內在工作會在不同階段經驗到不同面向的不清明感，端看你專注修行的領域是什麼，或以往淨化了哪些層面的問題。舉個例子，你也許一直在安全感和意志力的核心面向下工夫，另外一段時間則是在力量的環節上努力放下防衛反應。其實你走的愈深，愈容易看到人格結構精微面的虛假性。我們稱這種不清明狀態爲「假寶石」，而它是跟我們所謂的「珍寶」截然不同的。

現在我們也許已經開始了解人格的不清明或愚鈍是怎麼形成的；它其實包含了早就該排除掉的一些元素。其中最需要排除的就是曾經帶來保護和防衛作用、甚至有利於求生的制約反應。我們的許多模式、衝突和無明其實是求生本能的一部分，但現在我們已經卡在這些爲了防止痛苦或躲避滅絕而發展出來的模式和機制。我們一直沒有能力放掉它們，於是它們便決定了我們的人格內涵。

識破心理議題，讓本體顯現

以下是淨化人格的整個過程：每當你認清了某個心理議題，或認出了和過去的歷史有關的某種衝突，或是發現防衛反應已經沒有必要存在了，你就是在釋放與當時的心理議題有關的某些老舊的感覺，同時也識破了這些感覺和背後的信念。如同你們多次觀察到的那樣，識破某個心理議題——涉及到不再認同它——就等於是讓本體顯現出來。在處理和本體品質相關的心理議題的過程中，人格會面臨自己結構的一部分，而且這個部分的結構早已取代了本體的某種品質，或是補上了那份品質的空缺。舉個例子，和本體的「力量」有關的心理議題，往往會透露人格的虛假力量而呈現出來。這種補償作用一旦被識破，本體的力量就會釋放出來，這時就不再需要那份錯置的力量了。

因此每一個示現出來的本體面向，都會揭露人格的某種無明。當你們在探索內心時，本體的某種狀態會讓你確知自己的心理議題是什麼。在探索的過程中，每當你眞的發現了本體的某種品質或與其相關的心理議題，人格就會變得益發清明和純淨，因爲你釋放了某些老舊的信念、自我形象以及緊縮感。當你感受到人格終於放鬆下來的時候，雖然你意識到它仍然有點沉重和遲鈍，但同時也有一種溫暖舒適的感覺。人格就像小嬰兒一般，總是帶著小毯子走來走去。它會使你聯想起自己的毯子、床以及在生病時照料你的母親。這其實是一種自保詭計。但本體一呈現出來——當人格無法藉由自保詭計來製造本體境界時——便可能淸除掉人格的困惑無明。當然，本體有時也可能藉由禪定或其他修行方式（與洞察人格議題無關的方式）呈現出來，但那種禪定境界並不能釐淸人格的心理議題，因此人格仍然維持在舊有的狀態。

這種發展經常被稱爲靈性上的啓悟：某人進入了一種本體狀態，而且在某種程度上認同了本體，但人格仍然維持原樣。因此，爲了使人在日常生活裡體現本體，本體就必須轉化人格。只有透過洞悉人格的眞實心理議題，理解它們在所有生命領域顯現的方式（特定的以及一般的），才能把本體的影響統合進來。如果你試著去了解人格的某個特定心理議題，而本體的某種狀態突然顯現了出來，這時你會發現當下的體驗並不能停止內心的掙扎。人格與本體的二元對立仍然存在著。靈性層面的經驗或本體狀態或許能使你的日常生活變得和諧輕鬆，令你感覺滿足一些，但內在的二元對立仍然持續著。同時你會意識到，你仍然處在一種發展過程中，而且是以人格、非本體的角度在看事情。這種持續性的缺乏清明感，就是人格的標記。

心理議題中深埋著人格與本體的二元對立

在你的成長過程中，特定的人格議題會變得愈來愈清晰，你的個人歷史和心理議題也愈來愈能獲得釐清。但是你必須在某個階段開始直視人格本身、看見它的全貌，而不是去探究它的特定議題。你不再關切「我缺乏意志力」、「我爲什麼找不到女朋友」或是「我感受不到任何自我價值」之類的議題。雖然每個議題仍然是眞實及需要解決的，但這些議題的底端其實埋藏著另一種東西。你探究這個深埋的東西時，會察覺心中的衝突就是源自於二元性本身。你會發覺內心有兩個存有——本體與人格——這才是問題所在。

這時對二元性的洞察就會變成內在工作的焦點。打從有記憶以來這種分裂就一直存在著，你一直在把自己的經驗冠上好或壞、純淨或不純淨的標籤。你的某些經驗可能充滿著愛、智慧和清明感，但部分的你仍然困惑不明，而且很頑強地繼續維護著自己。在沒有覺知到本體之前，你會認同人格困惑無明的部分，而且仍然渴求快樂。覺知到本體時，你又發現這些境界並不能解決問題。或許你擁有了許多對本體的證悟——像是愛、力量、價值以及眞正的美，但只要你仍然認同人格，那麼這些證悟就會使你的人格膨脹，繼而發展出膨脹的自我，誤以爲自己已經擁有了本體。這麼一來，你就會很驕傲地自以爲認識了上帝，而且能夠和上帝神交了。你會覺得你是一個重要人物，已經成就了某些境界。當你有了這些體悟時，可能充滿著力量、意志力、清明的覺知或豐足感，但逐漸地你會發現，這種拿本體來充實人格的方式是有問題的。你會開始察覺你本身才是問題所在——你的身分認同以及看事情的方式。到了這個階段，痛苦就不再源自於經驗的內容或是你觀察到的對象。痛苦其實源自於你內在的那個運作者、觀察者、行動者和經驗者。這個造作者、觀察者、行動者才是問題所在。你開始察覺這個我必須有所轉化，你開始認清痛苦其實源自於內在的二元對立。

只有當你非常深刻又完整地經驗到本體，才會看透這一點。一開始進行內在工作時，你經驗到的完全是人格本身，因此自然想讓它變得更好。接著你開始察覺自己比較眞實的部分

——本體，往往是以價值感或心理眞相的形式顯現出來，但這並不意味本體從未存在過，而是你從未看過它，或者多年以來它一直埋藏在心底深處。因此，接下來的階段你會掙扎著發展出本體，而且會愈來愈揭露人格的眞相。

如此一來你就有機會更加了解本體與人格的二元對立。你會看見雖然你已經有了本體經驗，但人格仍然持續活動著、維持著自已的身分，而這會讓二元性變得更頑強。其實想要做些什麼的心態才是問題所在。人格總是在造作著、想要証悟些什麼，或者總想達成什麼；就是這些活動製造了痛苦。事實上，造作、期望、慾望才是眞正的問題。於是你開始關注身分認同的議題，然後你會發現身分認同是內在的一種意識活動。

自我意識活動構成了人格的內涵

過往的成長歷史都變成了我們的意識活動，而人格的內涵就是這些自我意識活動。自我的活動在本質上是痛苦的，因爲它不斷地在緊縮；觀察一下身體的脈輪活動，可以很清楚地發現到這一點。觀察頂輪的活動，你會意識到擔憂和掛慮；觀察心輪的活動，你會意識到罪疚感和挫敗感；觀察臍輪的活動，你會發現執著和慾望。這一切都是自我的活動，而自我的活動一向跟你過往的心理議題有關。這便是所謂的個人業氣或生死輪迴。它就是你的心智、人格、選擇、偏好、論斷或抗拒組合成的活動。當你選擇做某件事和抗拒某種東西時，就是在造作，而這種內在的意識活動便是人格的內涵，也是人格不清明的原因。它會讓水變得混濁，使人格背離了本體的清明靜止狀態。

本體就是存在本身，而存在是完全寂靜的，裡面沒有任何活動。當我們有所造作時，那些思維活動或慾望就會使你脫離本體，於是你就不再「存在」了。若是能察覺自己的人格活動而不隨之起舞，有趣的事往往會發生；你會意識到，其實根本沒有一個人在那裡隨之起舞或不隨之起舞。

轉化人格有兩種方式，一是觀察人格的活動，也就是所謂的不認同它；另外一種方式則是徹底潛入於人格之中。奠基於不認同的自我了悟狀態，本質上是跟自我分離的，因此人格並沒有完全和本體整合；它沒有被徹底認清。人格只是被擱置一旁而沒有眞正轉化。

如果我們採用的是第二種方法，就必須徹底了解「潛入於人格之中」是什麼意思。這意味著我們必須清晰而完整地經驗人格的內涵，不帶有任何抗拒，也不試圖逃避或超越人格。在這個過程中你必須成爲人格本身，與它結爲一體。你必須體認「我就是我的人格，我就是它，而且自我的活動本身就是痛苦。」你不能從高處鳥瞰人格；你必須成爲它。這種體驗必須是直覺的、感性的，而且是在身體上發生的。這絕不是一種反省或反思，而是超越散漫心智活動的一種直觀力。

現在我們會發現釐清人格的心理議題有多麼重要了。如果你仍然認同人格的某個部分，而這個部分是卡在潛意識的某些心理衝突之中的，你就很難完整地看到自我的活動；在這種情況下，你會被那個潛意識裡的議題掌控，而持續卡在自我的活動中，無法認清它。這些議題一旦獲得釐清，就比較容易覺知自我的活動——不是去看什麼東西被翻攪出來，而是去看翻攪的活動本身。一旦察覺你就是那個在活動中的機器，而且徹底被說服這個活動本身會製造問題，便有可能停止輪迴。輪迴的活動若是靜止了，一切的防衛機制也會跟著停止，如此一來你就不再以任何方式護衛自己，因爲我們已經發現人格的活動就是一種防衛機制。當這些活動靜止的時候，你會認清你大部分的思想、慾望和努力都是一種抗拒，而且你一直在抗拒的就是「當下」。

如果你發現「當下」即是你的存在本身，你就會開始體驗到當下這一刻的你，這個至上的存有。這份體驗會讓你看見，抗拒當下正是令你和存在分隔開來的原因。只要有自我的活動，你就不是處在當下，雖然你仍然能意識到存在。當輪迴的活動正在運作時，它們會把你和存在區隔開來，這種界分同時也會讓人格感到匱乏不足。

如果你察覺這個防衛機制的惡性循環，就會清楚地看見你一直在抗拒的原來是自己，而且這份抗拒是不必要和徒勞無益的，然後你就會放鬆和靜止下來。一旦對這種惡性循環活動有了洞見，就能夠停止輪迴，人格也自然會被清明的覺知消融掉。清明的覺知之所以會出現，是因爲不再有跟存在分隔開來的人格活動了。

要發現這份洞見必須下很大的工夫；我們必須花很長的時間才能看見自我活動的全貌。若想直接體驗自我的活動而非不認同或超越它，就必須深入探索人格涉及的所有領域。我們必須了解潛意識裡的各種議題，同時要發展出對存在的體認，才能眞的證悟到存在。當你在處理某個特定的人格議題時，也可能看見這至上實相的某個部分，但若是能在你所有的心理議題上下工夫，就更有可能看見它的全貌。

你必須在當下看見你人格的全貌——它所有的思想、慾望、感受和夢想，而且是從過去延續到現在的。同時你會發現，你的人格一向跟你週遭的社會結構相關；社會持續不斷地影響你的關係和人格。你會發現自我的活動將你和社會的人格網絡連貫起來，使你容易受外境影響，認不清自己是誰，眞相是什麼。只有徹底認清這一切，你內在的活動——使你和社會產生連結的活動，才會靜止。當它靜止時，你就會變得純淨、清明，成爲一個沒有自我結構的靈魂，而這會療癒與本體分隔的傷痕。其實分隔是根本不存在的。了悟的瞬間你會發現自己和至上的實相本是一體，你此生首度發現了人格的眞實本質。原來人格的基本結構，使你成爲一個人的基本法則，或是你一直在抗拒的那個東西本身，就是至上的實相。人格的本質即是我所謂的「珍寶」或至上的存在：它沒有任何屬性，而且是純屬個人性的存在。它是最精純的一種存在形式，但卻能示現成一個人，因此當人格徹底淨化時，你仍然覺得自己是個人。你的人格並沒有消失；你只是變成了最眞實的至人。

到了這個階段，終極實相開始被看成是個人的現實，而不再是非個人性的至上存在。體證這至上的存在之後，接下來的過程則是要統合人格與終極實相，最後它們會合而爲一。這其實跟徹底了解或淨化人格是同一回事。最後你會發現自己其實是至高無上的，有人稱這種境界爲「神子」，因爲這跟耶穌基督提到的「我與父是一體的」有關。

淨化人格是為了發展個人性本體

這個淨化人格的過程——也是淨化靈魂的過程——就是要發展出個人性本體，或是我們所謂的無價之寶。這個發展無價之寶的過程，可以進一步地淨化人格，直到它變成至上的個人性本體爲止。隨著人格的淨化，每一種本體狀態都會變得個人化，而本體的每個面向都會與你合一；你本身會變成這個本體的現實面，而且會在那無價之寶的層次上獲得統合。譬如當你經驗到慈悲心時，這份慈悲心與你是合一的，「我就是慈悲心。我就是眞理和價值。」一旦擁有了這些品質，你就不再經驗它們，因爲你已經知道你就是它們。你人格的穿透性會變得非常徹底，而且能夠跟這些本體的面向完全融合，這便是我所謂的本體狀態的個人化。當本體的面向都個人化的時候——包括仁慈、愛、意志力、平安、價値、身分認同等等，你就會進一步地發展出更無限量的個人特質，亦即至上的本體完全個人化了。

到這時你會感到十分驚訝，因爲你會發現自己其實一直處在這種狀態裡，從來不是其他的狀態。一直以來你就是這個至人，你的本質就是它，包括你的人格內涵在內。此即你會一直想認同它，而且無法不認同它的原因，因爲你就是它。你如何能不認同它呢？你怎麼能擺脫掉它呢？它根本就是你啊。至此我們會發現，企圖不認同人格，或試圖從超驗性的身分來脫離人格，就等於背離了現實的基礎，因爲你和你的人格從來沒有眞的分開過。

你終於發現，那個被淨化或釐清的人格，我所謂的至人，只是明覺本身罷了。你會體悟到自己就是明覺本身，但這並不意味只有你的心智是清明的；其實你整個人就是徹底開放和清澈的明覺之光。當所有不純淨的雜質消失之後，你就能維持在開放和光明裡的狀態。但這種開放的解脫狀態是帶有個人性的；這並不說你是一個解脫的人，因爲你就是解脫本身。這是一種徹底的個人性解脫狀態。當過往的歷史完全被消化和排除之後，個人性的解脫就會跟至上的本體融合，這時你就變成了以個人形式體現出來的透明淨光。

這至上之人是永恆的，處在這種狀態中你會親身經驗無時間的境界。當人格被釐清和統合時，你會發現自己是超越時間的一種永恆合一狀態；它和時間是無關的。某些人主張自我根本不存在；因爲處在無我的層次上，你的感覺是一種空無，而且充滿著光。但這並不意味它沒有引力；它像是一種空無的引力。你充滿著喜悅和光明，而且是帶著個人性的。你終於徹底成爲了「你」；但這個你是個人化的至高形象。這並不是一種不自然的存在狀態。雖然感覺上好像什麼都沒了，但其實是處在沒有任何屬性的空無狀態裡。

當你完全成爲自己的時候，你就變得清明了，你的行動也變成了愛，不再是充滿挫敗感的自我活動。從眞實人格產生的行動就是一種愛的流動，這其實是人格發展過程的眞正基礎。這種愛的流動並不是從人格統合的經驗中產生的；它在整個過程中一直存在著。即使是製造痛苦或抗拒痛苦的自我活動本身，也是基於對自己或他人的愛和仁慈。

努力成爲一個人，就是朝著至人推進的一種發展，但多數的時間你都誤解了這股推進的力量。你誤以爲自己必須成爲這樣或那樣的人，而這也就是你爲什麼一直抗拒和排斥痛苦的原因。保護自己的這份渴望是被愛所驅動的，有時抗拒痛苦也是基於想要保護他人，例如你的父母；你這麼做是因爲你愛他們。我們常常忘了那份最初始的愛；歷史的積累使我們不再認識這股原始的驅力，因此你必須了解心理反應的所有層次，直到洞察意識最底層的東西爲止。只有這樣才能明白抗拒痛苦的那股驅力原來就是愛。只有覺知到底端的愛，才會發現你並沒有被本體排除，因爲你和本體是合一的。二元對立性從來沒有眞的存在過，存在的只有無明和消化不良的經驗。

人格與本體合一，就是圓滿

當你體悟到這份合一性，並且了解它一向都存在著，就會明白我們的學校爲何取名爲圓滿學苑（ridhwan）了。在阿拉伯文裡面，ridhwan 意味著知足、滿足或圓滿無缺。你在個人和非個人層面其實都是圓滿無缺的，你對自己或他人都有一種客觀的圓滿感，你和他人的故事在合一境界中都是有道理的。缺乏這份對合一性的體認，你心中的困惑就無法獲得解答。某些有過開悟經驗的人說，開悟並不能為心中的困惑帶來解答；困惑只是自然而然地消失了。處在這種合一狀態裡，所有的困惑，包括頭腦中的問題，都會得到解答，因為你已經徹底無憾了。那時你的心中會充盈著圓滿感，整個人（而非某個面向）都是圓滿無缺的，也不再有二元對立。你的身心和人格——每一個面向，全都統合到一起了。

這便是我所謂的「統合性身分認同」。人格、本體、至上的存在、身和心，全都變成一個完整的身分在運作著。這時你會變得十分平常，不再是一個刻意修行的人。你只是單純地生活，做自己想做的事，不再覺得自己有什麼不對勁，或者有一部分必須排除掉。

你不必再刻意對治自己的某個部分。你能想像一頭老虎不斷地對治自己嗎？真的，老虎是一種很統合的存有，而真正統合的人也不會再刻意對治自己了。再想想你家的狗，試著去了解它的「狗格」是什麼模樣。這聽起來似乎有點荒唐，但你絕不是一個由各種不同的東西組合成的人。這些界分是由你的心製造出來的；它永遠會用某個部分來對治另一個部分。當你真的徹底統合時，你的整個系統會自然地運作——需要消化的自然會得到消化，需要排除的自然會排除掉。當這種狀態出現時，就不再有不和諧的感覺了，這才是最健康的狀態。這是人最正常也不過的狀態了。當你處在健康狀態時，你是不會去想健康議題的；你不會駐留在這上面，因爲每件事的感覺都很好。同樣地，當你徹底統合時，就不再考量自己了；你只是以健全的方式活在世上。

人格就是我們的靈魂

到目前爲止我們下過的所有工夫，最後都會統合成這份了悟。我們要看到的就是淨化人格的過程中的所有線索。現在是說明這整個過程的好時機，然後你才會了解人格並不是一個罪人，也不是一個必須排除掉的東西；它只是充滿著恐懼，因爲它不知道自己眞正的本質是什麼。人格必須被了解和珍惜，但只有藉由慈悲、接納和客觀的愛，才能眞的了解人格的實相。

藉由認清人格的眞相，我們就能獲得這份了解，然後我們的心自然能得到徹底的滋養。由於心中圓滿無缺，所以愛能夠流暢無阻，於是我們的心就徹底感到滿足了。當愛從心中溢出時，你不會覺得有什麼大不了；它只是自然地滿盈於胸。你仍然是個很平常的人，以健全的方式過日子，但就是無法不去愛別人；你所有的行動都是源自於這份愛。

你活在喜悅之中，以愛來連結別人，行動之中沒有任何界分感。一開始的沉重、遲鈍和晦暗不明全都消失了；你變成透明、永恆和充滿著光的存有。藉由理解和釐清人格的內涵，你學會了體諒自己、愛自己。

一開始修行以及後續發展中所經驗到的人格，其實就是靈魂本身。人格就是我們的靈魂，但我們的靈魂烙下了過往經驗的印證，這些經驗又形成了我們所體認到的自己，然後我們就停留在殘餘的經驗內涵裡，而障蔽了它眞正的本質。這些經驗的殘餘物就是自我形象、內化的客體關係、壓抑的感受和記憶，以及保護自己的各種防衛反應。淨化人格的過程，基本上就是在消解掉這些殘渣，方式是深入地去了解它們。如此一來，人格就能透過個體化的過程充分揭露自己。我們的靈魂會發展成一個無價之寶，亦即個體性的存在。

〔第二章〕

存在和追尋

在所有的追求之中都埋藏著一種假設：你是有缺憾的。藉由追求，你強化了自己的匱乏感……

今天要很實際地探索一個跟基督的教誨有關的議題。基督教導過愛、仁慈及平安之間的關係，而我們要探討的部分是：在創造平安的心境時，什麼是最仁慈、最有愛心的方式（包括個人和宇宙性的面向在內）？我們可以說最仁慈以及最有愛心的方式，就是完全沒有造作。我所謂的完全不造作並不代表什麼都不做。我們等一下會解釋完全不造作是什麼意思，也會解釋爲什麼這就是一種愛與仁慈的展現，而且能帶來平安。

平安意味著完全沒有痛苦，人之所以會痛苦，是因爲他們並不渴求平安；他們渴求的是快樂。平安並非大部分人的首要選擇；快樂通常才是最重要的事。但渴求快樂並沒有什麼錯，快樂本身也沒什麼錯，問題出在追求快樂會導致平安的消失，理由是追求快樂就是把快樂放在有別於當下的未來或不同的情境裡。不只是快樂，連追求平安本身，都可能蘊含著這種假設。當我們在追求時，我們就脫離了快樂與平安的源頭。因此當我說不再有任何造作時，我指的是心中沒有任何追求——內心不追求快樂、平安、愛、安全感或任何一樣東西，因爲追求意味著有某個東西是可以被達到、被發現的，就好像有個目標可以達成似的。

追求快樂會使平安遠離

幾乎每個人都在追求某樣東西，然而只要他們停止追求，眞正想要的東西就會出現。人總是認爲必須先得到自己想追求的東西，然後才能停止追尋，但眞相是追尋的活動必須停止，才會發現自己眞正想要的是什麼。我們大部分的活動和最關切的事物裡面，都有這種荒謬性——追求的活動本身往往會讓我們脫離自己想要追求的東西。這份觀察反映出大部分人無法洞悉的一個眞相。即使有人從己身的經驗認清了這件事，仍然不足以說服自己眞的去改變追求的行爲模式；他們仍然不相信快樂、平安、愛以及安全都在當下這一刻。

這所有的品質都埋藏於存在本身；它們不是在遙遠的他方，你眞正的本質就是快樂、平安與愛。不論你認爲自己眞正需要的是什麼，人生的每一刻都只能靠著自己去圓滿。如果你追求快樂，遲早會製造出痛苦。

這意味著我們生命裡的其他事物——事業、成就、財富、名望——從我們眞正的本質來看，都是沒有意義的。當然這一切也都是必須面對的現實；人必須工作、賺錢等等，不過這些事情僅僅是爲了生存，而且它們並不能帶來圓滿感或內心的平安，甚至不會帶來眞正的快樂。有趣的是，只要觀察一下眼前的世界，我們就能洞察箇中的眞相。許多人都擁有足夠的錢財、食物和工作，同時也擁有別人的肯定和讚賞等等，但百分之九十九的人仍然不快樂。縱使如此，我們仍然認爲我就是那百分之一的人。如果我能得到自己想要的東西，就會快樂了。

事實上，那百分之一發現圓滿境界的人，都是不太在乎世俗成就的；這就是他們會感覺圓滿的理由。他們的快樂並不是源自於財富、地位、伴侶等等。不要相信電視上那些描述自己如何成功的人，他們所說的並非眞相。他們只是在頭腦裡設想出快樂的概念：「我得到了我想要的東西，所以我必定是快樂的，因爲我一向深信快樂就是這樣獲得的。」某些人可能會被這類說辭欺騙，但任何一個體認到圓滿本質的人都知道這不是眞相。每當我們得到自己想要的東西時，或許會感到興奮，而且會持續一段時間，但同時又會期望別的好事能接踵而至。我不是在說成就、財富、地位是壞事，我說的是它們本身並沒有任何眞實性。其實人生所有的活動——成就、情境和關係——全都是空洞的。如果你不存在於其中，它們都是空洞的東西。這就是人生的基本法則。

由於我們不相信這個法則，所以才會一直追尋。即使你們都體認到全然安住於當下所帶來的和平與圓滿，仍然會認爲追尋和得到自己想要的東西，才能夠帶來快樂。當你在痛苦時如果能觀察自己的假設，就會發現一旦認同了追尋的活動，便誤以爲平安是無法在當下出現的。幾乎每個人在內心深處都絕對相信這個觀點。

人們必須花相當長的時間，下許多的苦工，不斷地感到失望，才會開始考量：「也許我錯了，也許世上沒有一樣東西能爲我帶來快樂。」你必須吃盡苦頭，撞無數回牆，才會質疑自己對現實的根本信念。在幫助人的過程中，我的工作只是要人們認淸自己的信念並不屬實。人之所以會受苦，是因爲他們總依照某些對現實的信念和觀點來行動。即使他們來到一個團體裡，想要探求眞理或追求開悟，動機仍然是要更有效地得到某些東西。

安靜下來，世界自然會美好而圓滿

如果生活的動機是在追求滿足或變得更好，我們就是活在一個空洞的世界裡。若是能安靜下來，忘掉並放下所有想要追尋的東西，世界自然會變得美好而圓滿。當你在追尋的時候，其實已經脫離了意識、靈魂、存在以及你的源頭，如此一來就忽略了存在本身。不論你想要追求或達成的是什麼，內心都是匱乏的，因爲你是從一種貧乏無力的觀點在運作。處在這種情況下，你只是不斷地在固化那貧乏的感覺罷了。

追求的本質就是一種脫離圓滿實相、快樂及平安的活動。實相是無法藉由追求而達成的，因爲我們追求的永遠是另一種東西，所以你始終看不到它。不論你追求的是什麼目標，看上去都似乎愈來愈接近實相或圓滿的自性，但仍然不會帶來任何不同。眞正的關鍵就在於追求的活動本身；不論你追求的是什麼，活動的本身始終帶著同樣的本質。或許你追求的是父親的認同、愛人或工作成就，也可能是開悟，但這一切仍然是一種追求。

在所有的追求之中都埋藏著一種假設：「你是有缺憾的」。藉由追求，你強化了自己的匱乏感。我的觀察是，不論你聽到多少次這樣的話，甚至已經有了體悟，仍然會不斷地產生蘊含著匱乏感的行爲。下面這種信念埋得很深：「我們在根本上是有缺憾的，我們不具備美好或眞實的東西」。從這種信念來看事情，就好像美好的東西永遠在他方；似乎只有在未來和過去，才能找到美好的事物。

因此追尋或追求的本質就是痛苦。這時我們可能會產生一種疑惑：如果沒有什麼好追求的，而且追求是不對的事，那麼內在工作又要如何進行呢？修行又是爲了什麼呢？你們也許已經知道內在工作本是爲了解自己，覺知自己眞實的本質，但了解自己到底是什意思？如果我不去檢視心中每個隱密的角落，發現裡面埋藏的東西，並試著去排除底端的那些恐怖的東西，又該如何進行自我探索呢？答案是，若想了解什麼是自我探索與修行，就必須停止追尋，試著去觀察純然的存在和心的本質。

一個人進行內在工作一段時間之後，就會發現自我探索的活動也會污染內在工作。譬如我說我們擁有一個本體，這時你就會去追求那個本體；我說你需要處理心理議題，於是你就開始挖掘自己的心理議題。每個人都會變成獵人，這就是我們痛苦的主因。到目前爲止我們已經談了許多有關追求、不滿足或缺憾感的眞相，而且已經很了解箇中的模式了。今天我們要思考的其實是追求這個活動本身。

你往往會藉由自認可以解放痛苦的行動，讓痛苦持續下去。許多人都假定自我探索和自我了解就是在心中尋找心理議題，或是去尋找身上的緊張部位，或者去發現生活中的困境，以便解決心理議題、釋放身體的緊張感，排除生活裡的困境。你期待這樣的活動能減低痛苦。如果你不是在試圖解除痛苦，便可能在追求某種本體境界或是令你快樂的情境，以便抓住本體的某個面向。這其實是件荒謬的事，因爲你就是本體。如果你就是本體，又如何能抓住它呢？那個想抓住本體的人究竟是誰呢？

這種試圖抓住或排除某樣東西的活動，恰好會讓你認同追求的活動。這個追求的活動一直存在著，而你認爲這就是你，於是不斷地將它投射到外面。進行內在工作的過程裡，你只是在藉由追尋靈性上的目標，讓追求的活動延續下去罷了。以往你追求的是適合你的人、適合你的工作、適合你的情境，現在你又在內心深處追求某樣東西。你把追求眞實的信心代替了尋求外在的讚賞，你從追求成就轉向尋求開悟。不論是朝內或朝外，全都是同樣的一種活動。

這種追求的活動絕不是對己對人的愛或仁慈。這個活動會讓你背離自己，並且會繼續以奠基於幻覺的方式來行動，因此它本身就是痛苦。從人格的觀點來看，追求自認爲能帶來快樂的東西，似乎是件美好的事，然而我們會發現，這種活動只會帶來更大的挫敗和痛苦。

當你不再追求時，才會對自己產生了解

因此，自我探索到底是什麼，如果它不意味追求或排除的話？如果我們不尋求某種境界或排除行爲的老舊模式，又該如何了解自己呢？答案很簡單，了解的本身非常簡單，只要你不再追求，自然會對自己產生了解。你不需要尋求了解；它不是一個可以被追求的東西。你也不需要付出努力來擁有洞見，因爲努力無法換得洞見。當你眞的放鬆不再追尋時，自我了

解和洞見就會出現。觀察一下你的經驗，看看自己何時能體認到一種擴張和開放的狀態，或者何時會有一種深刻的了解和洞見？當你忙著想把事情弄清楚的時候，這種狀態會出現嗎？還是當你不再掙扎和努力的那一刻它才會出現。你可能會發現你的深刻了解和洞見，只有在心智不忙碌的時候才會出現。那時你只是單純地存在著，當然那時你也可能正在進行某種修持，或正在思索著什麼、質疑著什麼，故而突然出現了洞見，於是就認爲洞見是從這類活動產生的。但仔細地檢視一下你會發現，在努力或尋找的活動之中，偶而也會出現一段空檔。你累了，於是暫時放下了努力和心中的掙扎；洞見就是在那一刻生起的。可是你往往看不到那個空檔，因爲它太短暫了，所以才會認爲洞見是從心智活動中產生的。

當我說你必須了解自己時，我指的並不是開始思考你的問題，變成一個研究心理議題的獵人。我的意思是，你必須對自己懷著愛和仁慈之心，讓自己只是單純地存在著。如果你能允許自己存在，便自然會產生對當下事物的好奇。只是活著、放鬆著、讓自己存在著，便自然會生起自我探索的能力。單純的存在會使你不再忙著思考、擔憂或只想把事情弄清楚。你的心會變得清明與空寂，如此一來，你需要了解的眞相自然會呈現出來。事實上它一直都在那裡，你看不見它是因爲你的心太忙了。如果你的心能貫注於當下，並且能單純地存在著，就會自然而然地看見眞相。

因此我們會發現，眞正的自我了解並不是一種追尋；追求自我了解，和追求財富、愛或任何一種外在事物是一樣的。認爲自己必須得到某樣東西才能平安圓滿，意味著你沒有在看自己的眞相。你沒有發現你並不需要得到什麼東西，因爲你眞正的本質就是純粹的快樂與平安；是追求的活動讓你脫離了內心的平安。

觀察一下你的內心和你的生活，你會發現自己總是不停地忙著。我們指的不是忙著做某些事，而是你的腦子和情緒一直忙個不停。你的心從不停下來休息，除了深睡之外。你的心一直忙著衡量對錯，衡量自己是否善良，擔憂將要發生的事，爲未來做計畫，或者不停地想著過去發生的故事。你不讓自己休息，你不停地娛樂自己或是和自己爭執，然後又質疑自己是否快樂，而這種想法又會促使你產生新的頭腦活動：「也許我該接受心理治療，或者加入某個靈修團體。」然後你就投入一個帶給你新的承諾的活動，如果這個外在活動不生效或不如預期，你就會覺得加入的團體或人有問題。當你遭受挫折時可能會說：「他們不愛我，他們不喜歡我。」於是你又希望別的人或團體能以你所期待的方式來愛你。你一直在追尋更多的活動，而從不停下來毫不批判地面對當下的經驗。其實最簡單的做法就是放鬆下來，只是存在著，心中不帶有任何概念。你只要放下所有的論斷、野心和追尋就對了，但是大部分的人都不去做這件事。

當然，大部分的人對何時可以放鬆下來，都抱持著某種看法。我們覺得自己必須滿足了許多需求之後，才能獲得內心的平安。事實上，當這些條件都達成了，我們仍然不允許自己休息；通常我們又會設定新的條件。這些條件大部分時候都是無法達成的。其實這些條件都是多餘的，既然我們眞正的本質就是愛、平安與快樂，又何需再設定條件呢？

如果我們眞的投入於內在工作，眞的進行自我探索，就會發現追尋的活動便是痛苦的源頭。如果看不到這一點，勢必會繼續認爲追尋能帶來快樂。這麼一來我們就會感到更挫敗，即使達成了自認爲能帶來快樂的事，仍然不覺得滿足。你仍然沒有圓滿感，因爲追求的活動本身就是一種痛苦。

徹底消化和吸收經驗，就能成長與發展

自我了解就是一種靈修；它不是追尋，也不是釐清問題，更不是試圖在外面得到一些資訊。它是一種不費力的洞見。了解的過程並不涉及任何造作活動，它其實和當下的覺知有關。當你眞的存在於當下時，洞見和了解自然會產生。

追求自我了解，試圖解決心理議題，尋求和企圖抓住某些境界——這所有的活動都源自於無明。我們經常以爲自我了解是一種心智活動。你的心智或許能得到一些資訊，但並不是我所謂的自我了解。如果在了解的那一刻沒有產生轉化，就不是眞正的自我了解。缺少了轉化，自我了解只是一種心智活動，一種追求的活動。

自發地生起自我了解，意味著你的本體觸動了你的心智，或者和眼前的情境產生了連

結。和存在或自己的某部分心智連結上，就是一種自我了解。洞見或自我了解，乃是藉由存在或本體消化了內在經驗，這個過程就是一種轉化。存在和某種經驗或人格的一部分連結上了，於是你的經驗或人格的某個部分就被存在消化吸收了。這不是一種心智活動而是眞正的轉化，一種蛻變。這種蛻變本身就是自我了解，它永遠不會導致懦弱、匱乏或缺憾感，反而會帶來更大的力量、更高的成熟度和能力。然而成熟究竟是什麼，難道不是徹底消化吸收自己的經驗嗎？

一個人的能力就是來自於消化和吸收內在和外在的經驗。全然地消化及吸收經驗，就能帶來成長和發展；這份成長能夠讓存在、心智及經驗產生連結。這也是一種鍊金術的反應或綜合力，它會讓人更有能力在世上運作。這種綜合力可以讓我們變成一個成熟的人，而這是不需要追尋的。你只要單純地存在著，自然有能力吸收消化經驗。如果一直想弄清楚事實，一直在擔憂、期待和渴望，就會脫離當下的存在。如果脫離了存在，你的存在與經驗就無法連結，也不能產生自知之明了。缺少了自知之明，不可能有眞正的蛻變，於是成長和發展也無法出現了。

你現在明白什麼是內在工作或自我了解了吧？從上述的觀點來看，自我探索和自我了解的工作，只不過是要消化和吸收心中的食物，沒有其他的東西了。到目前爲止你已經擁有過許多經驗，但你還沒有完全消化吸收它們，於是這些東西就變成了你潛意識裡的記憶、認同、思想、感受、行爲和各種模式。它們帶給了你許多麻煩，因爲你無法消化它們。你的心應該是寂靜的，它不該充斥著過往的歷史、各種的反應和認同活動。但藉由充分安住於當下的經驗，你就能徹底消化它們、並且獲得成長。至於過往的歷史，這就必須藉助內在工作來了解和消化潛意識的活動，以及我們的自我或人格。若是徹底將它們代謝掉了，就不會留下缺憾或虛弱感，而會帶來成長、發展以及本體層面的運作能力。缺少了經驗，缺少了對本體的證悟，你是無法健全地活在世上的。消化吸收經驗會讓你有能力單純地存在於世間，這便是人生的重點。

如果你無法完全代謝掉你的經驗——譬如抗拒它而導致了消化過程的中止——那麼這些未消化完的經驗就會帶來痛苦。由於你的心中還殘留著未消化完的食物，所以直接面對眼前經驗的能力就會嚴重地缺乏，如此一來你就無法正確進食了。你的系統裡存留著多年以來的腐食，因此首先必須把這些食物消化到某種程度，才有能力代謝眼前的經驗。這會爲我們的內在工作帶來兩種結果：一是清除過往的記憶，二是愈能做到這一點，面對眼前事件的能力愈強，而眼前的事件又會爲你帶來蛻變。如果眞的能安住於當下這一刻，任何一種經驗或印象都能帶來蛻變和成長。

通常這樣的蛻變和成長之所以無法產生，是因爲未消化完的過往歷史造成了障礙。因爲你不想經驗那些未消化完的東西，所以才無法徹底代謝掉。造成一個人在經驗上消化不良的因素，往往是不願意或無法和當下的經驗共處。我所謂的消化吸收指的並不是去做什麼，而是要單純地存在著。本體的特質就是充分消化吸收經驗，每當它遭遇某種經驗時，都能消化掉它。這就是一種覺知、自我了解、貫注於當下的能力，也是一種智慧。

因此你會發現，我們並不是在尋找某種境界，也不是要排除掉某種東西。內在工作其實就是存在於當下的經驗裡面，不產生任何防衛反應，然後你的本體和內外經驗自然會連結。當這種連結產生時，轉化的過程就出現了，我們通常稱之為「消化」或「吸收」。這個轉化過程會讓你變得愈來愈開放，心量愈來愈大，而這便是一種成長。你的身體需要透過進食來生長，你的靈魂也需要攝取一些經驗來獲得發成長，從這個角度來看，就沒有所謂的壞經驗了，因為任何一種經驗你都能消化吸收，但前提是你必須安住於當下。某些經驗會帶來痛苦，某些則會帶來快樂，但它們都能促進成長。唯一的例外是，有些經驗超越了你的消化能力，包括快樂或不快樂的經驗在內。

自我了解就是直接而不防衛地與經驗連結

自我了解並不是止念，從此不再思索自己是誰或現實是什麼。眞實的自知之明會帶來更高的成熟度，讓我們能夠和諧地活在世上。因此自我了解是非常實際的事；透過它，成長就會在每個層面發生。

有時人們在進行內在工作時會認爲這種方式無效，原因是他們想追求或試圖排除某個東西，但沒有達成目的。他們什麼都嘗試了，就是沒有了解自己或自己的情況。這種追尋和試圖改變事情的活動，不外乎就是想挪動那些消化不良的食物；但挪動並不能幫助消化，也不會帶來轉化。「自我了解」意味著深刻地處在當下這一刻。你的整個存在和眼前生起的思想、觀點、感受或外在情況，都是緊密相連的。讓存在與生命經驗合一，就能促進一個人的成長和能力，這便是所謂的個人性本體。自我了解就是讓個人性本體能夠發展和成熟的過程。從一開始我們已經認清，自我了解並不是一種追尋、期待、渴求或追求，它其實就是安住於當下的經驗，直接而毫不防衛地與自己的經驗連結。如果你不去抗拒它，自然會有所成長；這是每個人身上都應該發生的事，也是我們的潛能和天命。

如果你允許自己存在，就會對自我有所了解。你不需要去尋找經驗，因爲它會不斷地出現在眼前，你不可能不去經驗它；關鍵就在於能否消化吸收。吃過東西之後你不需要做什麼，消化的活動自然會發生。同樣地，你不需要做什麼，就能消化你的經驗；只要讓自知之明自然地出現就對了。你不需要設想什麼，弄清楚什麼，也不需要追求「消化吸收」這個目標。

從這個角度來看，內在工作並不是跟生命或事件分開的。自我了解不是一種額外要做的事，它沒有什麼特別之處。其實每個人都在做這件事，只是某些人的消化功能比較好罷了。

所謂的內在工作，就是把焦點專注在這個消化的過程上面，以便讓自己的功能更強一些。如果我們的消化功能增強了，自然會變得更成熟。每個人在日常的每一刻，都在消化吸收各種經驗和意像，然後從中成長和學習。你根本不需要達成什麼特定的境界或體認。自我了解並不要求你刻意探索心理議題，也不要求你排除掉它們，因爲所有的經驗都是生命的資糧。如果你眞的活在當下，就能更快更徹底地消化食物。我們會另外找些時間來探討這個代謝、吸收和排除的過程，現在我們只需要了解它的基本概念就夠了。

從自我了解之中產生的成長，從消化經驗之中出現的成熟度，會帶來我們所謂的個人性本體：「能夠在世上運作而又能單純地存在的你。」你身上的個人性本體，足以讓你清楚地意識到你就是存在本身。它會使你覺得：「我在這裡；我是一個眞實的存有。」那是一種圓滿的存在感。事實上，每一次當你在追尋的時候，就是在推開存在的圓滿性。一個人愈是不追求，愈是能感受到圓滿。想要追求的心愈強烈，這個人就愈不幸。我現在指的是情緒上的痛苦，而不是屋頂倒塌在自己頭上這類不幸的事。即使是屋頂倒塌在你頭上，心只要不落入追尋的活動，仍然有機會復原，幸福地活著。即使你沒有錢，只要能放得下，仍然可以感到快樂。反之，即使擁有幾千萬的財產，只要你的心還在追求，仍然是不幸的。不過當然，沒錢就沒食物，所以還是會因爲挨餓而感到痛苦。但即便是這樣，你仍然可能擁有另一種超越痛苦的滿足感或圓滿感。

心安靜了，就有機會看見當下

我所說的話其實毫無新意，因爲它已經被傳誦數千年了，但通常聽到這樣的話，我們還是會左耳進，右耳出，因爲我們會繼續追求自己認同的活動。我指的當然不是像開車或買食物之類的事情；顯然這些事都是必要的。我現在談的是內在活動以及這些內在活動形諸於外的表現，譬如你也可能投入於非常激烈的外在活動，但內心是安靜的。其實大部分的外在活動都反映了內在的活動；因爲我們的心很忙，所以外在的行爲也很忙碌。通常我們的心並沒有安住於外在的活動上，這就是爲什麼許多教誨都告訴我們要放慢速度、讓心安靜、過儉樸生活的理由。你必須放慢速度才能看見整個活動的過程，繼而產生自我了解。並不是因爲外在活動不好，而是你的內在與外在都太忙碌，以至於沒有機會看見當下的眞相。當你眞的存在時，外在的活動有多快就無關緊要了。但若是沒有眞的存在，那麼不論你的速度是慢是快，仍然是在背離自己。

我們存活的這個世界，包括其中的每樣事物，都沒什麼不對。換句話說，所有的事物皆是中性的，並沒有好壞之分。世界之所以會變成一個令人痛苦的地方，是因爲我們沒有眞的在活；如果我們眞的存在於其中，就會使它變成一個令人滿意的地方，因爲只有完整地活著，才會有圓滿感。

世界如同一場魔術表演——顯現於外的就是你內在的狀態。如果你的內心有痛苦，外境當然會示現出痛苦；如果你的內心是快樂的，自然會把這份快樂顯現出來，於是世界就變成了令你快樂的地方。你的內心如果盡是恐懼和仇恨，也會把這些東西示現出來。世界猶如你的夢境一般，事情就是這麼簡單。你的夢和你的心息息相關；並沒有一個上帝在那裡決定你的夢，也沒有任何人在那裡強迫你做這個夢或那個夢。你的夢代表的就是你這個人；整個宇宙都在你的夢中。

在我們這個集體世界裡，也會看到同樣的現象——我們共同製造了各式各樣的事物，因此我們看見的人生以及看待它的方式，都跟我們的心以及我們認爲的自己有關。譬如你可能抱怨自己沒有情人，而你一直努力地進行內在工作。當你對自己的某部分有了清晰的了解時，會突然因釋放了心中的某個議題而產生一些變化，這時你的情人沒來由地就冒了出來，好像奇蹟一般。這代表過去你的內心可能有一股抗拒力，有一部分的你不想有情人，而且在工作和金錢上面也有同樣的障礙。你可能一直想找份有意義的工作，也一直在處理心中的衝突、錯誤的自我形象和心理議題，但什麼進展也沒有；某一天當你的心眞的準備好，理想的工作就像奇蹟一般被你找到了。這種事我已經聽過上百回了。如果你全心全意毫無抗拒地想要某樣東西，它就會像奇蹟一般地顯現出來。

因此你比你想像的更能影響自己的現實。譬如某人很想有更多的生意上門，我試著去幫助他，但什麼事也沒發生，然後莫名其妙地客戶突然冒了出來。這件事究竟是怎麼發生的？

往往是在此人完全放棄尋找客戶之後，客戶就出現了，因此眞正的原因是他不再造作什麼了。

我們從不信任自己的力量和存在的豐富性，我們永遠是從缺憾和匱乏感來看事物。我們已經被說服這就是眞相，以及過日子的方式。如果你要這麼認爲也無妨，但痛苦是必然會出現的，不信的話，二十年後再來找我吧。

當然，有許多力量都會促使我們去追尋。我們有各式各樣的慾望，對自己和他人也有強烈的恨意，而且對自己是誰以及實相是什麼，都有數不清的困惑無明。我的理解是，我們必須探究這一切，以便讓追求背後的力量和能量減輕，乃至於消失。打從一開始起，我們就必須看見追求即是一種痛苦，而且追求的本質就是在背棄自己，使我們脫離本體。追求是從錯誤的假定之中產生的行動，自我了解則是一種自然又毫不費力的行動。

學生：我發現我最近花了許多時間追求知識，我一直在背書和試著去學一些東西，因為馬上就要考試了。我想我要問的是，我如何能……。

阿瑪斯：讓我告訴你我的做法是什麼。我會閱讀各式各樣的心理學書籍，而且非常專注地閱讀它們。我閱讀它們的理由是因爲我喜歡這麼做，這是既自然又不費力的事，因爲我眞的很感興趣。通常從其中會產生許多了解，雖然我只是很自發地選一本書來讀。從這樣的角度去做這件事，往往能吸收許多東西，而且得到的知識也會使你更了解自己，認清自己和他人的某些眞相。這其中存在著一些好奇心，而且是興致勃勃的，所以閱讀的速度會很慢。我並不想盡快把這些書讀完，我只是對它們感興趣，所以很想了解它們。這其中有一種樂趣，就像入神地閱讀小說一樣。在學校做研究也是同樣一回事。看起來我們好像是在讀書、追求知識、找參考資料等等，其實並沒有追求之心；這種自然產生的閱讀活動是非常有創造力的。當我們在讀一本書的時候，其中可能有些東西是我們不了解的，於是我們很專注地去查字典。別人也許會認爲我們在追求什麼，其實我們是在享受而不是在追求。

學生：所以關鍵就在於心態是什麼。

阿瑪斯：如果動機是源自內心深處的某種自然的動力，那就不是一種追求了。你的本體可以朝著特定方向流動而不涉及自我的活動。自我的活動就是在脫離本體，而本體不會根據你頭腦裡的話語：「你該做這個，不該做那個，這是好的，那是壞的。」來運作。論斷事情應該怎麼樣，往往會導向追求和追尋。反之，你的能量或本體自然會朝某個管道毫不費力地流動。這種流暢的能量之中是沒有追求動機的。

從這種眞實的活動之中會產生許多的了解和認知，並且會統合成眞正的了悟。這就是爲什麼兩個閱讀同樣一本書的人，了解的深度往往是不一樣的。這並不意味其中一個人比較聰明，而是他眞的從心中產生了想要理解的慾望，但這並不代表他會知道得更多或變得更成功。大部分時候我讀書的目的並不是爲了什麼顯著的理由，我不知道這些書會把我帶往何方，我只是感興趣罷了。我以這種方式學到了許多東西，而且很確定每個人都有這種融入的經驗。你徹底融入於某樣東西是因爲你很享受它，很喜愛它。當然讀書有時也可能是相當索然無味的事，那時你不禁會問自己：「什麼時候才能讀完啊？恨不得立刻就讀到最後一章。」讀科學書籍時，我也不是想獲得知識，雖然獲得一些知識是有可能的；重點是我同時也得到了娛樂。我讀客體關係理論時，感覺上就像一般人看漫畫書一樣。這種書很不容易理解，但是不打緊，讀它還是值得的。

此外，你也必須探索爲什麼你會愛某樣東西。譬如你在做你愛做的事，而那件事可能跟你無關，它跟某個更宏大的東西有關。我閱讀的書大部分和我的工作有關。我的閱讀有利於我的工作和我要幫助的人，它對別人的利益往往大過於我，因此這種用途也會變成我愛讀這些書的理由。就某個角度來看，這可以說是一種仁慈的行爲。雖然我的學習是出自於仁慈以及對他人的關懷，但不意味我很關切和想要幫助別人。我們的行爲並不是這樣產生的，它通常會示現成感興趣或喜歡做那件事，所以感覺上好像是在爲自己做，但其實又不是爲自己。當這種狀態產生時，我通常不會去想這件事是爲我自己或爲別人。

我們是神之子，是生來就富有的

當本體出現時——如果你提醒自己單純地存在著，它的本質就是愛、仁慈、智慧、理解、意志、力量以及其他的面向。一旦投入到追尋的活動領域裡，我們就切斷了和這些品質的連結，故而覺得匱乏不足。如果我們眞的允許自己存在，並學會消化吸收自己的經驗，個人性本體就會浮現出來，逐漸臻於成熟。個人性本體也就是所謂的「人子」或「神子」，因爲我們就是它，我們就是神的孩子。我們是終極性的存在顯化出來的一個人。我們其實就是存在本身；這不是你可以達成的一種東西，它一向都是我們最眞實的狀態，而且不可能以另外的方式出現。如果我們不是存在本身，就不可能有覺知。

聖誕節並不是在慶祝某個人的誕生；它是在慶祝每一個人的誕生，慶祝每個人最核心的部分。基督代表的是全人類，他並不是某個特定的人，他最特殊的地方就在於體現了生而爲人最眞實的意義。他讓自己全然敞開，因爲有勇氣開放自己，所以成了我們的典範。當祂說：「我是神的兒子」的時候，我了悟到祂指的其實是衆人皆是神子，或者每個人都可能認出自己是神的兒子。當祂談到神就是祂的父親時，祂指的其實是我們每個人的狀態。

如果神就是我們的父親，我們又爲什麼會覺得貧窮匱乏呢？追求某樣東西的本身，不就是一種不尊重自己的行爲嗎？在追求的過程中，我們並不尊重自己，如果我們眞是神的孩子，那麼打從一開始我們就是富有的，因此爲什麼要像一無所有似地追求各種東西呢？

我們必須質疑這種追求和匱乏的生命態度，很客觀地去檢視它，認淸它爲什麼和痛苦有關。我們必須認淸它爲什麼是痛苦的源頭，爲什麼是毫不必要和多餘的。這跟解決某個心理議題無關，你只需要放下自己，安住於你最眞實的本質就對了。

第三章

臻於成熟的人

一個自尊自重的人很清楚生命的重點不在於好或壞的感受，而是在於不喪失自尊自重，不放棄自己最真實的實相，心中最高最純淨的面向。不論事情有多美妙或多痛苦，你自重的程度都足以維持住自己的完整性。這不代表必須獲得成功、勝利或達成心願，而是以最誠懇的方式面對自己，展現出最核心的價值。

若想活出圓滿的人生，就必須活得像個人。我們的煩惱、我們的衝突、我們的失望及欠缺感，並不是源自於通常認爲的理由；由於我們沒有按照應有的方式生活，所以才會導致這些問題。任何一個人如果沒有按照應有的方式生活，那種脫軌的行爲就會顯現成不和諧、衝突、煩惱，或是肉體、心智上面的運作不良。

只有以自然的方式生活，才能脫離不必要的掙扎和奮鬥，也就是以眞人的方式生活。自然的生活方式並不是由某個權威決定的，而是應該按照存在的自然法則去活。眞心關切這件事會徹底轉變我們看待自己的方式，同時行爲也會徹底改變，但首先我們必須承認，生活之中確實存在著不必要的活動和掙扎；這意味著我們眞的不知道如何活得像個人。我們必須認清我們並不知道一個臻於成熟的人是如何生活的，也不知道這樣的人會有什麼樣的價值觀和人生準則。

進入靈魂的精微次元，乃是要轉化人格，褪去幼稚的模式

首先必須承認的是，我們一向自以爲知道活得像個人是什麼意思，自以爲懂得人生是怎麼一回事，或者人應該有什麼樣的行爲舉止。但是由情緒概念、從他人和過往歷史得來的信念所組成的正常意識，並不足以使我們成爲眞人。我們只是藉由模仿、反映和未竟的企圖，試著變成一個人罷了。這樣的人的潛能還沒有完全發展出來，他們只是按照掌理孩童的法則

在生存。

這種掌理一般人的法則，不該用來掌理眞正成熟之人的生活。如果仍然按照這些價值觀、影響力和法則來生活，就會停留在孩童的發展階段。我並不是說這樣不好，只是沒有把成熟之人的潛能發揮出來罷了。如果我們不允許自己以應有的方式成長，生活就會出現衝突、緊張、痛苦、誤解和煩惱。

若想眞的了解什麼是成熟之人，首先必須質疑自己對人的假設，同時也要質疑自己是否眞的知道人是什麼，人該如何過日子，該依照什麼法則生活，該有什麼樣的行爲。我們都很熟悉一般人的腦子受到的影響：不外乎恐懼、慾望、貪婪、不安全感、競爭性、嫉妒以及各式各樣的原始需求。這些影響力都是由老祖先遺留給我們的，當然也包括外面學來的一些概念、誤解和偏見。這些信念在人生的某個階段是妥當的，但並不適用於所有階段。它們對孩子來說是沒問題的，但成年之後就應該擺脫掉它們。一個眞正成熟的人是不該被這些東西影響的。

對金錢、權力、名望、讚美和肯定的需求，其實是一種孩童式的渴望，這些需求表現出了一個人不夠練達以及不成熟的部分。甚至大部分人所認同的趨樂避苦態度，也不該是成熟之人應有的生命準則，因爲這些準則是動物王國的生存法則。一個成熟的人應該超越這一切，活在更高、更練達、更有圓滿感的價值觀裡面。

因此，如同我曾經說過的，首先我們要質疑自己是否知道人是什麼？人生是什麼？我們必須先承認自己並不知道答案，然後再看看我們是否對這類事所知甚微。也許你從未以這個角度質疑過自己；也許你把日常生活中發生的事，當成了一個人應有的狀態；也許你把掌控自己及他人的生命法則，看成是正確而妥當的。

其實大部分的人都活在一種幼兒階段，因此我們必須穿越這些階段，不再滯留其中。社會接受的知識學問之中，並不包含對眞人及其運作方式的了解，因爲社會大衆在這方面的知識都停留在未發展的層次。關於如何長大，我們並沒有正確的引領，因爲社會的存在只是要滿足人的基本保障和需求。但眞正的需求比這些要多得多，爲了發展人更深的潛能，我們必須滿足更精微更深層的需求，而內在工作就是要揭露那些動物性和孩童式的需求，讓更精微的面向呈現出來。在這個過程中，我們會發現自己早已認同了內在的匱乏感，因此往往會用自己更精微的面向來滿足那些原始需求。其中一個模式就是利用靈性體悟來勝過他人。但我們的靈性潛能並不是用來滿足個人需求的，譬如想要獲得贊同、賞識、愛、接納、安全感、權力，甚至快樂。人類靈魂的精微次元乃是要用來轉化人格，以便脫離幼稚的模式。與本體的各種品質連結，應該會影響你對自己的體認，使你變得更成熟才對。這些精微面向不該形成狹隘的成就感，或是形成一種過度良好的自我感。需要有良好的自我感，其實是孩子或年青人的需求。你或許以爲升起禪悅的時候，就擁有了精神成就。沒錯，你的確有了一點成就，但這只是十來歲人的成就，距離成熟之人的狀態還差得遠呢。

內在工作是要支持我們發展為成熟的人

我們在這裡學到的一切經驗，都會帶來滋養、幫助我們長大成人。這些經驗會帶來改變，並示現成價值觀和生命法則的轉變。這種轉變會影響我們的餘生，也會更明顯地影響我們的關係，以及我們和他人互動的方式。

如果你已經體認到自己就是價值、仁慈、清明以及平安的本身，而你和別人的互動方式仍然像個淌著鼻涕哭號的嬰兒，那麼你的內在工作就尚未完成。你還沒有能力享受本體的這些品質。一個成熟之人會善用與人互動的經驗，示現出眞人應有的品質。

體認我們本質中精微次元的目的，並不是要我們像存錢一樣將它們累積起來，以便帶來富足感。如果你是按照這麼幼稚的方式來進行內在工作，那麼某些部分就沒辦法改變了。內在工作的目的不是要滿足孩童式的需求，其目標乃是要帶領你長大成人，與自己最眞實的本質達成一致。

雖然內在工作的目的並不是要滿足嬰兒式的需求，但並不意味這些需求必須被排拒或貶抑。我們必須了解和認清它們，這樣你才會發現自己已經不再是個孩子，於是就能超越它們，放下它們。

從這個角度來看，我們會發現在這裡進行的工作並不簡單。我們的原意也不是要讓它變成一件簡單的事。它不是奠基於大部分人所認同的價值觀與準則之上的。這裡的內在工作有一半會造成慣常的價值觀和另一種價值觀的衝突。這兩種價值觀的交會會製造出一種折磨，有利於揭露我們的那些老舊的信念和幼稚模式，並促使我們放下它們。這不代表人們沒有權力按照嬰兒式的價值觀和準則來生活；每個人都有權力這麼做。但選擇內在工作的人所渴望的，應該是眞的長大成人。他應該已經略爲明白孩童式的價值觀並不是本體的狀態。內在工作的作用就是要支持我們發展爲成熟的人，而不是拿它來撫慰嬰兒。

我們這裡的工作需要花費很長的時間，它十分困難，而且比你一開始所想像的要複雜得多。你當初來這裡的時候，對內在工作抱持著許多概念和想法，如果一直堅持下來，就會發現內在工作比你預期的要多得多。你同時會發現，眞的進行內在工作，眞的想成爲一個成熟的人，就必須下更深的工夫。因爲成熟需要付出努力，而且要有很大的耐性和奉獻精神。

你必須承認「我不知道」，才能真的進行內在工作

開始進行內在工作之後的幾個月或幾年，你通常可以比較清晰地感受和表達情緒，而且比較能連結自己的身體。對許多人而言，這就是他們所渴望的，但這仍然是初階。這個階段的確很重要，不過尙未碰觸到全部；眞正成熟的人不該被他的情緒和感覺所操控。如同我曾

經說過的，如果你仍然繼續被情緒和生理慾望操控，就勢必對內在工作極度失望。你必須改變人生信念，而且必須勇敢地說出：「我不知道。」你甚至需要更多的勇氣承認自己的確想知道。

因此，內在工作一開始必須處理人格的情緒部分，然後要揭露我們對自己、對現實的所有信念、假設及成見。接著我們可能體驗到存在不同階段的面向，於是內在工作就變成去統合這些比較精微的部分。接下來整個人格都必須加以轉化、產生蛻變，並且要跟這些深層的精微面調成一致。我們必須變成一個更細緻、更成熟、更進化、更眞實的人，然後才可能活出眞人的生活。

這個過程既漫長又複雜，並且因人而異，但每個人都要下很深的工夫才行。你必須深入地了解自己的心智、情緒、性格的構成模式，以及導致行爲的種種原由。這是需要耐性和時間的。這個過程涉及許多的痛苦和困難，同時也帶來了喜悅和振奮感。若想覺知本體的各個面向，體悟以及整合它們，就必須發展出毅力。老師只能點化你，你必須親自去做這些困難的工作，但我們生活的社會並不支持這種工作，週遭的環境不明白也不支持這樣的發展。我們就是被這樣的社會制約著，因此自我解脫遭遇的障礙是相當強而有力的，況且它們早已滲透到你的內心和人格裡了。

你必須經歷許許多多的理解、體驗和洞察，才能眞的有所了悟，而這種了悟是涉及許多層次及面向的。你會從某個階段進化到另一個階段，而且是來來回回的，這需要對自己抱持極大的耐性和慈悲心。如果你想要有所收穫，就必須下一些工夫，同時還要抱持慷慨、實際和成熟的態度。沒有人可以為你做這件事，也沒有人可以把本體送給你，因為你就是本體。

如果我們發現某個人很懂得怎麼穿越這個過程，而且對潛能開發很感興趣，那我們應該覺得幸運才對。這樣的人在社會裡是很稀有的，因此必須以尊敬和感恩的態度對待他。能幫助你走過這個過程的所有內在工作，都應該拿最深的敬意來對待，因為這麼做就是在尊重自己以及人類的潛能。這樣的工作應該被看成是最重要的事，因為在根本上它的確是超越一切的。我們應該將其置於那些幼稚的價值觀、準則和影響力之上。但內在工作並不是一種道德觀，而是很實際的觀察。它必須以這樣的方式來進行，否則是很難生效的。

這種敬重的態度不只要放在內在工作上或是我這個老師身上，而且要示現在你們彼此身上。如果你們的確想成為一名真人，就應該以甘心情願和誠實的態度面對彼此，而不該把對方當成敵人或是能得到滿足的對象。那是一般世俗人相互對待的方式。想成為一個真人，就必須從這一點開始做起。

內在工作不只是為了自我了悟，還得學會敬重他人

我想說的是，僅僅去發現內心的問題還不夠；你的理解必須示現在行動和關係上面，只

有這樣，人格的統合才可能發生。這樣你本質裡的精微面帶來的影響才能轉化人格。缺少了統合，內在工作是不可能完成的。事實上，缺少統合很可能會造成各式各樣的扭曲，以及不正常的發展。我們必須留意自己的行爲和人際互動，而且要從內心更高的次元來進行觀察。

如果你的外在生活無法與內在情況調成一致，就不可能成爲眞人。如果內在經驗和對待他人的行爲是衝突的，扭曲就會產生。如果你懂得了某些眞理，但行爲卻是按照另外的方式在進行；如果你重視實相的某個部分，但是在眞實生活裡卻把它丟出了窗外，那麼非常怪異的事就會發生，而令你和周圍的人感到十分挫敗。內在工作不僅僅是自我了悟，也不是忘卻週遭的人，只顧保有自己的良好感覺。成熟之人的本質，就是敬重他人。

如果你眞的想體會做眞人的滋味，就必須努力成爲這樣的人，不論過程有多麼辛苦。如同我曾經說過的，內在工作要處理的就是你早先的概念、信念和準則與內在工作之間的衝突。在這個過程中，你會了解和發現以前所不知道的自己，這會讓你開始修正行爲，而且是帶著覺知持續地下工夫。

你的行爲應該依照眞人的方式來展現，不只是對我或對其他老師，對生命中的每個人都要按照這樣的方式，否則就是在助長自己的不成熟。你仍然可能以動物性的方式來行動，因此不論是對待同學或你生命裡的所有人，都應該清醒地付出努力，依你所了解的這些細緻的品質來生活，而不是耽溺在老舊的模式裡。理想上大家都應該彼此尊重、了解和友善對待，如果你不以尊重、感激和認同的方式去跟另一個人互動，就等於沒有在尊重或認同自己的崇高面向。

大家都是一體的，我們的差異性僅僅在於物質次元；本質上我們並不是分開的，而是連結在一起的。其他人都跟我們一樣珍貴，而且值得我們付出尊重、愛及關懷。這份了解必須示現在每一刻的行爲裡，然後這部分的內在工作就會徹底轉化你。

首先要下的工夫就是對本體的證悟，接下來的工作會更困難一些，因爲我們必須學習把這份證悟示現在日常生活裡。你得學會如何活出這份了悟，如何把生命變得更成熟。若想記住自己的本體以及那些更精微的面向，是需要下很大工夫的。讓這些了悟影響自己的生活，改善與他人及環境的互動關係，也需要一番努力。過往的競爭心態、貪得無饜、嫉妒、排拒等等，必須轉化成慷慨、尊重、感恩和仁慈。如果眞的想變得成熟，就必須按照這些價值觀來行動。你不能因爲別人的行爲像個蠢蛋，而展現出不高尙的行爲。如果你這麼做，就是在違背自己的高尙本質，不尊重自己眞正的身分。

如果你很想成爲一名眞人，就必須按照最高的價値標準來行動。認爲把自己的了悟統合起來是很容易的事，便是在展現幼稚的一面，因爲你完全不了解人生的眞相。變得仁慈、慷慨、有愛心、清明而又値得尊重，是必須下工夫的。並沒有一個神在那裡幫助你達成這件事，你必須在每個當下做出一些努力，否則不會有任何轉變。當然，沒有人是「必須做」內在工作的，選擇權完全在你手上；如果眞的想做它，就必須按照這些準則去做。

現在你可能會說：「這實在太困難了，我很憤怒，我不想下這些苦工。」沒錯，它的確很困難，但如果你眞的想變成一個成熟的人，此刻就必須覺察憤怒、挫敗和受傷的感覺，而且要學會忍耐和承受。假如你說：「這實在太困難了，我很想逃跑，不再管這件事了。」那麼你的行爲就像是遇到困難時找媽咪的小孩。眞的想長大成人，行爲就得像個成年人。

只是坐著一動也不動地打坐，很難在日常生活中體現愛、仁慈和眞實不虛的品質。認爲在工作坊裡進行一些呼吸練習，或是跟一群人打坐、經驗本體的某些面向就已經足夠了，這樣的觀念也是偏頗的。你必須依照成熟的價値觀來生活，直到它變成你的第二天性爲止。要做到這點必須尊重自己，否則就是耽溺在孩童的模式裡，背叛了自己最深的面向，也藐視了自己眞正的潛能。我們最大的問題就是不斷地背叛自己眞正的本質，按照不適合我們本質的方式生活。

生命的重點是不喪失自尊自重，不放棄自己的實相

活出自己眞正的本質意味著心中不趨樂、不避苦，不企圖得到別人的贊同，也不想獲得別人的讚賞。同時你也不去批判別人、打擊別人，或是向外追求名望及權力。你只是很眞實自然地活著，並且尊重和體恤他人。你的愛心是沒有企圖的，也不是刻意製造出來的。生爲

一個成熟的人，愛心、慷慨、體恤、恭敬有禮、行爲舉止細膩、態度成熟，就是你的第二天性。

若想讓這些價值標準或特質變成第二天性，必須有意識地下工夫，但這並不代表你必須變成一個嚴格冷酷的人。重點在於必須下工夫覺察自己和他人的互動方式，尤其是尊重自己和別人，誠懇地展現自己。我指的並不是要放棄享樂；是不主動追求享樂。這也不意味要製造痛苦；是不要逃避痛苦。

一個自尊自重的人很清楚生命的重點不在於好或壞的感受，而是在於不失自尊自重，不放棄自己最眞實的實相，心中最高最純淨的面向。不論事情有多美妙或多痛苦，你自重的程度都足以維持自己的完整性。這不代表必須獲得成功、勝利或達成心願，而是以最誠懇的方式面對自己，展現出最核心的價値。

體恤自己、尊重自己、愛自己，意味著學習維持自己的完整性和尊嚴。這代表如果必須學習，就勇敢地去學；必須做什麼，就勇敢地去做；必須說什麼，就勇敢地去說。維持自己的完整性和尊嚴意味著不抱怨，而且不論自己的感受是什麼，都能尊重和體貼別人，即使快要死了，仍然能尊重自己和他人。因爲你是誰，比你將要死亡更爲重要，也比可能失業或失去情人更重要。自尊自重比這所有的事更珍貴。

這就是爲什麼我們要練習不把情緒立即展現出來的理由。當你做這項練習的時候，不但要持續地留意自己，而且要留意不立即把情緒展現出來。你必須把它放在心裡去深入地感受和理解，並且把它當成自我了解的資糧。你或許不能一直保持在這種狀態，但即使無法做得很完美，也不要打擊自己；重點在於盡量保持覺知，持續地做下去。

這意味著如果你的潛意識裡有一股憤怒，就要試著去了解它，而不是把它發洩在某人身上。如果有人排拒你、令你感到受傷，你也要把它放在心裡，而不是立刻告訴那個人：「你排斥我，所以我覺得你很糟糕。」你只是去感覺自己遭到了排拒，然後試著靠自己去理解這份感受。如果有老師的話，你可以和老師一起進行探索。你要善用這股能量和資糧，以及從內在工作中產生的熱力，將其用在自我了解和轉化上面。

覺知情緒，就是不壓抑，也不發洩

所有的情緒都是自動化反應，譬如絕望或失望。不對這類感覺產生反應，意味著即使早上起來覺得人生無望，你仍然會起床、上班。不產生自動化情緒反應，指的是朋友來訪而你正覺得孤獨，需要擁抱，但你仍然不按照這份渴望去行動；你只是在內心裡感受著它，因爲你知道這只是一種原始的需求罷了。

你可能會花很長的時間來了解自動化情緒反應究竟是什麼，但這也無妨，只要不耽溺在情緒化反應之中，一直保持著覺知就夠了。我們現在講的不是壓抑情緒，而是不把情緒展現出來，因爲展現它們就等於釋放掉它們，這麼一來你就無法深入了解了。展現情緒會阻礙轉化過程，一個成熟的人是不會將情緒發洩出來的。這項練習非常重要；它能教導我們許多東西。了解這項練習或許很困難，但若想活出最眞實的自己，就必須持續地練習。自我耽溺是無法帶來任何幫助的，因爲耽溺意味著助長原始的需求和價值觀。

做這項練習時，需要運用所有的覺知和已經發展出來的意志力。我們必須帶著覺知靠自己來轉化人格。一個自尊自重的人不會宣稱自己已經開悟，也不會渴望被視爲開悟的人。一個人變得愈眞實，就愈不想彰顯自己，因爲你會把體悟放在心中。渴望將其顯現出來、留給他人強烈的印象，就是在滿足原始的需求，而眞人是不會按照這些需求行動的。一個成熟的人不會想取悅別人。

這項練習並不是要制止情緒，而是不讓自己對情緒產生反應，因爲我們發覺這是從幼稚又原始的需求產生的。這就好像養育小孩一樣：你不會讓孩子爲所欲爲，否則他會把屋子弄得一團糟，甚至傷到自己，不是嗎？對待你自己也是同一回事：你不會讓心中的那個小孩爲所欲爲，因爲他會把你的人生弄得一團糟，繼而傷害到你。事情就是這麼簡單，你必須學會自律。你必須認清自己的行爲是不成熟的，而且是無效的，甚至具有破壞性。當一個孩子生氣時，他會丟奶瓶或是摔東西，因爲這麼做會令他舒服一些。他不明白你爲什麼要制止他，因此當你制止他的時候，他會更生氣。面對自己也是同一回事。你可能會說表達憤怒令我感覺舒服一些，但這種行爲仍然會對自己和他人造成損傷。表達憤怒是一種自動化反應，爲了長大成人，你必須學會不將其展現出來。這件事的重點不在於展現情緒是好是壞，重點在於人必須自重以及誠實面對自己。

〔第四章〕

成熟與眞相

一個成熟的人絕不是沒有問題的人；成熟的人是能夠以成熟態度處理問題的人。

有時我認爲你們來這裡的理由是錯誤的，因爲你們有許多人只想從內在工作中獲得一些東西，但卻不是它能提供的。有些學生想要靠我來解決他們的問題，當然我們每個人都有問題要解決，但這並不是內在工作的目的，也不是我助人的重點。當我在協助某人時，我一般關切的並不是如何解決問題。我不但不關切這件事，而且我發現爲別人解決問題，或是與人共同解決問題，是非常乏味而徒勞無益的事，因爲這不是重點所在。解決特定問題不是最重要的事，因爲問題還是會繼續出現。人生總是充滿著問題。如果你致力於解決問題，這輩子都處理不完的。不過當然，解決問題仍然有其重要性，而且學生們往往認爲解決了一個又一個的問題，最後一定會帶來快樂，但事情並不是如此。

執著於解決問題，會讓問題不斷發生

想要根絕問題的這種渴望，其實會加強對問題的執著。你會讓問題不斷地發生，因爲這就是你所期待的，也是你擅長的事。助長煩惱和問題是很容易的，當這種機制掌控你的內在工作時，你的注意力就會集中在問題上面，其他的事就變得不重要了。

我了解人偶而會出現非常緊迫、立即需要解決的問題，這種時候我會很樂意幫助對方，但這並不是內在工作或這裡的老師要做的事。我更感興趣的是幫助人了解自我轉化的過程而非結果。我不會去注意解藥是什麼，我會觀察學生如何處理問題和眼前的情況，譬如，他是怎麼在掙扎的？他抱持的是什麼態度？我可以從其中看見這個學生學到了什麼。如果有某個學生對解決問題不感興趣，但是對眼前情況的眞相感到好奇，我會覺得和這樣的學生一起探索更有滿足感。

內在工作背後有它自己的價值觀、準則和美學。這些準則、價値觀和美學與解決困難有所不同。如果我的目標是幫助人解決問題，那麼這種工作可能連一、兩年都維持不下去。我會像有一百多個孩子的母親，當他們哭泣時，我就得照料、安撫他們。我可不是母親，而且即使是跟小孩相處，我也期待他們能爲自己負起某種程度的責任。我不會一看到他哭，就立刻去幫助他。有時最富愛心的方式，就是允許孩子盡量靠自己發展成獨立自主的人。成年人也是一樣。不斷罣礙著心中的問題，是一種自貶的行爲；人應該有更高的人生目的以及更高的自尊。如果你關切的只有這些問題，你會發現問題無處不在；這其實是在浪費我們的潛能。我們的內在工作強調的是：了解自我和實相的本質。當我們變得愈來愈客觀自愛時，某些問題自然會獲得解決，但這是與自己的眞相調成一致的副產品，因爲我們有許多問題都是源自於不明白自己是誰。

如果內在工作的動機是要排除問題和痛苦，它們就會變得更糟，而你也會變得更挫敗。痛苦和挫敗感之所以存在，就是因爲你想除掉它們；這便是痛苦的開端，也是它們會一直持續的原因。

內在工作的重點是超越得失

一個自尊自重的成熟之人，會學著去容忍和接納某些問題，學著與挫折共處，同時又能欣賞人生美好的一面。如果一個人體認到了某些精微面向，或是某種本體的境界，但還是一味地追求圓滿和至樂感，而忽略了過程中的心理內涵，就是一種不成熟和瑣碎的態度。這種情況經常發生，其中的一種反應就是興奮，因爲開悟的感覺十分良好。還有一些人則可能視其爲不重要的事，因爲：「我的男朋友仍舊不夠愛我。」她的心並沒有敞開來接納那一刻的靈性體悟，而只想滿足嬰兒式的需求。要注意，內在工作並不是魔杖。我想看到的是學生珍惜我們一起工作的過程而非結果。當兩個人在互動諮商時，其中會有一種和追求滿足十分不同的美，而感覺良好只是這種情況之中的一個元素；事實上，結果往往是相當有趣的，因爲我們會看到情人不愛我們會造成什麼感覺。我覺得當我們體驗到那種感覺時，是非常有趣的。而且我們會發現，別人愛不愛我們根本不重要。這是非常重要的體認，不過這不代表一份關係結束時我們不會傷心或失落。感覺一定會出現，但內在工作的重點乃是超越得失之心。眞的渴望看到內心的眞相，最終一定會帶來自由，這才是重點所在。

內在工作之中若是存在著想要了解眞相的誠意，那麼師生都會在過程裡體認到一種美和感激。如果只想排除掉不舒服的感覺，本體就不會有所回應，於是諮商就會變得十分乏味，而且缺乏美感。學生感興趣的如果是過程裡的眞誠、好奇與成熟的展現，那麼師生兩人就能一起共舞，這種交流是非常眞實親切的；這時人格的世界就會退讓給實相。即使人格關切的東西又冒了出來，參與者仍然能從眞相的角度去覺察，甚至連人格帶來的惱人活動也會因而停止。從了解自我的過程中會產生一種對人格複雜性的欣賞，而不會一味地想要排除掉某些東西。這份欣賞又會帶來眞正的自尊自重，因爲我們只是在覺察人格而沒有隨之起舞。如果一個人願意體驗自己的痛苦又不迷失或耽溺其中，就會出現一種美。

眞相有時能減輕痛苦，但也可能導致痛苦，不論結果是什麼，做學生的如果能允許自己去欣賞和愛心中的眞相，就會跟自己產生一種親密感。這種親密感又會帶來一種滿足，不論結果是痛苦或快樂都一樣。因得不到而抱怨，或者因得到了而興高采烈，都只會阻礙你看到更深的眞相。與眞相親密地貼近才能帶來最深的滿足，這種追求眞相的態度，會使我們從幼稚的慾望、需求和夢想之中解脫出來。如果你能在這個過程裡學會欣賞自己和自己的眞相，就能和自己產生親密的連結，而這是你從不認爲有可能得到的能力。這份滿足感遠遠勝過超越別人、獲得權力財富，或是感覺重要和被人賞識。你愈是能和自己親密，就愈會發現這些世俗慾望都很空洞。即使你達成了所有的目標和慾望，也比不上跟自己親密帶來的富足感。

從愛和眞誠之中產生的洞見會帶來謙冲的胸懷，但不代表你要變得謙卑，因爲謙冲是源自於跟自己親密，而這是非常人性又令人感到滿足的狀態。證實自己是正確的，獲得自己想要的東西，這都是人生的一部分，但並不是我們眞正感興趣的部分，因爲它們不會讓你更貼近自己或心中的眞相。

放下趨樂避苦之心，才能學會欣賞和愛惜心中的實相

我們必須決定人生中最重要的價值是什麼。我們可能允許自己追求享樂、逃避困難，也可能讓自己專注於自我了解和發現心中的眞相。如果我們只想等待痛苦消失之後才學著欣賞或愛惜心中的眞相，那麼痛苦就永遠不會消失。

我們會有層出不窮的問題、心理議題、衝突和誤解，這些都該被視爲內在工作的一部分，但卻不是焦點或重心。其實當你在觀察某個心理議題時，也該以欣賞的態度來了解頭腦的機制作用，也就是不企圖排除問題，只是專注在心理議題的眞相上面。這兩者也許看來並沒有多大差異，結果卻會帶來很大的不同；後者往往能促進活力和動力，前者則會造成乏味和停滯不前。

如果你想活得更圓滿，就必須發展出對某些價值觀和眞理的品味、內在的深度、精密性與細膩的覺知，還有坦誠及自尊自重的能力。這些價值都屬於很精微的層次，它們會帶來細緻優雅的人生，爲我們注入色彩豐富的內蘊和自然美。本體豐沛的品質一直都存在著——你不需要達成它們，而是要懂得欣賞它們。你要開始愛它們，將自己導向它們，以便有足夠的時間和機會展現它們。

同時你還得了解，一味地想解決衝突、問題和緊張感，只是一種依賴老師的幼稚行爲罷了。如果學生能欣賞自我了解的過程，承受心中的眞相，就能長大成人，與老師平起平坐。這樣你的人生就會有一種統合感、藝術性和創意。這個世界充滿著各式各樣的奇妙事物、幽緲的精緻性和難以言喻的美。當我們不再集中焦點於解決問題時，這整個自我了解的過程就會帶來一種滿足感。

我們經常有一種態度：「如果這個問題不解除，好事就不會發生」。這種態度阻礙了我們敞開心胸面對當下的狀態。如果一個人堅持必須以沉重的心情解決他的問題，那麼此人就不可能快樂。我們現在探討的是一種縮小焦點和冥頑不化的態度。如果你一直以狹窄的觀點渴望得到美好的事物，就等於在說：「我只知道什麼是最好的東西，其他的事我都不在意。」而這顯然只會導致痛苦、破壞和緊張。

學會放鬆，才能對己、對人更仁慈友善

如果你能學會放鬆，然後問自己：「我爲什麼要這麼折磨自己，爲什麼不放鬆下來喝杯茶？」這樣就能對自己、對別人更仁慈友善一點。你爲什麼會認爲只有在沒問題時才能享受自己？你爲什麼要等到開悟才放鬆下來？爲什麼必須等到仁慈友愛的品質從天而降的那一刻，才能對自己和他人友善一點？這絕不是人生運作的方式。你必須有耐性一點一滴地面對

問題，並且在面對問題時，仍然能感受到快樂和圓滿。

當你在處理問題時，這個你究竟是誰？當你看到自己的不足和挫敗時，你是以眞誠的態度面對，還是懷著一肚子的氣來面對？你是否只對抱怨感興趣，還是肯花點時間學習以智慧來處理問題？某些事是需要處理的；某些事則只能允許它變成生命的一部分。當屋頂漏雨時，大發脾氣是不智慧的——你不該在這時怪罪於人。如果有某些事的確需要處理，就該在正確的時間以正確的態度面對它。如果你痛恨自己的房子以及自己沉重的責任，並懷疑上帝爲什麼要製造大雨，那麼你只會感到挫敗不已。你必須接納這些事的確會發生，而且要面對它們。

一個成熟的人絕不是沒有問題的人；成熟之人是能夠以成熟的態度處理問題的人。他或她能面面俱到地考慮問題，並且能按照自己的觀察來採取行動。這種態度會取代嬰兒式的行爲舉止，因爲後者只可能導致挫折和更多的問題。成熟之人有能力把困難當成人生的一部分，而且願意以妥當的方式處理它。人生的確有許多問題需要解決，但你仍然能享受這個過程。人生並不是在問題解決之後才開始的。某些人之所以比較能感覺圓滿和快樂，並不是因爲問題都解決了，是因爲他們能夠如實地接受事情的眞相。成熟意味著盡己所能地理解問題，然後發展出專業知識和技術，去做自己必須做的事。成熟的人會默默地接受問題，視其爲人生的一部分，最終他們必定會因爲能全心全意地面對人生而獲得喜悅。

人生比局部的事件要宏大得多，如果你認清了這一點，就會發現在接納之中蘊含著一種誠摯的心態。你會從面對困難的能力之中獲得一種喜悅，從接納和感恩的態度之中產生獨立自主的能力，如此一來我們就不再像嬰兒一樣需要別人照料了。

〔第五章〕

徹底整合的人

開悟經驗的確存在，但這只是平衡的意識需要的起碼元素。它們既不是靈修唯一的元素，也不是最終的結果。換句話說，若想活出和諧平衡的人生，只憑開悟是不夠的。開悟只是個起點罷了。

人的確可以依照美、優雅和自重的態度而生活，但這種精緻的生活極不易達成。人生的目的不是要獲得成就、財富、安全保障或慰藉。這些事或許是必要和重要的，但畢竟是人生比較粗鈍的面向。當意識出現不平衡或不和諧狀態時，我們的價值觀就會朝著人性的粗鈍面發展。意識的精緻化需要的是平衡所有的人格面向。一個人的意識和生活愈是和諧平衡，其人生愈可能變得優美、莊嚴、有效率。

我們並不是在說一般人的生活不好，也不是說我們要追尋更美好的生活，因為重點是在和諧與平衡。缺少了和諧與平衡，我們往往會發展出某種預期心態和假設，然後意志力就會把某些元素理想化或排除掉其他面向，繼而變得堅實不化，導致更多的不和諧與不平衡。這就是意識不平衡的人不懂得平衡自己的原因，因為他總是從不平衡的觀點來看事情。其結果是，此人的意識會被既定的觀點操控，而深信自己的確需要什麼或渴望什麼。因此，人的意識首先必須平衡化及和諧化，然後才能認清自己的需要是什麼。

不平衡的意識有一種特點，那就是總夢想著神奇的事會發生，而且會以理想化及過度浪漫的觀點來看眼前的經驗或人，誤以為這些人事物可以讓事情變得更美好。這種幻想出來的情境當然很美，但畢竟是從不平衡的意識中產生出來的看法。現實大多不是這樣運作的，事情通常不會按照我們的期待去發生，因此我們經常感到失望。渴望事情和人能夠奇蹟般地出現，往往會在日常生活中示現成對成就、名望和人的過度理想化，譬如夢想有一個迷人的王子，能夠帶我們從此過著快樂幸福的生活。

開悟只是和諧及平衡人生的起點

當一個人進入內在工作時，會把這種傾向投射到學校、老師和方法上面，而且不論是心理治療或靈修，這種事都可能發生。在心理治療上，你可能期待神奇的療效；在靈修工作上，你可能會追求開悟之類的神奇經驗。從比較平衡的觀點來看，這些經驗的確存在，但並不像不平衡的意識所認爲的那麼神奇。這些開悟經驗的確存在，但只是平衡的意識需要的起碼元素。它們既不是靈修唯一的元素，也不是最終的結果。換句話說，若想活出和諧平衡的人生，只憑開悟是不夠的。開悟只是個起點罷了。人若想發展出正確的生活方式，除了開悟經驗之外，還需要許多其他的經驗。長年投入靈修工作的人往往會發現，他們的開悟經驗不必然能轉化他們的生活方式。我們這裡的工作，有一部分就是要一再地平衡和再平衡這裡的每個人、每個小組以及學校本身。每當成長的方向失衡時，就必須從其他的方向來平衡眼前發生的事。如果事情一直停留在失衡狀態，必定會導致惡性成長。

從內在工作的角度來看，涉及成長的平衡性的元素，一般而言總共有三種。這三種元素就是「理解」、「存在」和「做」。大部分的人都比較強調其中的一種。有的人在理解人類經驗上面比較能達成平衡，有的在存在和感受經驗上面比較能達成平衡，另外有些人則是在做和行動上比較容易達成平衡。這種不平衡的發展會連帶影響到三種狀態，而內在工作就是要發展出一種能力來平衡這三個面向。每當某人或某個小組失衡時，就必須即時調整來達成平衡，否則發展的方向就會失衡。雖然每個人的發展都可能有所偏頗，而且是可以接受的，但畢竟還是會導致整合方面的問題，使我們無法眞的成熟。

內在工作的某些活動是朝著理解個人情況的方向在發展的，透過這個過程我們會認清現實和眞相。有很長的一段時間，自我了解的一大部分就是要揭露虛假人格，認清這個人格的人生其實是十分空洞的。認清掌控生活經驗的正常人格其實是空洞的，往往會使我們意識到存在的圓滿本質，使我們開始認清本體的狀態。這種狀態有許多稱謂——開悟、自我了悟、合一境界，或是存在的合一性。然後我們會發現，本體境界雖然十分美好，仍然不是人類意識的全貌；本體境界和隨之而至的了悟，必須統合到眞實的生活中。〔譯註〕

了悟必須示現在日常生活的行為舉止裡

這時行動就變得十分重要了。自我了解仍然是不夠的。對存在有所體認也仍嫌不足。爲了徹底整合人格，這些境界都必須示現在日常生活的行動裡。它們必須顯現在行爲舉止裡面，才算眞的在按照這些境界生活。當然，某些人對自我了解已經很滿足了，而且會不斷地追求靈性洞見和各種悟境。雖然擁有靈性洞見以及對人生各種情境的領悟，是絕對必要的事，但仍然需要在日常行爲表體現存在本身才行，而這是跟本體境界的顯現有關的。事實上，「存在」是上述三種發展要素的核心部分；它是這整件事的精髓，而且與心輪的愛有關。雖然存在是其中的重點，但光憑著它仍不足以使我們妥善地活在世上，因爲人生還涉及到行動和做。活出成熟的人格，意味著不僅僅要活著，還得根據本體的境界來生活。如果不按照對本體的了悟來生活，那麼你的體悟或發展就仍然侷限在某些經驗裡面，而無法碰觸到靈魂的深處，帶來眞正的整合。

當然，這三個發展要素都存在於正規生活的層次上。一般未經充分發展的粗鈍生活裡面，仍然帶有存在、做以及自我了解的成分，但本質是造作虛妄的。一般人對事物的理解或是所謂的世智俗慧，只是一些慣常的預設、成見及信念，或是對人格的一般認知。正常人的經驗裡盡是些情緒、心智和生理活動，因此處在人格層次的行動只是一般的生活方式罷了。當我談到本體的行動和作用時，指的並不是一般的行動；事實上，大部分的人都是行動導向的。人們會有各式各樣的行動，但不是我們要探討的那種。我們所謂的行動是涵蓋本體在內的，是眞正的行動，而這眞正的行動就是已發展和未發展之人的區別。

換句話說，人的發展有三個要素和三個階段，一是理解、認知以及發展出洞見和直覺，

〔譯註〕佛教傳統所謂的悟後起修。

然後是安住於存在本身，也就是對本體有所了悟；接下來就是去做的階段，也就是將存在以及對生命的認知結合起來，活出自己的人生。你們有許多來到這個團體或接受了諮商，而產生了很深的洞見以及自我了悟，或是體認到了愛和無限性等等，可是仍然按照舊有的人格模式在活，就好像什麼悟境也沒發生過似的。對本體的了悟必須影響你們的生活，滲透在每件事裡面，直到它的每個面向都整合進來爲止。一個成熟的人必須依照體悟和洞見來生活。沒有任何體悟或洞見的人，不可能以成熟的方式生活，因此三個發展面向都是必要的。如果只是朝著行動的方向發展，一心一意地追求成功，就可能無法體驗眞正的存在，也無法眞的了解自己。如此一來你的行動就失去了重點，人生也不可能和諧，而只會一味地想滿足慾望，達成人格對神奇經驗的夢想。

這裡的工作就是要讓學員的意識有一天能出現對人格、人生、心智活動和過往經驗的洞見及理解。這份理解會揭露虛假的面向，讓本體顯現出來。伴隨著洞見和自我了解，這條道路終將使你在各式各樣的經驗中，體認到自己最深的本質。你會出現各種層次的悟境。這所有的洞見和經驗都能帶來完整的發展，而且到了某個時刻必須完全整合到你的行動裡面。如果這件事不能自然地發生，你就必須刻意按照已經學到和體驗到的東西來生活。換言之，把體悟整合到行動裡面，這件事並不一定會自然地發生。

某些洞見、了悟、甚至是行動，會如同天上掉下來的禮物一樣突然出現，但某些仍然要靠努力才會出現，因此你必須下工夫來平衡自己。如果你夠開放，對眞相確實感興趣，洞見就會產生，但也不盡然一定如此。就某些事而言，你必須採取行動才行，而且要下很大的工夫。自發的洞見和努力，這兩種元素其實都需要。其中的自我了解是最簡單的部分，但若想看見存在的意義、允許自己安住於各種不同的狀態，則是比較困難的部分。但最困難的任務，還是把本體或存在統合到行動裡面。

把自我了解和存在統合到行動裡面，乃是整合人格過程中最首要和最有力量的部分。如果你不採取行動，如果不試著按照你學到的眞理來生活，那麼人格的不同面向就很難整合到一起。我們總有一種製造分裂的傾向，譬如一部分的你是很美好的，其他的某些部分卻一團糟——充滿著挫折、問題、抱怨或叛逆傾向。

轉化受制的人格，使靈魂臻於成熟

如果一個人開始按照自己體悟到和學到的眞理來行動，不再受制於過往的老舊模式，那麼這些洞見和體悟就可能整合到靈魂裡面，如此一來，靈魂就能藉由消化人格的老舊模式而產生轉化，變得更成熟。人格並不是一個需要堆砌或滅絕的東西；它必須透過時間來得到發展，變得更細緻成熟，並且要和本體結合在一起。若想發展出完整的人格，整合的過程就是必要的，因爲一個整合好的靈魂，其人格和存在本身就不再衝突了。人格其實就是靈魂受制約的部分。若想轉化受制約的部分，只有靠著洞見和本體境界，才能夠讓靈魂成熟和完整，否則便可能擱置人格，一味地發展存在的狀態。某些靈修體系就是以這種發展方向爲主，亦即讓一個人體驗到各式各樣的悟境，並且維持在那些境界裡。其實這樣的人並沒有眞的活在世上，他們可能達成了某種存在的境界，但只有在坐禪時才體認得到；他們無法在進入菜市場的時候，也擁有這種境界。

接下來的步驟就不能靠脫離人群、死死地打坐，或藉著老師的諮商來了解自己的某個部分。你必須採取實際的行動，而且必須考量你所學到的一切洞見、認識和體悟，這樣才能把人格的所有面向統合起來，變得愈來愈平衡完整。

因此從某個角度來看，這樣的內在工作有點像是建構及發展自我和現實人生。你不可能只是下了一點工夫，美好的事就自然發生了；這是一般人的期待，但事情不會按照這種方式發生的。你很可能會把洞見和體悟視爲獎賞或糖果，但如果你把糖果吃了，就會像一心想藉著諮商來得到獎勵的幼兒。如果你眞想發展出自我了悟，變成完全成熟平衡的人，就得善用眞實的生命經驗來轉化自己。

我發現有件不幸、會帶來挫敗的事經常發生，而且似乎是不可避免的，那就是人們一旦了悟到本體境界，往往會把這類境界看成是食物、獎賞或成就。對本體的了悟的確是一種資糧，但這些了悟是從根本或核心的部分產生的，因此是用來轉化你的。它們的出現並不是要供你消費，而是要你吸收消化它們。其實擁有這類了悟還不夠，「噢，這個感覺眞是美妙極了，我現在覺得非常圓滿。」之類的感受是不夠的。有很長一段時間我都在質疑這一點。雖然不是每個人都會落入這種模式，但我認爲大部份人都會如此。當某個學生有了某種本體經驗時（譬如意志力這個面向），通常會出現強而有力的支撐感和穩定性。那種匱乏、不足、缺乏支持的感覺會突然消失。這份體認或許很美，但仍然是不夠的。

「了悟」當中存在著可以滋養靈魂的眞相

通常當我體驗到意志力和支撐感時，不會太去在意它，因爲還有許多東西需要認淸和了解，而且這份體驗還會帶來其他的利益。這時我會質疑的是：「這種境界意味著什麼？爲什麼我的那種缺少支撐和脆弱的感覺，會突然消失？這是怎麼發生的？它意味著什麼？它爲我的生活帶來了什麼意義？這個令我感覺強壯的東西究竟是什麼？」你必須對眼前的狀態感到好奇，花些時間把它放在顯微鏡下觀察一番，試著去探究其中的每個原子：「這到底是什麼東西？我以前從未見過它。」我發現人們一旦有了某些新的體悟，譬如本體的力量，往往會感覺非常強而有力，因此很享受這種感覺，然後就算了。此人只是對消除虛弱感有興趣，對眼前情況和經驗的眞相卻不感興趣。當某種境界產生時，其中一定存在著可以滋養你靈魂的眞相；雖然這份體悟可能會減少你的飢渴感，但重點並不在此。眞相會以很深刻的方式徹底而永遠地轉化你，如果你眞的對它感興趣的話。

或者某些人會體驗到一種個人性之愛，那種感覺是甜美、細緻又輕柔的，於是他說：「好極了，我現在感受到愛了。我不再渴望別人來愛我，不再感到被排拒或受傷。」然後他就帶著這種感覺離開了諮商室。這是許多人都會做的事，但我認爲你應該問自己：「愛究竟是什麼？我正在體驗一種愛的狀態，然而它究竟是什麼？」於是你看著它，那種感覺非常細膩，「我的胸中爲什麼有一種甜美的感覺？這股甜味通常是在口中出現的？」

那一刻你首度體認到了心中的甜美感，但是你不去質疑爲什麼心中會出現甜美感，爲什麼以前從未感受過。你覺得這件事並不重要，重要的是你感受到了愛。因此何不問問自己：「這種體驗似乎是非常根本的眞相，而且和我對事物的假設是衝突的，但我竟然連看都不看它一眼？」爲什麼你以往從不認爲人會體驗到心中的甜美滋味，而且這個假設和你的體驗是矛盾衝突的。這整件事究竟意味著什麼？它會爲你的信念、概念和生活方式帶來什麼啓示？

除了探究、感興趣和投入眼前的經驗之外，你還需要去感覺並了解它，看看它帶來的是什麼滋味，如何影響著你的心智，以及該如何把它帶到生活裡面。任何一個簡單的經驗都有許多東西需要消化；五分鐘的經驗很可能得花好幾個月的時間，才能從中獲得養分，否則我們就可能會認爲：「我已經有了某種體驗，下週我還要來得到另一種體驗。」但前面的經驗還未徹底消化，一段時間之後，就可能導致自我膨脹或因心理便秘而感到挫敗。其實這些體驗都可以從根本上轉化我們的意識。

很不幸的是，這些侷限是不可避免的，因爲我們的意識都有不平衡的傾向。不平衡的意識只對能帶來快樂和保障的經驗感興趣，因此我們可以說靈魂的視野是非常狹窄的。靈魂會集中焦點在經驗的某個面向，然後排除掉其他面向。這麼一來我們很顯然會忽略眞正的益處，以及這些體驗帶來的全面性影響。靈魂轉化必須藉由全然浸淫於意識的根本狀態來達成。意識所有的狀態都在靈魂裡面，當深層境界出現時，你的靈魂就會被它們轉化。如果某種境界一出現，你就對它產生好惡反應，那麼意識就無法徹底轉化了。意識必須任由這些本體境界盡情地燃燒一番，否則是無法徹底轉化的。

從我的經驗來看，這些體驗帶來的影響會因人而異。某些人因爲經驗到個人性本體，而發現自己的意識和人生起了重大改變；某些人卻覺得什麼也沒發生。你可能覺得很奇怪，其實我也覺得很奇怪，但我就是發現某些人雖然經驗到了本體的根本狀態，卻覺得那不過是日常生活裡的另一件事罷了，就像是吃了另一種漢堡或看了一場電影似的。這不代表他們有抽離傾向，而是對本體十分缺乏認識。

那些因爲有所體悟而徹底改變人生方向及觀點的人，往往是對本體有期待或者很重視本體經驗的人。因此每個人尋找的東西都不同，但也跟一個人對眞相的興趣和愛好有關。有許多人對眞相根本不感興趣，他們只對獲得安全感有興趣，或是對這些體驗帶來的慰藉和快樂有興趣。在傳統的古老靈修學派裡，老師並不允許修行人去經驗這些本體狀態，因爲老師認爲這是在浪費時間。其實浪費時間還算是好的，最糟的是可能會造成不平衡的發展。

根本實相是需要被了解、消化和吸收的

如果我們把自我了悟看成是一種變得愈來愈平衡的發展，就必須意識到愛和實相的重要性。了悟或存在指的就是對實相的體驗，這是修行人必須一再學習的事。事實上當你處於存在狀態時，就是在體驗實相了：有關你是誰的實相。你的了悟並不是得到一顆糖或美好的獎賞。你了悟到的是根本實相，而它是需要被了解、消化和吸收的；然後行動自然會從實相之中產生出來。

這絕不是一件簡單的事。這需要下很大的工夫。若想創造出美妙、優雅而誠實的人生，就必須在許多層面下工夫。你必須付出很深的誠意和承諾。這樣的人生的確可能出現，但只有那些眞的渴望它的人，才能夠擁有它。如果你想要的是別的東西，它就不會發生，事情就是這麼簡單。這不代表不追求這樣的人生會遭到懲罰。但是你不下工夫的話，是不會得到它的。

從實相的角度來思索成熟之人的生活，你會發現心理眞相就是最基本的元素以及串聯一切的那根線，因爲它就是整件事的核心。如果你不想面對心理眞相，就看不到實相。實相的

本質就是不對自己說謊，如果你不想要它，是沒辦法藉著假裝想要而得到它的，因爲你得到的一定是虛假的東西。一個能證入實相的人，必定是值得擁有它的人，這種人往往是愛眞相超過一切的人。反之，你得到的就是別的東西。一個不計一切要看到眞相的人，才可能證入實相，否則合理化的預設就會帶來幻覺和障礙。但是誰會花時間、精力和努力，懷著高尙而慷慨的心，毫不抱怨地去探究眞相呢？只有這樣的人才能證入實相，缺少了這種程度的努力，悟境是不會出現的；因爲它沒有必要出現。

沒有人主張人人都必須爲追求實相而活。對許多人來說，這並不是他們的興趣所在，也不是他們想要的。如果一個人最感興趣的是獲得安全保障、達成某種事業成就或得到社會認可，那都沒什麼問題，但那些並不是內在工作要達成的目標。這樣的人也許應該到別的學校、找別的老師來協助他。我們這樣的學校是爲了特定目標而設立的，它的目的不是要讓一個人追求享樂、安全保障、聲望或愛情之類的事。我們不是在批判這些事，只是這些並非我們的目標。

內在工作的目標就是探求眞相

你們在這裡能夠獲得的就是眞相，因爲我們的工作就是要探求眞相。我所謂的有三個面向必須達成平衡，並不是說這三個面向是分開來的，因爲自我了解會涉及到存在，存在會涉及到行動；它們都是息息相關的。只是不同的人在不同的階段，可能會把焦點集中在三個面向的某一面。每個人都需要檢視一下，看看自己是否在這三個面向上達成了平衡？會不會忽略了某些面向而自動朝著其中之一去發展？我們會發現每個小組都可能聚焦在特定面向上，這跟不平衡的發展有關，因此平衡這三個面向是很有益的事。如果情況是這樣的話，這個小組就必須以各種方式來糾正自己的發展方向。

小組成員若想得到平衡的發展，就得按照學校提出來的方式。有些學員偏好其中的某種方式或架構，譬如只喜歡小組聚會，因爲可以在裡面探討和理解某些事情。另外有些人則喜歡週日晨間的坐禪活動。還有的人喜歡週日午後的工作坊。但是從平衡的角度來看，你會發現愈是覺得困難的部分，愈需要下工夫。如果你發現週日上午的坐禪最困難，那就必須在這方面下更多工夫。如果你最不喜歡小組聚會或週日下午的聚會，就必須在那方面下工夫。由於個人和團體的問題是相同的，所以我在團體聚會上面更正了一些做法；我會談些新的東西或做新的事，目的就是爲了達成平衡。有時一個團體朝著特定方向發展了一段時間之後，每個人都覺得很高興而認爲那個活動很好，這時我卻改變了做法。學員們會因此而失望、受傷或覺得遭到了拋棄。他們認爲我是在懲罰他們、生他們的氣或不想滿足他們，但眞相是我觀察到這個團體的發展有點失衡了，所以試著讓它平衡，因而把重點放在其他的活動上面。

如果你從各個面向來看我們在小組聚會裡的活動，你會發現它們都涉及到前面所說的三個面向。譬如小組聚會是以自我了解爲目標，團體和個人的坐禪練習，則是以存在和體悟爲導向。另外像是周日下午的活動，則是以做或行動爲導向。有些人不喜歡週日下午的活動，因爲感覺上比較像是反其道而行，然而這就是他必須下工夫的方向。你可能會討厭它很長一段時間，但這可能就是對你最有利的事。你會發現這個面向的工作令你看到自己和他人的許多眞相。人們經常會說：「我喜歡大型聚會，因爲我喜歡其中的洞見。洞見、自我了解以及人際關係才是最重要的事。」你當然會這麼認爲，因爲你的意識是偏向那個方向的。還有的人會說：「不，我們必須有行動，否則修行就不會生效。」這個想法也可能是眞的，但也可能是這個人一向重視的面向，因此他或許不需要再強化自己的行動力了。他也許應該加強別的面向，讓自己朝著發現眞相的方向去進展。

意識愈平衡、統合、圓滿，愈喜歡看到真相

從你對心理眞相的態度，往往可以看出你是不是愈來愈平衡。這不代表眞相能帶來平衡，而是平衡通常能導向眞相，使我們和眞相產生正確的關係。你的意識愈平衡，就愈喜歡看到眞相。你喜歡看到它並不是因爲如此才是正確的，也不是因爲這麼做很有用，看上去比較屬靈或實事求是；你只是比較喜歡看到它罷了，而這就是平衡的意識以及靈魂的本質。當靈魂正常而又自然地運作時，就會喜歡看到眞相，因爲靈魂和實相的本質便是眞相本身。意

識愈是平衡、整合及圓滿，愈是喜歡看到眞相，以及愛那些喜歡看到眞相的人。

你會發現你對他人的愛、體恤和尊重，全都仰賴對眞相的發現。當你發現某個人喜歡看到眞相時，你自然會更愛他們一點。你禁不住會這麼做，因爲這是非常自然的事。同時你會發現，愈喜歡面對眞相，就愈尊重自己，而且會禁不住地去愛那些願意面對眞相的人。當你達成平衡時，自然願意面對眞相，但並不是從道德批判的角度去看事情。眞相會讓事情變得優雅、美以及高尙，而且意識的平衡性也會自然出現。因此，眞相之中包含了上述三個面向。讓事情變得美好的，就是箇中的眞相；讓事情變得優雅的，也是箇中的眞相；讓事情變得高尙的，同樣的也是那眞相。虛假則會帶來醜陋、懦弱、自我耽溺，以及缺乏自尊自重。一個人愈是喜歡面對眞相，愈是能自動自發地按照眞理來生活。眞理不再是頭腦所了解的東西，它會開始影響和掌理你的人生。按照對眞理的愛來生活和行動，就能爲人生帶來美、優雅和高尙的品質。看看你在生活中做了什麼，就可以了解自己有多平衡、多誠實、多細膩。你會不會按照眞理來生活呢？在這方面你能做到什麼程度？或者你只是按照既定的概念來生活？你會不會按照自己已經察覺的既定模式來生活？你會不會按照只需要一點覺知就能認清的耽溺傾向來生活？如果你發現自己有耽溺傾向而非按照眞理在生活，那麼你就得認清自己應該爲此負責；你不能怪罪任何人或任何事。

某些人會認爲開悟是在所有問題結束時才出現的，但開悟其實是發生在你問題的起點上。開悟就是認清你必須爲自己的人生負責，你是唯一必須活出它的人。上帝不會爲你生活，因爲從最終極的角度來看，你就是上帝。你不能說：「也許上帝會幫助我。」但上帝究竟是誰呢？當你認清眞相時，你就會發現上帝與你是沒有分別的。你不能說：「我將等待上帝來解決我的問題。」因爲上帝與你是沒有分別的，恩寵就在你心中，當你認清你必須爲自己的人生負起全責時，眞正的內在工作就開始了。

當然，如何生活是由你決定的，在這上面沒有任何通則。這完全取決於你所處的情況和你的特質，以及你想要在人生中完成的事，因此要不要親密關係、婚姻、事業或財富，完全取決於你的需要。把這所有的事都納入考量，認眞地過生活，恩寵和美就會出現。你必須了解何時該採取行動，何時該按照你已經明白的眞理來安排生活。如果你的內在工作需要採取許多行動，也需要許多力量，你就得如此活出你的人生。如果你的內在工作需要細膩而精微的覺知，那麼該如何生活，才能讓這件事變得愈來愈可能呢？它是不會自動發生的。當一個人開始想體現他所領悟的眞理時，一定會產生強烈的抗拒心態。這種抗拒傾向會以許多方式顯現，尤其會以耽溺於制約反應的方式顯現，即使有覺知也一樣。

活出本體的境界，活出眞理

人一旦有了某種程度的自我了解和體悟，就必須採取行動。那份體悟必須在生活中體現出來，否則不平衡的情況就會增長、被誇大，而導致更大的不滿足和挫敗感。雖然你曾經有過美妙的洞見和體悟，但仍然繼續從不平衡的角度來生活，那麼這些體悟和洞見也只會使你變得更不平衡。如果你沒有從這些體悟中學會一些事情，只是按照預先設定的期待來求取自己想要的部分，也會強化自己的不平衡。你做的任何一件事都可能強化自己的不平衡，即使是自我了解、存在、開悟和洞見都一樣。

你體悟得愈多，自我了解就愈深，於是就更需要按照這些體悟來生活。到了某個階段，你會擁有許多層面的洞見、理解和領會。你的生活必需把這所有層面的領悟都納入考量，包括行爲和做事的方式。如果你已經證悟到精微次元、本體次元以及至上的次元，就不可能從頭腦的次元來生活了。因爲這麼做等於不符合現實。一旦了悟到這些次元，它們就會影響你的行動，如果這件事沒有自動發生，就必須問自己：「爲什麼它沒發生？」然後要試著去弄清楚如何讓它發生。你已經知道什麼是愛、什麼是眞相、什麼是獨立自主，但仍然按照虛假的方式和伴侶相處，這種作風代表什麼？代表你沒有按照你已經體悟的眞理來生活，如此一來你就強化了自己的不平衡。

洞見和了悟可能會被用來強化不平衡的狀態，但也可能爲意識帶來和諧與平衡，這種平衡狀態最主要的內涵就是行動。自我了解也非常重要，因爲你也可能在缺乏自我了解的情況下體驗到存在。許多人都體驗過各式各樣的悟境，但他們都不知道那些境界到底是怎麼回事。他們對了解自己並不感興趣。這跟無法在生活中體現本體同樣不利，因爲你會阻礙自我了解的發生。如果某種存在的境界沒有被徹底了解，你就必須試著去了解它，然後化成行動。本體狀態必須滲透你的生活，才能轉化整個生命。

人類沒有理由不能活出眞理、愛、力量、完美無瑕和自尊自重。你不需要在特殊的情況下才體悟這些境界。任何一個過渡期都可以活出它們來，只要你能看見生命的恩寵與美。

學生：你可不可以談一談如何才能善用內在工作，把本體和自我了解帶到行動中？

阿瑪斯：我們已經知道勞動體力的工作坊就是爲了讓這件事發生。在這些活動裡，學員會涉入各式各樣的任務來實際地做一些事，而且應該帶著覺知來進行。執行這些任務時學員必須保持純然的覺知，不過當然，過程中或許會有很多東西冒出來，供你觀察、了解和放下執著。一段時間之後，你所有的體悟和了解都應該結合在一起，而且應該體現在行動上面。光靠思想是無法體現的，因爲一個人可能有成千上萬的洞見。你無法靠頭腦來弄清楚這些洞見，弄清楚如何將它們與生活連結在一起。你不能單靠思想將其統合到生活裡面，也不能期待有更多的洞見出現。

只要能盡力安住於當下，維持著覺知，全然投入於行動之中，你的覺知就會變成一種理解以及行動中的存在。在過程中你會遭遇一些困難和障礙，使你無法在行動中保持覺知，但學習面對障礙，就是眞正的實修。然後從其中又會產生一些後續的心理議題，而且要花一段時間才能釐清。藉由不斷維持在當下以及了解自我，就能克服這些障礙，並促使你將體悟統合到行動之中。你可能無法在一個週日的下午就學到這些事，但你可能會意識到自己的困難、障礙、偏好、偏見以及不平衡是怎麼出現的。

如同我常說的，我們可以把週日下午的活動延伸到日常生活裡。我們可以從眞實的洞見來執行每日的任務。這項練習就是一種實修，也是內在工作很重要的一環。因此週日下午的內在工作是應該帶著覺知的，而且要安住於當下，行動則必須有效率和節省能量。如果你心裡想的是：「如果我能帶著覺知安住於當下，那麼做不做這些事就不重要了。」那就是一種不正確的想法，因爲行動和在靜坐中無所事事地進行覺察是不一樣的。我們必須試著在行動中保持覺知，然後行動就能體現出美、優雅與莊嚴。你必須以最佳的方式來做這兩件事，但不是按照世俗成就的標準，因爲「做得好」，反映的就是你的意識和存在的卓越性。你做某件事如果是以正確有效的方式在做，這裡面就包含著本體境界和清醒的特質。這兩種狀態都是同一種體悟的表現。人格的整合就是如此達成的。人格和存在會因此而彼此滲透，變成一個運作中的整體：一個練達的靈魂。

把事情做好，同時也要和行動連結

學生：我覺得我做的事大部分都還不錯，而且夠精確，但仍然是從人格出發的。

阿瑪斯：沒錯，這就是我會強調自我了解和體驗存在的理由。許多人都有能力把事情做好，變得很成功，但仍然沒有和自己的行動連結。

學生：內在工作有個階段可能會覺得很窘迫？

阿瑪斯：當然，這種事的確會發生，尤其是匱乏和無助感。有時你會處在一種窘迫狀態，「我不知道該怎麼辦」「這是成年人的工作，而我只是個小孩。我的手指還不夠長。」這所有的感覺都會出現。

學生：這項內在工作的目的，是不是要把某些體驗帶到日常工作之中？

阿瑪斯：沒錯，隨時隨刻。否則又有什麼意義呢？行動的訓練就是要鍛鍊靈魂的肌力。從慣常的角度來採取行動，通常會跟存在本身分開；人格雖然在做一些事，但存在感不見了。它們之中有一道縫隙。我們要學習的就是讓「存在」和「做」連在一起。存在的能量會流入行動中，這樣行動才會有效而優美。

學生：我發現當我專注地行動時，我會想藉由對存在的體驗以及自我了解，來找到進行的方向。但剛才聽起來好像不是這麼一回事。

阿瑪斯：不盡然如此。本體知道如何以優雅、美、力量、效率和精確性來行動，但本體並不知道如何修一扇窗戶。你的眞我和修窗戶這類事毫無關係，它對窗戶一無所知，它也不知道該如何爲植物澆水；這是人格應該負責的事。但是當你在澆水時，你的本體很清楚什麼是最佳的方式，包括你的感覺、你付出的力量、你如何去做才有統合感等等。本體會幫助你把美顯現於外。這一切都必須結合在一起，達到一種平衡與和諧的狀態。我們探討的不只是本體境界，而是眞實的生活，亦即在生活中實踐內在工作。當我們還未誕生之前，早已是存在本身了，重點就在於如何將存在帶到生活裡面。這就是我們此生的任務：學習活在地球上以及活在身體裡面，去做一些和享受一些本體不關切的事。換句話說，本體如何能顯現在一個人的身上？人生的任務就是活出本體，此即我們的進化所處的階段。本體早已存在；但你必須進入本體裡面。你的確會忘掉它，是因爲你仍然在學習如何把它帶入生活中。在我們的主流生活裡面，這種必要的生命智慧和引領是不存在的，所以人才會分裂。當人格和本體分裂之後，有一部分的意識就會自顧自地去做事和生活。其結果是，我們必須回來重新擁抱本體，讓本體融入人格之中。重拾我們的本體就是一種悟境，但開悟並不是結尾而是起點。我們眞正要學的其實是變成一個對自己誠實的人。

眞正的整合就是徹底結合靈性與物質

學生：如果你的工作會造成不平衡的發展，那麼該如何有效地對治它呢？

阿瑪斯：如果你的工作會使你的人格發展得不平衡，那當然可以去找一份不會造成這種情況的工作；或者可以在工作的過程中付出更多的覺知，看看不平衡是如何產生的；你也可以投入其他的活動來跟這些力量抗衡。或許還有其他的方式，但是到目前爲止，我只能想出這些對策。許多人沒有能力選擇足以帶來平衡感的工作，這類人由於無法脫離自己的工作，所以必須藉著其他的活動來保持平衡。譬如某些人的工作必須久坐辦公室裡打字，那麼他們就需要另選一段時間來運動。

這種使生活保持和諧平衡的觀點，是很實際而符合常識的。也就是要看見背後的眞相。人格總是試圖模仿眞人的生活，但因爲和本體脫離了，所以做出了許多虛妄的事。不過人格還是想活出眞正的生活，它想同時擁有成就、關係及工作——這些都是眞實生活的一部分。可是人格無法正確地生活，因爲某個要素不見了。平衡的生活涉及到人際互動、關係、工作、創造力的展現，以及各式各樣的活動和享受。人格發展出了運動、藝術、文學、娛樂、哲學以及科學：這一切都是眞人的日常活動，但這些活動裡必須注入本體的存在性，才能變得眞實。眞人的生活不需要把這些事情排除掉，而是必須以眞實的方式去做每件事。你可能以眞實或虛假的方式結婚，也可能以眞實或虛假的方式工作。由於缺乏眞正的智慧和體悟，所以人們無法以眞實的方式去做這些事。我並不主張棄世修行，或者撇開生活裡必須做的事去過簡約的苦行生活；這種觀念是不對的。你仍然可以擁有世間成就，以舒服精緻的方式過日子，享受地球上美好的事物，而仍然百分之百地屬靈。眞正的統合就是徹底結合靈性與物質。當物質面與精神面的努力徹底結合時，人格就完整了，這時兩者是沒有任何區別的。否則的話，你仍然不是一個完整的人，因爲你只活出了一半的面向。

一個完整的人並不是沒有性生活或不喜歡性愛的人；一個完整的人會以眞實的方式進行性愛活動。所謂的眞人並不是不食人間煙火，他仍然喜愛美食，而且會以達人的方式品嚐美食。

因此當我談到平衡與整合時，我指的並不是把你生活的某個部分拋棄，去擁抱另一種東西。這是錯誤的觀念，因爲你的棄世是虛假的，擁抱一切才是眞實不虛的。拋棄生活裡的某些東西以便擁有某種體悟，其實是比較容易的事。譬如：「我要到寺廟裡生活。我只想打坐，這樣才能開悟。」你當然可以做這種選擇，但這其實是一種逃避。這樣的人生是不完整的，不過你當然可以這麼做，而且有許多人都在做這件事。如果這就是你想要的，當然沒什麼問題，但這畢竟不是完整的人生，因爲它偏向的是本體或存在的生活方式。那行動這部分又該怎麼辦呢？你仍然得去商店買東西，爲自己做飯，第二天早上仍然得去工作，這些都是另一半的人生啊。當你在寺廟裡打坐時，有人會爲你做飯，把你的食物放在你的門前，因爲你一天只能做一件事。但這絕不是完整的人生。可是工作、追求成就、賺錢和結婚等等，也不是完整的人生。前者傾向的是內在生活，後者傾向的是外在生活。其實內在與外在都應該兼顧，否則人格就無法完全整合，而且分裂也會因此而產生。但整合是相當不易的事，而且是非常非常罕見的。

成熟的人有能力結合施與受

遇見一個眞正成熟的人相當不容易，這跟遇見一個開悟的人是不一樣的。從眞正成熟之人的角度來看，開悟雖然必要，但仍然不足。開悟只會讓一個人看見以往未看見的可能性。一個人愈是成熟，愈是完整，就愈不會偏向自私或無私。屬靈的人是無私的，永遠在為他人奉獻；世俗之人則永遠是自私和貪得無厭的。但成熟的眞人卻能結合施與受，變成一種完整的行為。有些東西要給自己，有些東西要給別人，這中間沒有任何衝突矛盾。

因此這和道德無關。你不會說給予是很好的事。沒錯，給予的確很好，但接受也很好啊。你的確應該服務人類，但如果每個人都在為人類服務，那眞實的生活又該怎麼辦？如果你為你的孩子犧牲了自己的人生，你的孩子又為他的孩子犧牲奉獻，那麼誰又能眞的生活呢？因此施與受之間一定要達成平衡，而平衡往往是最自然的事。當一個人在給予時，他並不認為自己是在給予，也不覺得自己是在施捨。當他在接受時，也不覺得自己在接受什麼。他只是做必須做的事罷了。當情況需要你去做某些事時，一個眞正整合的人就會去做它，至於這件事是為誰做的，卻不重要，因為他的行動會從每個層面、每個面向去考量，包括生理、情緒、人格、本體、存在、現在和未來。

這樣的行動並不是從算計的態度產生的。只有平衡的意識才能有平衡的行動，在這樣的行動之中，本體的能量會自然流動，而流動的本體能量就是行動本身。本體的智慧能夠從所有面向產生作用力，並且能整合到一個行動裡面。它的智慧是超越頭腦和覺知的。如同我說過的，這樣的行動有可能出現，但必須下許多工夫才能體現出來。你或許要花一子輩才做得到。這是一件不斷在發展中的事，你可以成長、成長、再成長，因爲成長是沒有止境的。

你的內在工作不會因爲這個團體的結束而結束。你的內在工作將會持續一生，就好像學習做畫家一樣；人有可能到了某個階段突然變成一名完美的畫家，然後就到此爲止了？優秀的畫家永遠可以變得更優秀，你不能說：「現在我已經會畫畫了，我已經是個優秀無比的畫家了。」因爲你的技術永遠可以變得更卓越，這是沒有止境的。因此，認爲人格的發展有止境是個不合理的想法。發展本身就是一種成長和進化。或許不和諧的狀態會停止，但人格的發展本身是沒有止境的。這意味著一個完全整合的人在三十歲的整合狀態和四十歲是不一樣的，而且二十世紀的一名在三十歲達成整合狀態的人，跟二十一世紀的一名在三十歲達成整合的人，也是不一樣的，因爲人類一直在成長。

因此，我希望這次的談話，能幫助你們去除想要達成某種境界的預設心態，發展出更成熟、更平衡的認識。

〔第六章〕

一體性與人生

認為自己有一個獨特的身分，而且是從單一個體的角度在生活，乃是人格所有的問題、心理議題和誤解的主因，因為這兩種狀態根本不存在。它們是集體和個人想像力的產物。

內在工作的目的不是要幫你找工作、求偶或解決其他世俗問題。社會有許多資源——學校、訓練計畫、專業機構——都可以支持一個人的外在生活，幫助人謀生和追求成就，但內在工作絕不是要幫你謀生的。如果進行內在工作的過程中你的效率增加了，某些人生問題也獲得了解決，那其實是內在工作的副作用。它眞正的作用是要提升我們的生命品質，爲我們帶來更高的價值感，諸如友善、溫柔、感恩、尊重、體恤、愛以及享受生命的能力。

不過當然，學生如果面臨內在工作和關係的困境，老師還是會盡其所能地幫助學生了解他的困難。但解決困難並不是我們的首要目的，也不該把它當成首要目的。我們探索眼前的情境爲的是轉化生命品質；我們觀察自己的關係、工作和興趣，爲的則是認淸自己是怎樣的人，生活裡的眞相是什麼，生命的最高品質究竟是什麼。解決生存問題，顯然不需要動用像內在工作這麼精細深刻的方式。

我們感興趣的是去發現一些方式，讓人活得更像個人。我們要尋找更深的價值、更細緻的生活方式，而這意味著變得更像個人。人的本性是愛、溫柔、感恩、有能力享受生命等等，因此內在工作就是要揭露我們最人性的部分。這些能力不是別人賦於你的，也不是從外面得來的，它們本是你的一部分。其實內在工作只是要把你的本性揭露出來，使你更能按照最深的本質來生活。當你理解和了悟自己最核心的價值時，你的人生意義就改變了，而你的工作、關係、家庭也將改觀。你會從截然不同的角度來生活，雖然表面上看來你的生活並沒有什麼變化。

做個真人，就是要超越求生的層次

我們的任務就是在日常生活裡做個眞人，而做個眞人顯然得超越求生本能。如果活著只是爲了謀生，那麼進化就沒有必要了；我們只需要停留在鱷魚的層次就夠了。如果你認爲活著只是爲了求生存，那就完全沒掌握住人生的要領。求生存在我們的文化裡雖然不是多數人最關切的議題，但是在其它國家這仍然是最重要的事。做個眞人，意味著以有別於其他生物的方式活在世上。我們人類的演化有很大一部分是要精微化——讓知覺精微化，令心智活動細膩化，使我們的能力變得更精練純熟。因此，你來這裡的目的如果是爲了找工作、找伴侶、生兒育女，那麼就沒抓住要領。大部分的人早已在做這些事了；他們不需要我們這種學校來協助他們。我並不是在說這些事不重要；它們都是人生的一部分，而且是重要又必要的，但我們今天主要想探討的是眞人的生命品質。究竟什麼才是眞人的互動品質、存在品質、關係的品質、經驗的品質，以及在家庭、工作和朋友圈子裡的交流品質？這些才是我們眞正關切的事，也是內在工作能帶來利益的部分。

我們的成長並不是要脫離正常生活，投入於特定的心靈領域。我們的教誨是要引導人們活出最眞誠的生活。愈是能體悟生而爲人最眞實的本質，就愈能了解和認淸如何才能活得像個眞人。在未達成這種狀態之前，我們只是聽說有這樣的境界，但從未體驗過。此外，內在工作也不僅僅是要看到心理議題，以便了悟某些高層境界；我們的重點是如何過日子，也就是如何把你的了悟和能力用在日常生活中。譬如你正在學習有關愛的議題，而你參與的那個工作坊使你體驗到了愛的感覺，但是一離開那間屋子，你和別人的關係又回到了原先的憤怒或怨恨狀態。這代表你的內在工作並沒有成果。你來這裡學會了如何過得平安，回家之後卻活得混亂不堪，這麼一來你的人生還是充滿焦慮，不論你對平安有多少認識都沒用。這是因爲你沒抓住要領；你的學習只是一種娛樂活動罷了。一個人的成長或精微及細緻化的程度，會顯現在他的生活方式中，以及他和別人的關係裡面。

同時，在這裡的學習也不是要讓我們看上去「像」某種狀態。社會教導我們的大部分是很表面的事：看上去像個人、很慷慨、很強壯。我們眞正要做到的是把這些狀態活出來，而不是用它們來求取別人的肯定，讓自己變得更成功。重點是要活得更像個人。

自我感（我是誰）＋個體感（我的界線）＝人格

藉由清明地檢視人格或自我，就能了解人的價值觀。一般人的生活方式或未發展之人的生活方式，往往是從人格或自我的角度在運作。如果把人生看成一個圓圈，它大概可以劃分成兩個主要的元素：外圍與核心。這是比喻自我本質的一種巧妙的方式：圓圈的中心點就是所謂的自我感或「我」。當你說：「我要做這個，我要做那個」的時候，你指的就是人格的核心部分，而不是整體人格。另外一個人格的元素則是圓圈的外圍，它代表一種單獨存在的個體感。因此核心部分是自我身分認同，外圍的部分則是我們的個體性。檢視一下你的經驗和生活方式，你會發現自我的確有這兩個面向：你要不是在考量自己是誰、自己的身分認同是什麼，就是在考量自己的界線在哪裡。你總覺得自己是個單獨存在的個體，而且你的某種特質造就了自己的身分認同。人格或自我就像是帶有某種色彩的個體，而且是有名字，有特性的。這兩個元素最膚淺的層次，就是名字帶給我們的身分感，以及長相賦於我們的獨特性。我們會護衛自己的名字與獨特性，因爲這兩個元素是自我結構最主要的部分，它們構成了我們的經驗及靈魂的模式，而且是彼此糾結在一起的。

認爲自己有一個獨特的身分，而且是從單一個體的角度在生活，乃是人格所有的問題、心理議題和誤解的主因，因爲這兩種狀態根本不存在。它們是集體和個人想像力的產物。如果你永遠是從自我的核心在運作和自保，就會形成自我中心和自私傾向。你考量的只有自己。如果是從外圍的部分來定義自己，那麼你考量的就是自己的版圖有多大，以及它包含或排除了什麼等等。

了解一個人的人格結構並不容易，我們必須下很多工夫，才能揭露人格的結構和幻覺的各種成分。這個過程需要不斷地探究，穿越接二連三的經驗，覺察這些經驗的不同層次，並且揭露各種情境的眞相。過程中你會不斷地發現自我結構並不是眞實存在的，你也會發現什麼才是眞實的，而人格的結構根本是頭腦創造出來的。這樣的體悟可以轉化我們的生命。只有當我們眞的按照這份體悟來生活，轉化才會出現。轉化自我感——認為有個「我」在那裡運作、論斷、選擇、排拒和接納——比轉化外圍的自我疆界感要容易一些。自我的活動就是那個核心部分的內在經驗：排拒、希望以及渴求的種種週期循環；它構成了核心部分的身分認同。對本體的了悟往往能揭露我們對這個核心部分的認同。當我們了悟到本體才是自己眞實本質的那一刻，我們會突然覺得：「這才是我，本體才是我眞正的成分。」那時核心部分的地基就崩解了。在這之前我們會一直深信那個核心部分就是自己眞正的身分。因此當本體顯現時，當我們了悟到本體的某個面向時，我們才突然發現：「我原來是由別的東西構成的，我並不是這些瘋狂的活動。我不是這個不斷在接受、排拒，想要又不想要，不斷在恐懼和憤怒的東西。我的本質是另一種東西，譬如愛、和平與存在。」而這便是我們所謂自我了悟的過程。但是對本體的了悟並不能立即去除對自我的認同；關鍵在於一個人的我執到底有多嚴重。

從了悟開展對本體的探索之旅

從我們了悟自己眞實本質的那一刻開始，對本體的探索之旅就展開了——這個旅程會讓我們愈來愈了解那個核心部分，繼而有能力消除它、換上我們眞正的身分，也就是本體。到了某個階段你會發現，你只是單純地存在於世上，沒有任何思想、感受、批判或選擇，一種永恆的存在感。鑽石途徑最主要的工作就是要踏上這個旅程。我們的途徑十分完整，而且有效。但處理了核心部分，並不代表我們能去除對外圍部分的認同。只要外圍仍然存在，就會把核心部分的身分又帶回來，這麼一來，疆界感仍然沒有消失。也許你會以爲不再需要外圍的部分來顯示自己的獨特性，但你仍然需要有自己的版圖。換句話說，你經驗的內涵或許已經改變，但仍舊認爲自己和宇宙的其他部分是分開的。

如同我早先說過的，這個旅程的前半部需要花很多的時間、經歷和理解。把這份了悟實現出來是內在工作比較容易的部分，另一個部分要處理的則是外圍的疆界感，並且要理解分別意識是怎麼形成的，這才是比較困難的部分。當前半段的旅程完成時，個體的獨特感就變成要處理的焦點了。衆人皆知美國是最重視人的個體性的國家；在這裡個體性最受到支持以及被合理化。每個人都渴望獨立自主，靠自己來建構人生。其他國家也有這種情況，但是在美國，這是社會共同的理想。

事實上，轉化這種個體性在任何一個國家都是困難的事，因爲整體人類都認爲成爲一個人，就意味著從其他的存有之中獨立出來，變成一個獨特的個體。這是人格的基礎比較深層的部分，隨著時間它建構出了自己的名字和身分。這種獨特的個體性是大部分人最不容易放下的部分，因爲我們不認爲還有其他的存在方式了。可是具有這層疆界感，又如何成爲眞人呢？因此對核心的部分有了洞見之後，內在工作就必須傾全力面對和消除這層疆界感。

但是達成了自我了悟，就能了解眞人的生活是什麼狀態嗎？悟到本體還不夠，你還得放下那份單獨又自主的身分感。顯然每個人都會對這種觀點產生強烈反彈；因爲聽起來像是一大損失。這麼一來，剩下來的還有什麼呢？聽起來我們好像從未存在過？那種狀態又有什麼了不得？接下來我又該如何吃東西，轉動我的手臂呢？如果我根本不存在，又爲什麼還要吃東西？在沒有眞的徹悟之前，這種境界一直是個謎。深思這一類的問題，將會帶來更進一步的了悟，繼而粉碎那份個體的實存感。這種經驗和一開始的經驗一樣會震撼我們的腦袋，因爲我們的頭腦活動就是奠基在這份個體感上面的。我們無法想像還有其他的可能性了。

合一經驗會去除疆界感

因此，這段旅程起先是從經驗本體開始，最後則會與本體合一。旅程的第二部分則是朝著另一個次元去發展，它通常被稱爲至高無上的層次，也就是純然的存在。事實上本體就是存在本身；不過是一種帶有高層品質的存在，而且是在有肉身的情況下經驗到的。至於涉及到無邊界的存在境界，則是所謂的至高無上的存在；它是沒有任何屬性的。對這種無上境界的體悟，勢必會修正我們對現實的觀點，讓我們看到疆界感的虛妄；此即所謂的合一經驗。

合一經驗能夠去除疆界感，但不代表你這個人從此就沒有領域感了；那比較像是你的存在變成了一個完整的領域。你失去了疆界感卻獲得了完整性。我們早已假定自己是一個單獨存在的個體——這是我的東西，那是你的東西，我和你是不同的；如果你是個好人，就可以按照自己的方式生活，而我也可以有我的生活方式。這種帶有分別意識的觀點，並不是最客觀的。

處在合一境界中你則會發現，你看到的疆界其實是頭腦製造出來的。它是我們想像出來的。我們製造了一些概念和意像，然後告訴自己說：「這裡是我的界線，那個人的界線是從那邊開始的。我的領域到此爲止，那張椅子的範圍是在那邊，你的範圍則是從這裡開始，到那裡結束。」這便是我們經驗自己的方式，但眞相如果不是這樣呢？由於你的想法是這樣，所以你就會以這種方式看現實。若是按照這樣的領域觀去看現實，當然就會以這種方式生活，如此一來，別人的興趣很可能不是你的興趣，你的興趣也很可能和別人的興趣起衝突，於是就出現了誰擁有什麼的議題；譬如我是否能擁有我的這一份、你擁有你的那一份之類的議題。伴隨著分別意識又會產生施與受、愛與被愛、擁有和獲取等等的問題。因此人類所有問題的肇因，全都是源自於對自我疆界的假設。

如果你沒有任何疆界感，這所有的考量就不見了，你不會再說：「我要你愛我。」因爲「我要你愛我」意味著這邊有個人、對面有個人，對面的那個人愛這邊的人。然而眞相是，這個界線根本不存在，存在的只有一個整體。處在這一體性之中，你還會渴望某個人來愛你嗎？你還有可能去愛某個人嗎？把某樣東西送給別人究竟意味著什麼？從宇宙裡得到一些東西，又意味著什麼？其實你就是整體宇宙。但是對這種合一境界的體悟，並不是一種深層的「認知」，事實上你能夠看見和覺知到的一切事物，全都包容在你的意識裡面。

處在這種合一境界裡，你看到的一切都是你身體的一部分，這時你才明白「這個小小的身體是我的，那副身體是你的」其實是出自於你的想像。這件事並不存在，我們眞實的身分是無限量的，外在的一切都是我們身體的一部分，也是你身體的一部分。我們眞實的身分能夠包容一切。我們跟外在的環境並不是分開的，我們和別人也不是分開的；我們全都是一體。你所覺知到的分別性，在客觀層面上是不存在的。這就像一個人在做夢時夢到一些人、城市、天空或飛機等等；或者你結婚、離婚、工作，過了一段愉悅的生活或是不幸的日子……對不對？做夢時的感覺絕對是眞實的，但夢醒時一切都消失了。夢境中的一切從未存在過，它們全是你的腦子製造出來的意像罷了。然而在做夢時你是不會質疑這一切的，你不會說這是一場夢，你十分確定這一切都是眞的。現在我看到的你很確定夢境就是現實。你認爲自己在這邊，那個人在那邊，而你正在和那個人說話。但是當你覺醒之後，卻發現所有的人都活在你的心內。那些人都不存在，而且世界跟我們一般所認定的狀態截然不同。因此我們經常會聽到：「人是活在幻相中的。」

我說你從夢中醒來、發現過往相信的一切都是假的，這句話並不意味你從此看不見任何人了。你仍然能覺知到眼前的人，可是你會發現存在的只有一個人。並不是我的裡面有一個本體，你的裡面有一個本體，而是我們彼此是連結的。但這種對本體的經驗還只是第一個層次罷了。我的意思是，不但你裡面和我裡面的東西是相同的，而且我們的身體結構也是相同的，因此根本沒有所謂的界分〔譯註〕。我們全是一體的，根本無法分割。當我們徹悟到自己最眞實的本質時，就會產生這種了悟。

合一經驗就是發現萬物本質的一種體驗

如果你的自我了悟非常徹底，就會自然體悟到這種合一性，這時你不但會發現「我是自由的，我是純然的存在，」而且會發現衆生都是純然的存在。這張椅子和我是同一種東西；事實上，它就是我，我就是它。現在我所指的是我們最根本的狀態，其實我們全是由同樣的意識能量構成的。所有的不同都只是表面的現象，就像塗上漆一樣，有些是乳白色，有些是藍色，但其實都是同一種東西。因此，合一經驗就是發現萬物本質的一種體驗。

同時，這種合一經驗也跟你偶而出現的美好經驗有所不同。你會發現它就是實相，不是

〔譯註〕可以參考量子物理學的質能一體論。

一閃而逝的經驗，甚至沒有一個人在那裡經驗這種合一性。其實你就是合一性本身，而且總有一天你會察覺到這個眞相。當那天來臨的時候你會發現，「這麼久以來我竟然相信自己是個單獨的個體，而且我有我的東西，別人有他們自己的東西。」那時你會發現這眞是天大的謊言。你悟到了實相是無法切割的。當你體悟這一點的時候，你會覺得這才是最正確的眞相。一旦體悟到合一性，你就會察覺自己根本沒有心理議題，也沒有任何問題，因爲所有的問題都跟自我有關，如果連自我都不是眞實的，又有什麼問題呢？你甚至發現自己根本不會死，而且沒有任何事會在身上發生。最糟的情況可能是顏色和形狀變了；某一天你覺得自己像個人，另一天卻像棵樹，但是你眞正的本質始終如一；它就是萬物的合一性。其實說某一天你像個人，另一天像棵樹並不夠精確；我們應該說，你身上的某些細胞在某個時刻感覺上像個人，另一天像棵樹，其餘的你則是整體宇宙。

從這個觀點來看，認爲自己會死，根本是個荒唐的概念。那個會死的東西究竟是什麼呢？死就像表面的漆換掉了。你把某個畫面擦掉了。因爲不再有死亡的感覺，所以也就沒有恐懼、得失或痛苦了。你不再需要被愛，也不需要去愛任何人；你不需要獲得什麼，也不需要給予什麼。說你想要某個人來愛你，就像你的鼻子對自己說：「我希望我的膝蓋能來愛我。」鼻子抗議膝蓋不愛它，試想這是多麼荒唐的事。或者你的耳朵對自己說：「我不關心我的腿。從現在起我要跟我的腿分開，因爲我是耳朵；我的聽覺比較好，所以讓腿去做它自己的事吧。我只要過我的日子，讓自己壯大起來就夠了。」當你體悟到合一性時，如果看到人們彼此對抗，就會有上述的感覺，而那是極其荒唐的。

人一旦體悟到自己最深的本質，萬物的本質，便無法再按照以往的方式生活了。但這並不意味從此不再工作或沒有任何關係了，其實一切仍然照常運作，只是不再有想要獨立自主、不喜歡某人、渴望某人來愛自己、害怕窮困、恐懼死亡等等感覺。這一切都不再有任何意義。你會發現，「我恨這個人，因爲這個人不愛我。」是個非常奇怪的想法，那就像是在做夢，夢中有某人在恨另一個人，醒來時卻覺得「我才不在乎呢。我要去吃我的早飯了。」這場夢就像電影一樣並不是眞實存在的。但是你知道嗎，我們一直活在這樣的謊言裡面。我們一直都認爲自己的怨恨是眞實的，對別人的渴望是眞實的，而且最好能變成一個理想的人等等。我們一向認爲這些都是眞實的，而且總是根據這種信念在生活。因此，覺醒就是如實看到生命的一體性以及合一性。

合一帶來真正的愛、仁慈、感恩以及面對真相的能力

若是能從合一境界來看人生、心理議題及煩惱，就不會再把事情看得那麼嚴重。從這份洞見之中會產生眞正的愛、仁慈、感恩以及面對眞相的能力。過往你所愛的並不是某個人；其實你愛的一直都是自己。你從未愛過其他人，其他的人也從未愛過你。大家都是一體的，

同屬一個實相，而這實相的一部分就是愛。這實相的其他部分則是仁慈、溫柔、美以及眞。

實相不屬於你我；它不屬於任何人。

實相即是本體，它不是我們能擁有的一種東西。認爲自己可以追求到本體，或「藉由內在工作能得到本體的某個部分。」乃是一種誤謬的想法。我們也許會逐漸對它有所覺知，如同開始覺知到身體的某個部分，但另一部分還不能意識到。這時如果你說：「我不該把本體放在我的左腿上面？我不該把它放在心臟的部位？也許我應該讓我的兩隻腿都感受到本體。」這不是非常荒唐的想法嗎？一旦發現本體就是身體的一部分，你難道不想在全身上下都經驗到它嗎？你的腿不可能說：「本體是我的，我不該和手臂或頭分享本體。」因爲本體是無所不在的。事實上，自我了悟不只是爲自己，也是爲所有的人以及衆生，因爲衆生皆有本體。認爲自己有個本體，是不正確的想法；認爲本體可以讓自己的人生變得更美好，也是不正確的想法，因爲你的生命是跟衆人的生命連在一起的。宇宙裡只有一個實相，而且所有人的生命都屬於那個實相，若是從這個觀點來看事物，愛心自然會出現。因爲別人就是你，他們都是你的一部分，所以自然會對他們慷慨地付出。

如果我不把你看成是與我有別的一個人，那麼你的收穫就是我的收穫。我們就像是同一副身體上的不同細胞，因此內在工作是不能孤立進行的，而本體也不是你獨自擁有的。內在工作或許可以靠自己進行一段時間，但長久下去一定會出問題，因爲這麼做就是在對抗實相。事實上，沒有人的本體是比別人更多或更少；本體一直都在那裡，它屬於每一個人。如果我們認為自己得到的本體比較多，或另一個人得到的本體比較多，就等於在做夢。看待本體的角度如果錯了，勢必會製造出許多麻煩。

對實相的覺知——比分別意識更客觀的覺知——一定會讓我們洞察到宇宙的一體性：我們會直接體悟那無分別而又永恆的合一境界。如果我們沒有體悟到這一點，沒有按照這種洞見去生活，就仍然是在相信某種謊言。在每個人的頭腦裡面，都有許多未經穿透的幻覺，導致我們對實相認識不清。因此一個真正在進行內在工作的人，必須把目標設定在一體性與合一性上面，這意味著它不是屬於你一個人的；它屬於每一個人、每一個衆生。

合一性的本質就是絕對的良善，它是愛、仁慈、色彩、美與和平等等的源頭——合一性就是本體不同面向的源頭，也是萬事萬物的源頭，或者可以說是萬事萬物的本質。因此認為自己可以得到實相或屬於自己的那一份本體，就等於脫離了無限量的實相，使自己變成了一個渺小、貧窮、無足輕重的生命。

合一就是最徹底的自由、解放與喜悅

合一性並不是我們有一天終將達成的目標；它一向都在那裡，而且早已是我們的一部分。你只需要覺醒，如實地看事物，不再透過扭曲的鏡片去看世界，就對了。合一性是最徹底的自由、解放與喜悅；它永遠是煥然一新的。不論你走到哪裡，合一性永遠都在眼前；不論你在看什麼，看到的其實都是自己的本體；不論你在接觸什麼，接觸到的都是自己；不論你在跟誰說話，本質上都是在跟自己交談。

我並不是在說這是很容易達成的洞見。由於長年來累積了一些奠基於分別意識的無明觀點，所以我們很難隨時保持這種洞見。雖然這種對至高實相的洞見很難維持，但我們仍然得認清沒有其他方法可以達成這種境界，因爲運用任何一種方法，就是在暗示有一個自我，而且這個自我正試圖達成某個目標。方法本身就蘊含著分別意識，因此試圖達成某種境界，勢必會把自己當成一個獨立的個體，倘若按照這種分別意識去行動，然後又企圖擁有合一性——這顯然是不可能辦到的事。雖然如此，合一性仍然會出現，因爲它是最終極的實相。我們一旦放鬆下來，棄絕所有的信念、概念、防衛反應以及恐懼，不再需要保護自己或排除外來的威脅，也不再忙著考量或強化自己，本體就出現了。

一旦眞的放鬆下來，自然會發現你是無所不在的，甚至會發現萬物都屬於一個完整的東西。看到這一體性會讓你脫離舊有的窠臼。你的心一輩子都卡在這個窠臼裡，誤以爲自己是個單獨的個體、有一天會達成或得到某種境界，然而一旦放鬆下來，卻發現這根本是個誤解。因此你不需要達成任何一種境界。只要放掉對自己的認知就夠了。你只需要放鬆疆界感帶來的緊張，持續地進行內在工作來實現自己的人生。只有活出自己的人生，才能洞察到合一性或一體性，而且生活必須對合一體驗有所幫助，使你不再抗拒這份洞見。

成就真人的四種美德

你的生活不能再仰賴分別意識了，雖然你還無法證悟合一性。中國的老子曾經描述過生命的四種美德，如果能按照它們來生活，便是在成就眞人的慧命，使我們提早了悟合一性。這意味著不只要了解自己，不只要體悟某些東西，同時還要以某種方式來行動以及整合自己。

第一種美德就是要**愛惜和尊重本體**。我們要活出一種生活，能夠愛惜和尊重自己或他人之內的那個眞實的東西。如果你的生活令你無法尊重和愛惜本體，那麼你所有的理解或體悟都是徒勞無益的；它們不可能帶來任何成果。因此，第一個美德就是要選擇一種生活方式，讓你始終能夠與本體或眞正的本質連結。你的生活方式不該侮辱或貶低你以及他人的存在。雖然我說這是你必須發展出來的美德，但其實它早已埋藏在我們的靈魂深處。當我們最終愈來愈接近本體時，會禁不住地感受到這份愛與尊重。那時一體性會變成你最主要的關懷對象，而且你會發現這才是你最重視的東西；其他的事物都比不上它。即使你現在無法眞的覺知到它，也必須努力培養出一種愛和尊重本體的態度，因爲你如果不愛也不尊重那最眞實的東西，就不可能證悟一體性了。缺少了這種態度，就等於在對一體性說「不」，如此一來你就是活在分別意識和謊言之中。

第二種美德是**誠實**。對生命、對自己誠實。誠實意味著不斷地披露自己的自欺傾向，覺知自己想要和不想要的、感覺和無法感覺的、害怕和不害怕的，以及內心和外境之中眞實發生的事。你必須對揭露眞相保持最高的誠意和努力，而且必須把生活奠基於這種誠實和堅定的態度上面，才能活出眞誠和愛眞理的生活。當我說你必須對揭露眞相抱持堅定態度時，我指的並不是對別人說出實話，而是你必須認清眞相，不對自己說謊，也不欺騙自己。這種發展的方向，需要對人生的每個面向都保持誠懇的態度。如果你想要某個東西，就要讓自己知道：「是的，我想要這個。」如果你對某件事非常火大，也要讓自己知道：「沒錯，我的確對這件事很火大。」你要認清每一刻的實相，因爲一體性就是終極實相的顯化。當你徹底誠實的時候，就會發現一體性才是這個世界最眞實的狀態。根本上你其實是個宇宙人，這才是最深的實相。如果你對自己夠誠實，而且不企圖變成別的東西，便自然能了悟實相。如果對自己不夠誠實，是無法徹底做自己的，因此發展出誠實的態度是很重要的事。

第三種美德就是所謂的**細膩覺知**。人格或自我的本質是堅硬、粗糙、遲鈍以及不靈光的。這種狀態造成了你和其他人以及宇宙的隔閡，因此你必須變得愈來愈細膩，愈來愈精微。你的溫柔、易感、穿透性和被動的接納性必須增強。你必須對自己和他人更加溫柔體貼。如果你對待自己或他人不友善、粗糙或魯莽，就是在讓自我的疆界變得更厚重。這麼做不但是在傷害別人，也是在傷害自己，因此你愈是溫柔，就愈單純，愈是細膩，就愈敏感、愈接近一體性。

細膩意味著把別人看成和自己一樣有價值，一樣美好，而且要以這種態度來待人。你不能在自己和他人之間豎起一道厚厚的屏障，也不能把別人看成是敵人或對手。你要把他們看成是你的一部分，和你有同樣的本質，就像同一隻手上的指頭一樣。你不會想以粗暴的態度對待你的手指，你會以溫柔、體恤和細膩的覺知去對待它們。因此我們會發現，溫柔和細膩的態度在消彌疆界上是極爲重要的，其實這就是在放下堅實的分別意識。所有的遲鈍、粗魯、堅實與攻擊性，根本上都是在企圖護衛自己的疆界。因爲你誤以爲有個東西必須得保護，所以才築起了一道又一道的牆，直到自己變得厚重、堅實、不敏感、冷漠、喧鬧以及粗魯爲止。生活應該能支持你揭露內心的眞相：你的生活方式、行爲舉止、吃東西的態度、居住的環境，都應該讓你產生細緻、溫柔、敏感及精微的覺知。你可以下工夫去發展和欣賞這些品質。你必須很堅定地留意實相的這些面向，試著以敏感的覺知來接收和反應，讓這些更精微的元素影響你整個生命。因爲一體性就是事物最精微的面向，也是最細膩的覺知狀態，因此你必須變得溫柔、細緻、有伸縮性，才能發展出必要的敏感性。

第四種美德是**助人的意願**。很顯然，助人的意願是奠基於一體性之上的。因爲你覺知到內在工作不只是爲自己，也是爲衆生在做，所以自然懂得去幫助別人。如果只在自己身上下工夫，就不是眞的在做內在工作了。事情就是這麼簡單。而且在自己身上下工夫，是不可能不幫到別人的。但助人並不代表要跟他們一起做些什麼，而是要覺知以及關懷別人的煩惱、心理議題以及困難。事實上，這意味著一直保持慷慨的心胸，因爲別人和你是沒有分別的。如果內在工作的目的只是要解脫自己，甚至認爲這跟解脫別人是不一樣的，那麼出發點就錯了，而且結果一定會出現很大的問題。反之，我們也無法藉由助人來了悟一體性。我們所謂的助人，指的其實是認清別人和我們一樣有價値，一樣需要幫助。如此一來我們的心就會自動敞開，願意去協助和體貼別人。但如果助人只是達成一體性的伎倆，那麼反而會助長自己的分別意識，無法認清別人或衆生和我們同屬一種本質。

因此，助人對你自己有利，也對別人有利。你去做這件事是因爲它對你和別人都有利；但是在本質上做這件事還是利他的。你慷慨助人，並不是因爲這麼做對你有利。你只是想提供協助而非考量自己。你隨時隨刻都盡可能地付出，盡可能地提供協助。這項美德的發展，意味著盡量學習和拓展各種助人的能力，保持客觀，隨時覺知他人的狀態，對人慷慨大方。你的人生可能會因此而轉向助人方面去發展。但是成爲一個慷慨大方的人，並不是爲了助人帶來的快樂；你只是眞心誠意地想幫助人罷了。你是否偶而會出現這樣的感覺呢？有時你是否眞的對一個人的問題感興趣，因此很樂意去幫助他、改善他的人生？

助人需要一顆眞誠的心，你必須在這上面多下工夫，把人生導向這個方面去發展。你的人生目的不該只是讓自己變得愈來愈富有，而是要變得愈來愈慷慨，但這不意味你必須忘掉或犧牲自己，因為你也是全體的一部分。你跟別人一樣重要，別人和你一樣有價值；所有的人都是平等的。

這四種美德代表的是真人的品質及其生活方式。如果我們尊重和愛我們的存在，如果我們對實相和真相抱持誠實及堅定的態度，如果我們的覺知細膩而精微，如果我們慷慨大方樂於助人，那麼遮蔽住一體性的障礙就會逐漸消失。當我說無分別性以及一體性就是真理的時候，我指的並不是你在了悟這一點時會消失不見。你可能以為證入一體性就代表失去了自我，因此很害怕自己會消失。其實你本身就是全體眾生，一個無可分割的至上存在，或者說你是與至上的一體性無可分割的獨特個人。換句話說，你仍然保留著個人性，但你的個人性與整體性是合一的。你會發現你是一副巨大身體裡面的一個細胞，而這個身體又是另一個更大的身體裡面的細胞。你的身體不會消失，你這個人也不會從此不見。你仍然是獨特的個體，而且是從整個宇宙顯化出來的，是受到宇宙支持的，猶如大宇宙的某個細胞一樣。因此你和其他的人事物完全平等，既沒有多一分，也沒有少一分。

疆界感消失，愛自然會流露

疆界感消失以後，愛、富足以及慷慨的心胸就會自然生起，因為障蔽住愛的就是這層疆界感。那並不是一種想要愛某人或渴望某人來愛你的感覺。你就是你；你只是很自然地過自己的日子，但內心裡自然存在著愛。你不會說：「因爲我有愛，所以我要去做這件事。」你只是很自然地展現出愛，而沒有去思考什麼。提供幫助，也不需要有慈悲的感覺。不論有沒有想要助人的感覺，你都會去幫助人。那時慈悲心或許會顯現，但你可能根本不在意它，你只是提供幫助罷了。因此從某個角度來看，內在工作沒有一樣是爲你自己做的，但同時也是爲自己在做，因爲你就是萬事萬物。我們每個人都可能發現這些東西並非腦子裡的概念或觀點，而是一種事實。當你的心不再詮釋任何事物時，你就是處在這種狀態裡面。

我們看待實相的一貫方式，通常是由我們的概念、信念和思維模式決定的，因此當心念活動停止、自我的活動靜止時，你的覺知就會變得清明和單純，這時就能看見實相。其他的狀態都只是你的詮釋，而詮釋是有許多層次的。意識有許多層次，實相也有許多層次，最終當你放下詮釋以及詮釋的慾望時，就有可能如實看見自己的眞相。

一體性並不是一種頭腦裡的概念，頭腦對一體性的認知和眞實的了悟是不同的。一體性指的是不再覺得自己有疆界，而開始與萬事萬物融合。處在自我的慣常狀態裡，你會有一種疆界感，但意識到一體性時，就不再有這種感覺了。那就像疆界化成了空氣一般，你覺得自己不斷在延展，穿透過空氣、穿透過其他人、穿透過牆壁，也穿透過山川大地。這時萬事萬物都同屬一種本質，而這就是你的本性。當你最終發現自己的實相時，你又是誰呢？當你有了最深的體悟時，萬物突然變成了一個整體。每個存在的原子都屬於同一種本質，而這不再是一種概念或觀點，所以不會再改變了。目前你可能察覺不到它，但並不代表它不在那裡。

了悟一體性，能治療「單獨存在」的創傷感

當你思索這一體性的時候，你會發現你的內心深處埋藏著非常深的哀傷，非常深的創傷感。那是一種脫離了一體性的創傷感。因此你的心中有一種極深切的渴望，想要停止那種單獨存在的感覺；因爲一體性才是我們最終的本質，所以我們深切地渴望與衆生再度融合。一旦失去了這種一體性，勢必會出現巨大而深幽的創傷感，而且是很難治癒的。從其中又會出現一種深切的渴望，因爲你不論經驗或感受了什麼，裡面總是有一種不滿足感。你的心不允許自己眞的快樂，因爲一體性才是你最深的渴望，其他的事物都只是對一體性的投射罷了。你可能以爲自己想要的是這個或那個；這些東西你雖然都想擁有，但它們畢竟是非常表面的東西。眞正能夠讓你的心快樂的，只有對一體性的洞見，也就是直接了悟你與衆生本是一體。

學生：我們一旦有了覺醒的經驗，或者自認為有了這種體悟，似乎又會回到沉睡狀態。舉個例子，你如何在看電視的時候，也能夠有直接的體悟？你能夠持續不斷地保有它嗎？

阿瑪斯：如果你仍然認爲自己是個單獨存在的人，就會失去這份體悟。但如果能認清一體性乃是萬物的眞相，而且徹底被這個洞見說服，那麼這份體悟就不再消失了。但若是企圖達到這種狀態，它就永遠不會出現了。如同老子說過的，你只能老老實實過著有美德的生活。

學生：如果這份體悟無法持續下去，是否代表此人沒有被徹底說服。

阿瑪斯：沒錯。這代表你認同了那個自我，視其爲你眞實的身分。如果仍然把自己體認成一個單獨存在的人，就會對這份錯覺深信不疑。目前你也許察覺不到這份錯覺，但它顯然是存在的。你知道嗎，說自己脫離了某種狀態，就代表你已經從一體性之中出來了。處在合一境界時，根本沒有一個人在那裡經驗著一體性，也沒有一個人脫離了一體性；萬事萬物全是一體的。那不是一種：「噢，我悟到了衆生一體。」的感覺。如果我們這麼認爲，就代表裡面還有二元對立性。其實疆界感和侷限感並不是由自我創造出來的；早在你擁有自我的身分之前，這種疆界感就存在了。基於這個理由，我們才可以不帶有任何自我感地覺知自己，並且以個體性的方式存在著。

概念製造了分別意識

學生：我們是從何時開始脫離一體性的？你說我們一直以來都是一體的，那麼必然有過脫離的動作。

阿瑪斯：脫離一體性是在我們很小的時候發生的，大約在一歲左右。嬰兒誕生的時候並沒有分別意識，分別意識是由心智製造出來的。當你的心智和概念開始發展時，就建構了一個奠基於肉體的身分感。在這之前你一直是處在一體性之中的。如果沒有概念和心智活動，一體性就是我們的實相。但概念又是什麼呢？概念就是自我疆界感。一旦製造出某種概念，疆界感就出現了。這是一個人，那是一棵樹，這是一棟房子，那是一種感覺：這些全都是概念。當你不再製造概念時，所有的界分感都會消失，那時便可能照見到實相。這就是我們不能企圖達成一體性的理由，因爲企圖去做某件事，就是在按照頭腦的概念去做；這麼一來，合一境界就成了你的一個概念。按照心中的概念來生活，會強化頭腦的活動，於是就無法赤裸地照見實相了。合一性和一體性是在徹底放鬆時出現的，只要有追求之心，就看不見它了。自從我們發展出心智活動以後，一直在追求某些東西。處在合一境界裡是沒有任何追求活動的，因此我們必須轉化自我，因爲自我就是一個追尋者。當自我安靜下來的時候，才有可能覺知自己的疆界，繼而認淸疆界本是障礙所在，然後才能按照無疆界的眞理來生活。

或許你已經注意到這一體性的概念爲你的心帶來了一些影響；這個可能性是你的心從未設想過的。現在請想像一下那會是怎樣的境界。人愈是悟到一體性，愈有可能產生一些問題：怎麼可能呢？這到底意味著什麼？譬如你正在吃東西，這時你可能會問自己：「我正在吃什麼，我是不是正在吃我自己。」你的心完全無法了解這種境界，它必須花一段時間才能適應和明白：「耶！我眞的不需要像以往那樣去思考。我眞的不需要按照以往的方式生活。事情並不像我想的那樣。」你會發現一體性並不是存在於某處，與它相關的富足感和良善是無所不在的。

學生：分別意識和一體性似乎同時存在著，但卻屬於不同的次元。觀察一下別人和自己，你會發現我們經驗到的都是分別意識。只要一面對人，分別意識立即出現，因此當你談到如何去經驗一體性時，我所能想到的只有痛苦和掙扎之類的事。

阿瑪斯：讓我們換個方式來說吧——你的心臟和肝臟是不是分開的？我指的是，如果你的心臟有它自己的思想的話，它可能會說：「耶，我在這裡，我的肝臟在那裡，我們兩個是分開的。」雖然這也是一種觀察的方式，但這個方式正確嗎？或者你可以更貼切地去觀察這件事。假設你能覺知身體裡的細胞，而每個細胞都有自己的細胞壁，它和其他的細胞是分隔開來的，因此每個細胞都可以對自己說：「我是單獨存在的。」從細胞的角度來看這件事，你可以說細胞是各自獨立的。可是當你覺知到整個身體時，就不再把細胞經驗成單獨存在的東西了。或許某些細胞過得很苦，或許身體的某部分正在開派對，而另一部分正在經驗死亡或停滯不動的情況，但整副身體仍然是個整體。你不會說：「那些細胞正在死亡，但這個部分的細胞很快樂。」一體性比細胞的連結要緊密多了，我們可以說事物之間並沒有什麼東西阻隔著，因為存在於中間的那個東西和它兩旁的東西是一樣的。

學生：你早先說過，世界如果全炸毀了，一體性仍然存在著，對這一點我不十分了解。

阿瑪斯：有許多古老的教誨都曾經說過，這個世界已經毀滅許多次了。世界有一天可能會全部毀滅掉，但其他的世界還是會取代它的位置。當你看自己的時候，你會發現自己的本質或整個世界的本質都帶有一體性。世界和人類一樣有生有死。人類這個族群會繼續繁延下去，人類的本性也會繼續存在。萬物的本性是比人類更完整的，就像某個人是人類的一部分，而人類是一個整體一樣。因爲人類是另一個東西的一部分，因此即使人類消失了，那個更大的東西仍然存在著。

一體性是愛和良善的源頭

學生：所以本體是一體性的一部分。

阿瑪斯：本體的確是一體性的一部分。一體性指的就是：沒有任何一樣東西是脫離它的。萬事萬物都是它的一部分。不論好壞，沒有任何一樣東西不包含於其中。一體性本身不會去區分好壞。這個至上的存在是最純粹的，它就是一切事物的本質。萬物都具有一體性。

這一體性不會特別去關切某個人，它不會說：「噢，這個人在受苦，那個人在享受，讓我來改變一下這個狀況吧。」一體性或合一性是什麼都不造作的。關切不是它的本質，但它卻是愛和良善的源頭。合一境界裡面的愛與良善，就跟陽光一般會自然升起。

太陽絕不會語帶關切地對我們說：「人類需要更多的熱能，讓我再加點溫吧。」一體性的本質裡就帶有愛、溫柔和慈悲等等的特質，它不需要特別關懷什麼，因爲它比關懷的狀態宏大多了。

事實上，整個宇宙都是一體性之愛的展現。你看到的世界就像一體性身上的袍子一般。這件袍子非常優雅華麗，它是由愛和本體製成的，但仍然只是一體性的某個部分罷了。一體性是很難設想的概念，因爲思想會牽涉到與其它事物的對比，但一體性沒有可以對比的事物。它也不排除任何事物，因爲只要把某個東西排除掉，就不是一體性了。

學生：剛才你談到助人和慷慨大方，如果你不知道那是什麼狀態，該怎麼辦？你不知道什麼事對人真的有幫助，該怎麼辦？

阿瑪斯：這時你就要去弄清楚。

學生：在你尚未幫助他人之前？

阿瑪斯：助人有許多面向。譬如你看見某個人病倒在路上，你顯然知道該如何幫助他。那時你自然會按照自己的理解去幫助這個人。助人和慷慨大方，意味著要增加你的理解程度，以便提供更眞實更有效的協助。助人意味著你關懷另一個人，同時也代表你和那個人是沒有分別的。助人意味著周圍的人都是你的家人，但不代表你該盲目地把所有東西都送人。這種做法也許並不能幫助任何人。其實你必須善用所有的能力和智慧，才能以最佳的方式助人。發展助人的能力，也意味著要自動自發地協助別人；那不是「我想要幫助人，因爲這是件好事。」你必須拓展自己，以便自動產生想要助人的意願。一旦有了自發的願力，接著要拓展的就是助人的能力；其中的一種能力顯然是溫柔的態度和細膩的覺知。

你可能已經發現，當人們更愛自己、更了解自己的時候，自然會願意幫助別人。人愈是跟自己的愛連結，就愈想到外面去協助別人。本體會按照客觀的律法運作，它是屬於萬事萬物的。你並不獨特，沒有任何人是獨特的。只有這整體才是最獨特最奇妙的。

〔第七章〕

體悟空無

疆界感是源自於身體的緊張。身體是個甲冑，它就是我們的疆界。當身體放鬆下來完全平衡時，我們就不再需要疆界了。因此你可以說，自我了悟在某種程度上必須從身體下手，到了最後，自我了悟便是徹底放鬆身體，沒有其他東西了。

智慧使我們知道該在何時努力

學生：我最近在謄寫有關意志力和內在支撐力的演講錄音，最後你提到真正的意志力是一種不費力的狀態，所以只要一努力，真正的意志力就不見了？可是我覺得不努力的話，什麼事都做不成了。

阿瑪斯：我們說眞正的意志力是一種不費力的狀態，並不代表永遠不需要努力。其實你的裡面經常有一股想要努力的驅力，如果不把這股力量有意識地用出來，那麼潛意識裡的這股力量就會操控你的人生。

學生：這是不是和葛吉夫所指的努力有關。

阿瑪斯：葛吉夫所指的努力是帶著覺知的，但仍然是一種努力。我們的內在工作有一個階段是需要付出努力的。我們之所以需要努力，是因爲潛意識裡早已存在著這股驅力；如果裡面沒有這股驅力，那麼無論何時我們都無法努力了。

學生：我覺得潛意識裡的那股力量，感覺上反倒像是懶得去做什麼的感覺。

阿瑪斯：這股力量其實是一種抗拒力。也許你沒有意識到內在有一股抗拒力。內在活動造成的機制代表著一種費力的感覺。內在如果沒有抗拒的感覺，或者沒有意識不到的防衛機制，就不會產生想要努力的驅力。這種抗拒力並不是人類的自然狀態。

如果潛意識的驅力不存在，我們就不會抗拒內在的意識活動，因此我們必須靠顯意識的努力來揭露潛意識的驅力。潛意識的驅力一旦揭露出來，你就會發現繼續努力下去只是一種抗拒作用，而且會障蔽住純正的意志力。有時我們需要努力，有時則必須停止努力，端看眼前的情況而定。若想帶著智慧有效地轉化自我，就必須知道何時該努力，何時不該努力。

學生：有沒有任何指標？

阿瑪斯：沒有任何方程式可以依循。你必須運用自己的智慧。如果你發覺潛意識裡有一些東西，而你並沒有在努力覺察它們，這時就該用點力了。反之，如果你發現自己並沒有被潛意識的東西所影響，而是很清明、很能安住於當下，那麼就不需要努力覺察了；你只要放鬆，讓一切自然流動就對了。從根本上來看，努力是不利於純正意志力的，因爲當你在努力的時候，代表有一個自我正在費力地做著什麼。努力代表你認同了某種自我形象。你以爲自己是有別於整體宇宙的單獨個體。你把自己看成是單獨存在的人，有自己的心智活動和意志力，處在這種情況裡，你是很難不努力的。然而最深的眞相是：你並不是一個獨自存在、有自己的心智活動和意志力的個體。

學生：你說的狀態我從未體驗過。

阿瑪斯：是的，我很清楚這一點。這就是你會認爲自己擁有意志力，而且很難不努力的理由，因爲你深信自己是擁有心智活動和意志力的個體。其實要維持這種單獨存在的感覺是很費力的，因爲你一直在讓自己有別於整體宇宙。由於你有自己的偏好和選擇，而且與其他人的不同，所以才需要費力地活著。你很費力地維持著自己的偏見，然而一旦發現自己並不是單獨存在的個體時，就能夠放鬆下來、回歸到較爲自然的狀態。

學生：對我而言，一切都只是在求生階段罷了；光養活自己已經很費力了。

阿瑪斯：這是大部分人的情況。覺得自己是單獨存在的個體，是個普世性現象。擔憂生存問題，當然意味著深信自己是單獨存在於世上，過著與衆人有別的生活。

學生：沒錯，我絕對認為如此。

阿瑪斯：所以謀生才會變得這麼重要。事實上你並不是單獨存在於世上，你從來就不是，這只是你編織出來的想像罷了。如果這層幻覺消失了，生存就會有不同的意義，也比較不那麼費力了。

學生：但是坐在這張椅子裡的又是誰呢？

阿瑪斯：這不是出自於你的想像，這是整個宇宙意識想像出來的。眼前的椅子，所有的東西，包括你自己在內，全是想像出來的，如同夢境中有個人，那個人以爲自己是眞實的。想像一下自己正在做夢，在夢境裡你看見了一個人，那個人認爲自己是眞實存在的，但其實只是你夢中的一個人物罷了。眞實的情況和夢一模一樣，這便是所謂的宇宙意識的作用力。

體悟「無心」，真正的愛就會產生

學生：就這一點我有個問題，我的問題涉及到愛、行動和努力。我不知道該怎麼問才正確，意思有點像「你怎麼知道自己的行動是發自於愛？」。

阿瑪斯：你可能以爲自己的行動是發自於愛，其實並非如此。重點在於你的身分認同究竟屬於哪個層次。如果你仍然是從單獨存在的個體性出發的，你就會覺得愛是從你的心、頭部或腹部散發出來。如果你的身分認同屬於比較深刻的層次，就會發現比較寬廣的次元；你會覺得自己的身體就是整個宇宙。這時如果還覺得自己的行動是從心的部位出發的，就沒有意義了。你會發現並沒有一個人在那裡從心中產生某種行動，因爲那個人根本不存在。一旦體悟到「無心」的意義，眞正的愛就會產生。你會發現整個世界全是你的心〔譯註〕。如果認同了小我，你就會把其中的一小部分當成是自己的心。

學生：但你又怎麼知道你是活在宇宙大心之中呢？

阿瑪斯：當你不再費力、潛意識裡也沒有想要努力的驅力時，就會出現自發的行動；這種自發的行動便是眞正的愛。它是流暢而沒有任何衝突的。你甚至沒有在設想什麼；它自然會出現。這跟你平常的某些狀態很類似。舉個例子，早上起來你去喝水，需要努力嗎？有時

〔譯註〕萬法唯心所造。

也許需要一點努力，不過大部分時間是不需要的。你想喝水，自然會站起來去倒杯水，這件事需要努力嗎？這是非常自然又自發的行爲。這跟愛的行動很類似。

學生：這跟安住於當下有什麼差別？

阿瑪斯：你爲什麼會問這個問題？

學生：因為當我去倒水時，心裡可能有一大堆念頭，這時我根本沒有駐留在我的身體裡面。我不覺得我是安住在當下的行動上面。

阿瑪斯：沒錯，但有時你的自發行動和安住於當下是同時出現的；那時即便有念頭，你的念頭也帶有自發性。總之，人的活動大部分是自我反映式的，而且往往有預設在裡面。這並非壓抑或不清明狀態，但也絕不是一種明確的狀態。自我反映永遠意味著有一個單獨存在的自我，而這會讓完全自在的行動無法出現。你一開始反映自己的作爲，問題就出現了。若是不刻意去反映什麼，一切事情就會自然發生。不去執著問題，問題就不存在了，你只是做你正在做的事，如此而已。你一旦開始考量自己：我該不該做這個？我該不該控制自己？這麼做對不對，會不會出錯？矛盾或對立便產生了。如果你不去考量這麼多，只是自自然然地做你眼前的事，行動就會自在。

學生：但是愛和存在又有什麼差別呢？

阿瑪斯：從客觀的角度來看，這兩者並沒有差別。我們總是以特定方式在思考愛，把它跟我們所認爲的特定感受連在一起。其實愛便是整個存在，當你認清這一點時，會變得比較自在，比較能放下自我，不再一味地檢視自己該做什麼或該怎麼樣。萬事萬物都是愛，愛是不需要反映自己的，它只是自然地運行著。只有頭腦會反映自己，但頭腦的活動最終也是愛的展現。

心智就像是愛的一面鏡子，藉由心智活動愛認識了自己，這點既爲我們帶來了祝福，也帶來了詛咒。我們有了認識自己的能力之後，也爲自己的人生製造了混亂。檢視一下你會發現，這整個情況都跟心智活動有關。心智會檢視自己，但愛不會；愛只是在那裡流動著。心智的存在本是要讓愛認識自己。

學生：聽起來很像喪失伊甸園的典故。

阿瑪斯：沒錯，心智是非常聰明的，它創造了上帝、伊甸園等等的概念。我們現在指的是自我反映帶來的覺知力，因爲它同時也帶來了衝突矛盾。這種衝突矛盾的主要顯現方式，就是認同自己是個單獨的個體，而且具有自由意志與自我。當我們不再反映自己的時候，就不會像孩子一樣完全逍遙自在。孩子是不反映自己的，他們甚至完全不去看自己。他們根本不知道自己是誰，或者自己存不存在。但心智活動一發展出來，他們就開始反映自己了：「我是這個，我是那個，我很好，我不好……，」然後問題就跟著出現了。當他們開始企圖控制自己和現實的時候，錯誤的意志力就產生了。此即努力的起因。但如果你和那個在檢視自己的東西沒有區分，那麼存在的只是一個不檢視自己也不費力的人。

學生：自發的活動似乎都是不費力的。自動產生的行為也是如此。但是我有一種感覺，我發現當我察覺自己的自動反應模式時，往往會意識到裡面有努力的成分，因為裡面有一種自我意識。

自發狀態中，無我也無心

阿瑪斯：自動化的反應模式其實是一種錯誤的自發反應。它們並不是眞正的自發性，因爲你仍然在反映自己，或者仍然想以正確的方式行動等等。這仍然是一種對自己的辨識與論斷，而且是覺知不到的。這可能是一種預設或潛意識裡的反應。我所謂的自發性是完全不帶有任何覺知的，那就像是睡著了一樣，完全沒有任何自我反映的成分。

當你入睡時，你是沒有意識的，你只知道自己躺在那裡，心裡或許在想著某件事，然後就睡著了；醒來時已經是早晨了。如果睡覺不是自發的行爲，你就沒辦法入睡了。企圖入睡會讓你永遠睡不著，只有忘掉自己，才能順利地入睡。愛的流動也是一樣的。如果你按照這種方式生活，就如同自然入睡一般，是一種自在的狀態。

學生：但是你一直告訴我們要覺醒啊。

阿瑪斯：沒錯，我們的確討論了無數次有關覺醒的事。在我們的工作坊裡面，會因時因地因人而闡述一些適切的觀念，譬如母親可能會告訴三歲的孩子不要逕自過街，但是對較年長的孩子，卻囑咐他要觀察馬路兩邊的情況。每一個階段的發展經驗都不一樣，因此我們闡述的觀念也不一樣。

在此我們已經把過往所採用的詮釋做了改變。到了某個階段，自由或解脫的意義會變成完全沒有自我意識，因爲在最深的層次上，根本沒有一個我可以被意識到。這時你不再知道自己是誰，也不知道自己在做什麼，你只是讓一切作爲自然產生。這時你仍然會吃飯，而且會突然發現自己在吃飯，但是發現到的那一刻，你已經產生了自我反映的活動。大部分時候你並不知道自己在吃東西，或者有個人正在吃東西；眼前只有吃的動作而已。那時你對食物的覺知仍然存在，卻覺知不到自己的嘴或其他部分。處在徹底自發的狀態裡，你是意識不到任何自我形象的，眼前只有吃的過程。只有當你反映自己、思考自己的感覺時，才會覺得自己是存在的。這時身體和食物都在那裡，你只是讓事情自然地運作著，完全沒有頭腦的活動，但仍然能了知整個吃的過程。

這便是包容著存在與愛的自發性生活。想像一名六個月大的孩子正在吃東西，你認爲他會知道自己在吃東西嗎？不，他是不知道的。嬰兒不像我們有自我反映的能力，他們沒有自我存在感，也意識不到自己正在吃東西，或者吃東西是爲了什麼。這一切都是我們的心製造出來的，因此心如果能安靜，這所有的意像都不存在了。我指的並不是胃裡沒有了食物，而是這整個事情會自然地運作。

學生：我們成年人難道不具備一些孩子所沒有的狀態嗎？譬如某種程度的覺知？

阿瑪斯：成年人當然發展出了許多嬰兒沒有的能力，譬如思維或理解事物的能力。但覺性及存在並不是一種思維活動，當你不刻意去發現它的時候，它自然會出現。覺性本身是沒興趣看自己的。覺性和概念或認知毫無關係，它是完全自動自發的。這便是所謂的「無心」。現在你如果看著我，不去思考什麼，你還會有正在看著我的感覺嗎？

學生：這跟感覺有什麼關係？當你有某種感覺時，不一定會去思考它啊。

阿瑪斯：你可能不會去思考它，但感覺通常會伴隨著思想出現，它們其實是受思想左右的。

學生：那麼覺受又是什麼呢？

阿瑪斯：覺受也和思維有關。如果你的念頭完全消失，就沒有任何覺受了。從根本上來看，你的本體是沒有感覺，也沒有覺受的。〔譯註〕你的心是百分之百寂靜的，你照見不到任何的思想、感覺、覺受或自我。

那是一種徹底空無的狀態，甚至對空無的覺知也消失了。沒有任何人或東西是存在的，也沒有任何一個人在那裡覺知著不存在——所有的意識都空掉了，這才是最徹底的覺醒狀態。

學生：我完全被搞糊塗了。

阿瑪斯：如果你是從「我」出發的，勢必會覺得糊塗，這便是原始無明。從原始無明出發，怎能不困惑呢？

我們一開始講的是努力這件事：自發性是一種不費力的狀態，自發性也意味著不去反映自己。當你反映自己的那一刻，自發性就不見了，因爲認知之中都有一種刻意的成分——一直在考量自己的作爲。有趣的是除了在考量自己的時候，我們多數時間都是自發的，一旦開始自我反映，自發性就不見了。

大部分的時候你都是自發的，但是在那些時刻裡你並不知道自己是自發的。你不知道裡面有一種和諧性，因爲你沒有在反映自己，所以不知道自己是快樂或不快樂。一旦想到自己，你就會認爲：「不，我不快樂。」試著去回想一下，看看你有沒有不反映自己的經驗。這種事在一天之中發生的機率很高。你並不知道自己快樂或不快樂，這裡面就帶有一種和諧性。

學生：我一向以為這便是身而為人的定義。當我開始質疑自我到底在哪裡時，我就會覺得腦子出了問題。

阿瑪斯：提出這種質疑，並不代表你的腦子有問題，因爲這是人發展過程的一部分。發

〔譯註〕佛經裏所指的無眼、耳、鼻、舌、身、意。

展出一個自我，是靈魂進程中很自然的一個步驟。人類的發展仰賴的就是自我反映，這也是認知的基礎。問題其實出在我們已經忘了如何在不反映的情況下做自己。我們喪失了本體的直接性，也忘了本體最深的奧祕，其實是一種徹底空無的狀態。

關於空無的問答

學生：這種空無裡是不是沒有任何覺知？

阿瑪斯：沒有任何對自我的覺知。

學生：但仍然是有覺知的？

阿瑪斯：除了自我之外，對其他事物都能覺知到。

學生：我以為本體是一種真實存在的東西。

阿瑪斯：沒錯，這是正確的。本體就是我們所謂的神祕或祕密本質，我們最終極的眞相。若想明白這最深的奧祕，就要把心智的一些精微活動也解脫掉。當本體反映自己的時候，它並不是單獨存在的，因爲心智也在那裡。本體會示現在各個不同的次元，而且會愈來愈精微。但是心智活動一旦徹底止息，自我反映的作用力就不見了。

學生：我曾經體驗過完全沒有念頭的狀態，但我仍然能意識到體內的覺受和感覺，以及屋外所有的情況，而且其中帶有一種平等性。

阿瑪斯：如果你當時真的沒有任何念頭，又如何有內外之分呢？

學生：我當時並沒有內或外的分別意識。

阿瑪斯：那麼存在的又是什麼呢？

學生：我所感受到的各種東西。

阿瑪斯：譬如？

學生：我可以意識到地板，也意識到地板的接縫。

阿瑪斯：所以你能覺知到地板的存在。如果沒有對地板的念頭，你又怎麼知道眼前有個地板呢？

學生：我只是在經驗它，我並不知道它存不存在。

阿瑪斯：這代表你仍然有非常細微的念頭。當你意識到地板的那一刻，顯然已經對地板有了的概念，否則你怎麼知道那是地板而不是別的東西呢？因此「地板」就是一種概念，否則你不可能意識到它是有別於其他事物的。

學生：我只知道我當時經驗到的是地板。

阿瑪斯：你怎麼知道你不是在經驗牆壁呢？它們在感覺上是相同的。

學生：我經驗到的地板是一種覺受而不是外在的名相。

阿瑪斯：但你怎麼知道那就是地板？

學生：當時我腦子裡沒有任何命名的活動，只是靜靜地坐著。當我清醒過來的時候，我發現自己正坐在地板上。

阿瑪斯：你爲什麼會假設自己是坐在地板上呢？也許你是坐在其他東西上面啊。你只是假定自己感覺到的是地板罷了。事後當你清醒過來時，以爲自己感覺到的是地板，但也有可能是錯覺啊。

學生：我處在那種狀態時體會到兩種東西：首先我體驗到的一切事物都跟往常一樣，但卻有一種非常不真實的感覺，因為另外還存在著一些次元或面向。我能同時感受到這兩種狀態。我指的並不是慣常的狀態突然消失了，而是我進入了不同的境界。

阿瑪斯：是的，我了解。這種境界裡既有經驗本身，也有對經驗的覺知。當這種狀態出現時，裡面仍然有微細的概念，但即使如此，你描述的那種狀態還是比較接近於實相。

無懼無畏的真我境界

學生：我有一個問題。某一回你提出了恐懼與畏怖的差異。似乎在恐懼之中有某種潛意識裡的東西想要衝出來，但恐懼為何會轉成畏怖？

阿瑪斯：畏怖通常與生存本能有關，因此它不只是一種潛意識裡的東西。當人感受到畏怖的情緒時，通常是在害怕自己快要死亡或消失了，這時自我感的消失也會隨之而至。起先我們擁有的是一種自我感或是對人格的認同，如果你隨觀它，它會逐漸消失，於是你就生起了一種畏怖感。

當這種感覺走掉之後，祥和感會出現，然後你就可能發現到眞我。這個眞我是由純粹的覺知和本體組合成的，它是光明的、純淨的，帶有一種永恆和超越空間的感覺，而且是慈悲、良善以及愛的源頭。但是眞我也會消失，當它消失時，另一種層次的祥和又會出現，那是跟「不存在」有關的境界。當那種境界出現時，另一種層次的身分認同又會產生，我們稱之爲至高無上的存在，因爲它已經擴張到整個宇宙。這一層的身分認同反映了更無限的宇宙性；這才是萬事萬物眞正的本質。你發現自己不再是身體與心智的源頭，而是萬事萬物的源頭。然後我們還可能再擺脫掉這種宇宙性的身分認同，而這又會帶來更進一步的祥和經驗，也就是體悟了無我。這時就不再有一個你在那裡看著一切了。但無我境界也會消失，這意味著又會再度經驗到恐懼或畏怖。無我境界之所以會過去，是因爲無我也只是一種概念，然後剩下來的就是眞正的空無，也就是最終極的狀態了。

你可以說這才是你眞正的身分。這種狀態裡不再有一個人對自我產生認同。這種狀態與深睡無夢很類似，差別就在於你是完全覺醒的。你不再有任何對自己的認知，包括自我感或無我的覺受。

現在你已經明白自我了悟會經歷許多階段，其中的自我感是最後才消失的部分。人人都有一個眞我，身爲人類的一員，你是不可能沒有眞我的，但這個眞我和你的童年制約毫無關係。你生下來就擁有了它，但你還是可以超越對它的認同。我們需要眞我，而且必須體悟到它，才能進入至高無上的境界。

你認定的那個自我，只是最表層的身分認同，也就是心理上的自我感。從人格層次來觀察，心理上的自我的確是存在的；你會經驗到它，甚至有一種實質性的感受。但是有沒有一個自我並非關鍵問題，重點在於你所屬的層次是哪一種。在每個轉化的關鍵點上，我們都會害怕那時所擁有的東西可能消失不見；你會覺得自己好像快要死掉，快要消失了，因此這時出現畏怖感是很正常的。其實一直要到無我的境界出現時恐懼才會消除，因爲那時你才發現不再需要一個自我了。你會發現在沒有自我的情況下，一切仍照常運作。這時自我感還是會生起，但我們已經不再需要它了。雖然無我的境界已經非常根本，不過仍舊有一種覺知和意識存在著。無我的境界之中還是有覺知，卻沒有任何自我感，也不需要有自我感。

接下來連這層無我的覺知也會消失。這時，自我或無我的意識就徹底熄滅了。這便是所謂的無心或無覺知境界。當這種境界出現時，我們才可能完全解脫自在，因爲已經沒有一個我在那裡反映一切。處在這種狀態裡，如果你反映自己的話，只會覺得有一個頭在轉動著，而且是完全向外觀看的。這時內在已經沒有什麼好看的；你的注意力完全轉向了外界。

在轉化過程裡，最主要的障礙就在於你相信自己是個與身體連結的人。你把這副皮相當成了你，但認同這副皮相，只會令你對失去自我感到畏怖。事實上你並不是一個人，你是一扇通往宇宙的窗戶。

自我了悟就是徹底放鬆身體

學生：在我的經驗裡，當我的身體處於平衡狀態時，疆界感就不見了。身體的疆界讓我產生了單獨存在的感覺。

阿瑪斯：一點也不錯。當身體放鬆下來、沒有任何緊張，而且完全平衡時，疆界感不見了。疆界感就是源自於身體的緊張。身體是個甲冑，它就是我們的疆界。當身體放鬆下來完全平衡時，我們就不再需要疆界了。因此你可以說，自我了悟在某種程度上必須從身體下手，到了最後，自我了悟只是徹底放鬆身體，沒有其他東西了。當身體徹底放鬆時，它就變成通往宇宙的一扇窗戶，這扇窗戶會讓洞見、覺知和體悟出現。如果身體的存在感消失，這扇窗戶也會跟著消失，這又是進一步的發展，一種更加敞開的狀態。

這代表整個宇宙跟這扇窗戶合一了，然後就沒什麼東西可以被觀察到了。每一個轉化階段都可以帶來更進一步的祥和。每一個階段的自我認同消失時，就會出現更深的祥和與寂靜。一旦進入徹底的空無境界，就會出現絕對性的祥和，因爲會造成干擾的因素全都消失，甚至連認知到祥和的作用力也消失了。當你意識到自己是祥和的時候，會因爲這種自我反映的作用力而產生細微的干擾。所謂的絕對性的祥和，指的是裡面沒有任何對這種狀態的覺知。那是一種全然合一，沒有任何反映的狀態。在這種時候我們會變得徹底清明，而這種透明性會示現在每一個事物上面。

學生：你的意思是，人真正的狀態是完全透明的？

阿瑪斯：不只是人，萬事萬物都是透明的。

學生：連人格以及它最陰暗的部分也是透明的嗎？

阿瑪斯：它最眞實的本質也是透明的。

學生：最真實的本質？

阿瑪斯：萬物的本質、包括人格在內，都是相同的。舉個例子，你眼前的這塊地毯看上去是柔軟的，但這只是它外表的狀態。當你看到它最深的本質時，你會發現它也是透明的。從表面上看來，它好像是一個白色的、柔軟的、毛茸茸的東西。

學生：為什麼在我的經驗裡它不是透明的？

阿瑪斯：因爲你看到它的外表，就以爲那是它的眞實本質。愈是相信外表，它看起來愈眞實。我的經驗是這樣的：當我在看身體或外面的事物時，我愈是信以爲眞，它們就愈固化。如果我能超越外表看得更深一點，眼前的那個東西就會變得愈來愈不實在。

學生：透明性和一體性的差異是什麼？

阿瑪斯：在絕對的透明性之中是沒有一體性的，而且也沒有一體性的消失。

學生：沒有一體性也沒有一體性的消失？

阿瑪斯：一體性是非常深刻的經驗，那是在疆界感消失之後出現的。疆界感一旦徹底消除，你就不再把自己體認成單獨存在的個體，於是自他的界線就不見了。那時出現的就是一體性：你的宇宙性身分。你會覺得自己就是萬物，而萬物都是一體的。這裡面仍然有細微的概念，對一體性的概念。如果能超越這層概念，你就會看到最根本的實相；一種既非合一也非不合一的狀態。這時事物只是如實存在著。說萬物是一體的，仍然是你自己的見解。

學生：說萬物都是透明的……

阿瑪斯：仍然是一種見解。這就是爲什麼我會稱其爲空無的原因。其實絕對的透明性也只是終極實相的一種反映罷了。

如果覺知仍然存在，徹底的空無就無法出現。只要意識還存在，就會認知到空無，那麼就還不是徹底的空無。但徹底的空無出現時，又要稱它爲什麼呢？大空嗎？或許吧。我們愈是深入，感覺上就愈空，但是當你的自我完全消失時，或許情況又不同了，誰知道呢？

學生：聽起來空無好像是在你未誕生之前就存在的？

阿瑪斯：不只是你未誕生之前，在一切事物未誕生之前，它就已經存在了。你這個人就是從一體性之中誕生的，但是在一體性之前，存在的又是什麼呢？

學生：我不明白你所謂的「我是從一體性誕生的」是什麼意思。

阿瑪斯：你現在認爲自己是個與萬物有別的個體，這種單獨存在的感覺就是從一體性之中產生的。在你發展出自我感以前，曾經有過沒有疆界的合一感，在這種合一感之前，還存在著更深的無合一狀態，也就是既無界分也無合一性。你認爲在那種狀態之前又是什麼境界呢？

學生：我覺得我們一直在往後倒退。

阿瑪斯：從某種角度來看，你的確是在往後回溯，直到你退到最後面爲止；那時你才發現你其實是在往前看。當你回溯到底時，才能往前看，這便是自發性的開端。

自我了解的目的就是要了悟自己最眞實的身分，而這是要經歷倒退過程的。你認爲的自己會一層層地褪去。你會一直處在失去的狀態，但失去愈多，就愈自在。

學生：因此成熟和倒退是同時存在的，它們有差異嗎？

阿瑪斯：從倒退之中獲得的智慧，可以讓我們變得更成熟，也就是解脫掉我們所累積的對現實的概念。讓我再重覆一遍，如果你從倒退的過程中學到了一些事情，而且能夠把它運用在生活裡面，就是一種智慧的展現。成熟是跟智慧有關的，智慧又跟整合能力有關。如果你沒有把從經驗中學會的東西整合到生活裡，就沒法子生出智慧了。因此智慧是按照你學會的東西來生活，然後你就變得成熟了。

成熟是沒有止境的

學生：整合又是什麼意思呢？

阿瑪斯：整合代表你的人生是按照你的理解在運作。假設你對實相有了一些體悟，卻沒有按照這些體悟來生活，那麼就代表你的體悟沒有整合到生活裡面。因此整合意味著你的行爲、思想和運作方式之中，全都帶著一份體悟。

首先你可能會對實相有所體悟，譬如你突然發現：「這就是愛，現在我終於知道什麼是愛了。」但是第二天你的行爲就像對愛毫無體認似的。這意味著你沒有把愛整合到你的經驗裡面。因此我們必須藉由整合的過程來認識愛，對愛產生一種智慧。然後你還要把這份成熟性展現在行爲之中，以成熟的方式去愛。成熟不是一種終結狀態，它取決於你自我了解的程度，所以是沒有止境的。

學生：是不是必須等到人格有所發展之後，我們才能變得成熟？

阿瑪斯：成熟度與意識到自己的眞相有關。這不是一種內在孩童的發展；內在孩童無法再發展，因爲它已經不存在了。它只是你腦子裡的一個老舊的形象罷了。腦子裡的形象怎麼可能有所發展呢？三十年前你的身體還是個小孩的身體，現在已經不是了，如果仍然把自己當成小孩，如何能成長呢？因爲內在孩童不是眞實的，所以無法再成長發展。那個能夠成長的東西才是你內在最眞實的部分，也就是你的個人性本體。

學生：由於我們生活的方式永遠在助長個人的分別意識，所以我的問題是，要如何生活才能促進自我了解與統合？

阿瑪斯：所有的傳統教誨和靈修系統都已經說過，你必須無私地生活：不為自己累積什麼，把自己奉獻出去。愈是能給予，就愈慷慨、愈慈悲、愈有愛心、愈不自私，而且愈不認同小我。小我就像一座孤島，需要保護和強化，如果不去保護或強化它，你的慷慨就能消除掉疆界感。眞正的慷慨是沒有任何保留的，那是一種完全敞開的狀態。我指的不是肉體上的開放性，而是每個層面的敞開。這意味著不再試圖保護自己，當然我指的並不是晚上睡覺時不關門窗，我指的是在心理上不建構任何護衛自己的屛障，而且不斷地消彌掉這種疆界感。慷慨其實就是一種合一性或一體性，當你有了對合一性的體悟時，你會發現你的心是徹底慷慨的，裡面沒有任何保留。所有的愛、慈悲、理解、知識和助人的意願，全都會向外湧出。人之所以會保護自己，是因為缺乏自我了解。我們是以二元對立的方式存在於世上，但若是能從終極的角度來觀照自己，就會認淸自己並不是一個人；個人性只是你顯化出來的某個面向罷了。

以體認、接納、允許個人性存在，來釋放執著

我們可以顯化成一個人，也可以顯化成愛、喜悅或慈悲。個人性只是本體的一個面向，但卻是本體所有面向之中最難了解的，因爲我們的人格是一種模仿出來的虛假人格。另外還有一個眞實的人，我稱之爲個人性本體，它才是我們最眞實的本質，就像愛是你最眞實的本質一樣。如果你認爲自己在根本上是一個獨立存在的人，很容易形成虛假人格，而且是帶有疆界感的。因此個人性並不是一個必須拒絕、憎恨或貶低的東西。

個人性和愛一樣珍貴。個人性是我們在地球上顯化出來的身分。我們最眞實的本體是無法活在世上的，因爲它沒有任何形體，所以必須有一扇能發揮創造力的窗戶，於是我們就顯化成了一個人。

一旦體悟到自己的核心部分，就能認識本體的各個面向，這代表有時你是一個個人，有時你不是。即使你已經體悟自己的本質是愛，也不需要一直擁有愛。有時你展現的是愛，有時是慈悲心，有時是意志力。你不能說：「我希望自己永遠有愛，我希望自己一直保有意志力。」個人性也是同樣一回事：有時個人性會出現，有時它又消失了；眞我也是一樣的：有時眞我會出現，有時它又不見了。這完全取決於你的需求，因爲你就是一切事物的源頭。如果你不去護衛由意識和本體組合成的眞我，那麼眞我就不會感覺自己和他人是分開來的，如此就會有人與人之間的眞誠、關懷及連結。

如同我一向強調的，我們有一個所謂的個人性本體這個眞實的身分，由於它是本體的一個面向，因此主宰著本體的宇宙律法，也主宰著個人的這個面向。如同主宰力量、意志、慈悲心一樣，宇宙律法也主宰著個人性本體。我們通常會想要抓住個人性的這個面向，如同我們企圖抓住慈悲心一樣，於是最後就變得虛假了。人的制約之一就是一直想保有這種個人性，這層制約是存在於我們的基因裡面的；它也是整體人類的一種制約。事實上每個人都帶有這種制約。就是因爲我們擁有一副肉身，所以才以爲自己的肉體就是外在的界線。個人性本體比肉體要大太多了，它可以充滿整間屋子，甚至超越任何範圍。

學生：是不是到了某個階段就必須把這種個人性的感覺放掉，然後才能進入另一個階段。

阿瑪斯：是的。但這種個人性的感覺必須被充分體認、接納和允許。抗拒或憤怒是無法帶來成長的。只有透過對個人性的理解和愛，那份執著才得以釋放掉。

實相有許多次元，只要你是從特定的次元在運作，那個次元就會變得堅實固著。一旦進入更深層的次元，前面那個次元就不再顯得那麼堅實了。如果你把實相的所有次元都納入考量，並且統合它們，你的認知自然會深化，而且更深的次元也會顯露出來，所以不要完全專注在任何一個次元。

如果統合性的認知發展得出來，你的人格就會逐漸成熟，也就是我所謂的客觀的個人性。你會以客觀的方式展現自己，顯現出不同次元的智慧。如果你把某個次元看成是最重要的，譬如把物質次元完全當眞，那麼一定會出現問題。一旦進入到另一個次元，物質界就不再顯得那麼逼眞了。這時你不會說「物質界是不存在的」，你會說「以物質的角度來看，這個次元是眞實的」。當你證入本體的次元時，物質界就不再那麼眞實不虛了，但究竟哪一個次元才是更眞實的呢？答案是，你不會做出任何論斷，你只是覺知著自己在不同次元運作時看到的現象。你不會受意見或立場的束縛，因爲空性是沒有任何意見的。

〔第八章〕

直接體驗實相

世界就像你屋子裡的某個角落，它已經有一百萬年沒曬到太陽了。當純真的實相出現時，就像陽光照入屋內，突然一切事物都變得鮮活起來。

人類似乎命中注定要犯一個大錯，這大錯不但讓我們認不出自己是誰，也讓我們無法如實看見週遭的世界。我們生下來就有一副身體，而且我們會隨著年齡的增長變得愈來愈獨立，心智也會跟著發展出來。到了某個階段，我們就再也看不見自己與生俱來的實相，而開始相信受制的心智活動即是實相。

我們對自己眞實本質的覺知是如此地脆弱、精微和純然，以致於發現到它的那一刻，它就消失了。一旦能意識到當下的自己，或者因自我反映的活動出現而得知當下的狀態，眞正的你或實相便徹底消失了。我們不能說它被遺忘了，因爲它不屬於心智活動的內涵，它只是無法被你覺知或覺知不到了。

心智的發展、認知活動以及種種的作用力都是必要的，但這種發展的方向也會讓我們建立錯誤的覺知，進而把實相的某些面向排除在外，轉而強調其他的面向。這種覺知的方向可以讓我們在世上運作，但也變成了我們唯一能意識到的現實，結果這個整體的一個非常小的部分就被當眞了。這項損失遠遠大於我們所能想像的。

因此我們的心智和人格就這麼發展了出來，繼而完全變成了人格或自我，於是我們開始徹底地活在心智的世界裡。心智創造出了人格，於是我們就成了活在魅影世界裡的鬼魂。與實相相比，這個魅影世界不但幽暗，而且陰濕、陳腐；裡面只有重複再三的思維活動。

心智與人格遮蔽了實相

我們徹底忘卻了實相，而開始不斷地追求受制的頭腦所重視的東西。即使我們稱這些東西為愛、成就或快樂，基本上都是有限的。這所有的目標都是心智製造出來的，它們其實是不存在的，甚至從未存在過。它們只存在於頭腦裡面，而且盡是一些海市蜃樓。我們終其一生都在追求這些東西，然而當我們追到的那一刻，卻發現它們都是幻象，根本無法止飢解渴。我們一旦認為自己已經達成這些虛幻的目標，就會試圖固化它們、支持它們，這意味著強化我們信以為真的陰濕陳腐的世界。實相是無法被認知或想像的，當你認出它的那一刻，你已經把它謀殺掉了，它成了你頭腦裡的概念，一個可以被固化的陳腐概念。心智裡充滿著自己製造出來的東西，不過當然，心智也會跟其他的心智交流互通。你會跟其他人的創造力相互交流，而且一直試圖按照心智的內涵去生活。個人的心智和集體的心智是結合在一起的，但這仍舊是一個幻影般的人生。

你是如此地深信自己的心智活動，以致於把所有的精力都投注其中，直到它變成堅實固著為止。如此一來，我們就把心智的內涵當成了實相，而開始徹底相信自己的思想、信念、概念及夢想。觀察一下你生活的世界以及不斷在追求的事物，還有你喜歡和渴望擁有的東西，你會發現它們都是一些不斷在重複的老舊事物，裡面毫無新意可言。即使是你認為的新東西，也不是鮮活、真實和新穎的。它們都存在於你的頭腦活動裡面，因此你的心智成了一所監獄，而且住在監獄裡的人已經被催眠了。這所監獄的鐵欄杆是那麼地結實，於是你就把這些鐵欄杆當成了追尋的對象。你不斷地支持和強化監獄的鐵欄杆，再也認不清眼前的眞相是什麼，除非你有能力把這些制約全都拋掉，包括過往已經知道的一切——一切你想要或不想要的東西。

拋掉心智裡面的東西，意味著把你對自己、對世界、對好壞的認知全都丟掉，否則你經驗到的都只不過是心智活動的一部分，一些從過往記憶延續下來的老舊事物。所謂的老舊事物指的並不是隨著時間而逝的東西，而是不再成長或發展了。我們年復一年地建構了一些幻影和僵死的概念；裡面絲毫沒有生機。這些東西裡面沒有光——它們是黑暗、陰濕、老舊、沉重以及腐朽的。

活在這樣的世界裡，你一定會感到痛苦，這是因爲我們錯把這個老舊陰暗的世界當成了實相，而且只渴望其中的某些部分。你用一副老舊的身體來對抗另一副老舊的身體，你排斥某個僵固的東西，卻愛上了另一個僵固的東西。如果你渴望某個東西是因爲你以前經驗過它，那麼你渴望的就是一個僵死的東西。如果你認爲某個熟悉的東西可以爲自己帶來快樂，那麼你追求的就是已經死去的東西。你永遠不認識自己眞正想要的那個東西。只有把已知的事物擺脫掉，你想要的東西才會出現。

過往記憶使我們看不清實相

尋找一個你已經知道的東西，是不可能讓實相出現的，因爲所有的已知都屬於過往的記憶，而記憶永遠是缺乏生氣的。即使是回憶起對實相的體悟，也不再是眞正的實相了。由於實相無法被言傳或描述，所以也無法被憶起。實相就是讓所有的概念爆發出來的能源，因此你怎麼可能記得它呢？

你只能學著忘卻一切，把所有已知的、想要的全都忘掉，直到沒有任何心智活動、變成一個新生兒爲止。只有在這個時候，你才看得見當下的實相和自己的眞相。當你發現實相的那一刻，你其實是認不出它來的；那就像是聞過和嚐過滋味，卻說不出那是什麼東西。當你認出實相的那一刻，它已經變成了已知的事物，也就是說我們認識的世界全是過往歷史的延續，是存在於我們心智裡面的東西。

我們無法以新鮮的眼光來看事物，因爲我們總是透過以往的記憶在看一切。譬如我們正在看一張桌子、認識的人、自己、自己的人生或是未來，這時我們並不是以嶄新的視野在看，也不是以開放的心胸在看，而是帶著老舊的回憶、認知、感受及概念在看。因爲我們是透過一層又一層的東西在看實相，所以永遠也看不清楚。

長久下來，老舊的事物就被當成了實相，因此每天早晨你醒來時，看見的全是一些陳舊的東西。但如果對實相有了體悟，早上起來你看到的就不再是以往熟悉的東西了。你一旦學會了觀看、覺知和品嚐，就會發現自己從未眞的認清過眼前事物的眞相，這時我們終於不再是透過心智活動去看世界。但只要一認出某個東西，開始爲它加標籤或定名，實相就不見了。所以，若想洞察實相，必須把一切的已知全部拋掉，並且要解脫掉所有的心智活動。

我指的並不是必須放掉已知的一切，甚至連上街買東西都免了；我指的是要關注如何洞察和覺知到實相。我們目前探索的是實相的本質，而不是對現實生活做出論斷。在日常生活中，你需要心智來分辨到哪家商店能買到合意的東西，但這不代表需要靠這種認知的方式來觀察實相。當你看著一池水的時候，你會看見水面的倒影，你很清楚反映出來的東西並不是眞實的，那只是倒影。你很清楚眞實存在的只是一池水。心智活動也是同一回事：向內觀照時你會看見心智的內容，但你很清楚它們都是一些反映出來的東西；你知道另外還存在著一個實相。然而我們經常忘了那池水，甚至把水面映照出來的東西當眞了，如同我們經常把自己的心智活動當眞，忘了自己最深的實相一樣。

保持純真如新生就能洞穿實相

這就是爲什麼我會強調要變成嬰兒的理由。嬰兒時期你是完全無知的，你根本不知道這個世界發生了什麼，但並不意味你無法思想或遺忘了什麼，而是尚未開始產生認知，沒有任何著染。因此你必須回歸到處子的狀態，也就是不去思想，不認同什麼。凡是能被你認出來的東西，都是老舊的，因此必須像個嬰兒一樣什麼都不知道。不知道自己是誰，不知道眼前有什麼，也不知道眼前的那個人是誰。文法對你來講是沒有意義的，因為你根本沒有主詞，動詞或受詞的概念。你的頭腦裡沒有「你」、「我」、「他」、「她」或「昨日、今日」的概念，你也沒有「好」或「壞」的觀念。你什麼都不要，也沒有什麼都不要的觀念。當你想要某個東西時，你已經產生了認知的活動，也就回到了老舊的模式裡。

因此當你經驗到慾望時，你會發現你渴求的那個東西永遠是老舊的，一種心智裡的老舊記憶。當你感到不滿足的那一刻，你也會發現那仍然是心智的產物。即使在期待的那一刻，你期待的那個東西也是已知的。

像個嬰兒意味著什麼都不知道，甚至不知道自己什麼都不知道。你什麼都不渴望，也不知道自己什麼都不渴望。你不知道該做什麼或不該做什麼。當你知道該做什麼的那一刻，已經有了特定的方向和分別意識：如果你說「我知道該做什麼」，就已經有了明確的選擇。對現實產生認知，知道該怎麼做，渴望從現實之中獲得一些東西或是感到失望——這些全都代表活在老舊的世界裡，這一切都會固化舊有的事物，使它們變得更堅實。如果你能完全放下，讓自己洞穿到最深的實相，就會發現實相是跟處子一般純眞的狀態。

這種如處子般的純眞和細緻狀態，是非常非常脆弱的，只要對它產生一絲一毫的概念，它就不見了。徹底的純眞意味著永遠保持煥然一新的覺知。當下的實相與昨日的記憶毫無關係，若想覺知實相，就必須純眞到一無所知；你不知道實相是什麼，你不知道有這個東西的存在，你徹底處在天眞無知的狀態，一無所知地活著，甚至不知道自己活著。這是一種非常神祕的狀態。它的神祕性不在於深藏不露，而是完全新穎的。它新到即使你看見它，也認不出來，否則必定是個老舊的東西。

繼續覺知實相而不要去認識它，因爲那是一種神祕的未知狀態。由於我們已經相信了那個老舊的世界，所以很怕面對這種完全純眞的狀態。這種純眞的狀態會把活在心智裡面的人嚇個半死，因爲當它顯現出來的時候，就像烈日從烏雲之中出現，立即把整個黑暗世界焚燒掉。說得更精確一點，若想了解或活出那種絕對純眞的境界，就必須放下所有的防衛機制；純眞和防衛性是無法並存的。我們絲毫不想護衛自己的慾望，甚至對自己的觀念也不想捍衛。我們必須是完全柔軟開放的。

直接觀察實相、與實相連結，意味著我們和實相之間沒有任何阻隔。換句話說，我們的心中沒有任何防衛或自保傾向，沒有緩衝的氣墊。那就像是光著屁股坐在冰塊上——這就是直接體驗實相的方式。你不能試圖活在舒適地帶，同時又希望自己契入實相。你必須拋掉所有的支撐，所有能帶來舒適感和熟悉感的概念、感覺及事物。我們都喜歡舒服溫暖的東西，因爲它們能夠讓老舊的回憶固化。舒適感能固化我們熟悉的東西，而我們熟悉的東西全屬於老舊的世界。若想契入純眞的實相，必須脫光衣服，赤裸裸地讓肌膚接觸冰塊。那冰塊和皮膚接觸的速度會快到讓你認不出來。它是那麼清涼而新鮮，以至於你不能用任何方式操控它，也不能用任何手段掌握它，如果有明確的方向，那個方向就是老舊的心智產物。任何行動都是源自於老舊的概念，而且會固化那些老舊的記憶。直接契入實相是需要徹底赤裸的，心裡不能有任何支撐，因爲能夠支撐自己的一定是老舊的東西。

天真無知，無所依靠的意識狀態

徹底純眞意味著徹底無知，如同從未學過任何東西一樣。這不是一種意識狀態，因爲腦細胞裡沒有任何知識，也沒有思想，沒有任何念頭。一陣涼風吹拂過你的腦細胞，把它們徹底淨化了，於是變成了無念狀態；一種心智尚未開始活動的狀態，在認知之前的意識狀態。你必須回歸到無知以及徹底地無所依恃；但這並不是眞的無助。因爲你根本沒有要做什麼或不做什麼的感覺。你還未生起任何造作的念頭。你的心也沒有投射到未來，或是覺得未來必須做些什麼。你的心是完全安住的，它安住的程度可以徹底到沒有任何安住於當下的感覺。那一刻你的心中沒有一絲一毫的時間概念。

現在我們應該已經明白一開始提到的那個重大的誤謬——錯把實相的倒影當成了實相。你看見的世界其實是水面的倒影。你想把倒影固化，以便見到實相，這麼一來就更見不到實相了。實相和將要發生或已經發生的事都無關；因此連「發生」這件事都沒意義。我們的確有可能不帶著任何思想和概念來覺知實相。凡是實相之外的東西，全是一些老舊的概念和意像。

或許你還記得童年時每件事都顯得很新奇，每件事都能讓你開懷或興奮不已。小時候你到哪裡都覺得很興奮、很新鮮，因此你可能還殘留著一些對那份新鮮感的記憶。你必須把天眞無知、徹底無所依恃、完全沒有防衛性的狀態活出來。換句話說，你必須完全柔軟開放，心中有一種什麼事都沒發生過的新鮮感。你眞正的本質是極爲有原創性的實相——它永遠不會遭到破壞。

你變成了一扇觀賞日出的窗戶。那種意識狀態就像黎明一般，這才是我們的本來面目、原初的實相。如果我們不能變得徹底柔軟開放、毫無防衛性、不帶任何概念或成見，甚至沒有任何意識活動，就無法睜眼逼視那徹底新鮮原創的實相——無論處在何地，看見了什麼，全都帶著一種狂放而無法控制的爆發性能量。每一剎那都像宇宙大爆炸似的，沒有任何東西是成形的。

你那原始而純眞的本來面目，是一種不斷爆發出來的新鮮感，一種永遠處於未知的天眞狀態，裡面是沒有任何時間性的。時間是心智活動的一部分，你必須有思想，才會有時間感，但那天眞的本質是在時間之前的一種東西。這就是我會稱之爲大爆炸的理由。它只是不斷地爆發著，你甚至沒時間領會眼前發生了什麼。當這種爆發性的狀態出現時，你的心尚未準備要提出任何質疑，這才是我們眞正的本質，一種永遠煥然一新的境界。

實相不但是我們的本質，而且一直都在那裡。就因爲它一直存在著，我們才看得見它。你既然能發現世界是個倒影，就有機會讓新鮮的實相穿透過來，然後整個世界就會變得輕鬆、新鮮、透明而清涼。那時你就能以煥然一新的視野去看萬物了。那時如果你看著桌子，並不知道那是一張桌子；你還不知道有所謂桌子這個東西。如果你看著某個人，也可能不知道該說些什麼，因爲你已經啞然失聲，充滿著敬畏之情。

了悟是一個不斷敞開和質疑的過程

我說這些話的目的只是爲了提供一些線索，讓大家明白自我了悟可以深到什麼程度。嚐到了內在工作的某些滋味，就會了解前面的路是什麼樣子，而不會誤以爲自己已經知道未來將要發生什麼，也不會再去追求那些已知的東西，或按照規劃好的方向去發展。這才是知識眞正的妙用。眞正的知識不是累積起來的東西，當眞知出現時，它或許能爲你解惑，但同時也會打開數千種的可能性。自我了悟是一個不斷敞開和不斷質疑的過程，因此當你擁有徹底的眞知時，你會發現那其實是一種無盡的大疑狀態。你會發現你什麼也不知道；你只是不斷地從眼前的實相出發。

知識並不是一種對事物的結論，心智眞正的作用不是下結論，眞正的知識也不是做總結，而是要開啓探索的可能性。在一個僵固的世界裡，我們總希望藉由知識來止息心中的疑問。我們希望自己的疑問能一勞永逸地獲得解答；我們不想再有任何問題。但眞正的知識卻會帶來更多的探索，它會揭露更多你所不知道的東西。當你有某種發現時，下一個洞見又產生了，那一刻你才察覺自己所知甚微。這種情況其實應該一直持續下去——發現自己所知甚微，直到最後發現自己一無所知爲止。當你最後發現自己一無所知的時候，就變得天眞純潔了。

眞正的知識不會提供我們慰藉，事實上它會幫助我們不再需要慰藉。它也不會讓我們變得更安全、更舒適；它反而會讓我們更不安全。眞正的知識會讓我們愈來愈站不穩，因爲我們站立的那個地面根本是虛假的。從老舊世界的角度來看，這樣的內在工作實在太不容易，甚至是恐怖的。由於我們是從心智的角度來看內在工作，所以它幾乎是一項不可能的任務。但由於實相一直都在那裡，所以仍然有可能達成，但不代表這個可能性只是一種概念。因爲實相一直都在那裡，所以我們才可能覺知到它。

但怎樣才能一無所知呢？這似乎是非常恐怖又不可能達成的事，我們怎麼可能一無所知，不管自己，甚至不去假設自己存不存在？我們怎麼可能不假定自己是或不是個人？我們怎麼可能不假定這是或不是我的身體？我們怎麼可能不假定還有其他人的存在，或者有善惡的存在？因此不假定似乎是很恐怖的事。其實所有的假設都代表我們自認爲已經知道了一些事。這些假設都是一些陰暗的東西；它們都是遮蔽住新鮮實相的陳腐之物。實相是不能藉由心智活動來達成的，心智活動必須解除和減弱才行，因爲實相就像金剛鑽一般會放出璀璨明澈的光芒，它是不容許任何形式的慰藉或舒適感的。在實相之光的照射之下，所有的塵埃以及角落裡的東西都會曝光。我們的內在工作會透過揭露眞相，來幫助我們了悟自己的天眞本質，而這份本質是無法被認知的。

眞正的探索之道一定會帶來洞見和放下的能力。每一個被你看見的東西，你都要去了解、認清，然後徹底放下它。但這還不是旅程的終點，其實眞正能讓我們直接洞察實相的旅程，是哪兒也不去的；我們只是不斷地穿透到當下的實相。那就像是原地跑步，但這種跑步的方式會逐漸呑吃掉黑暗的部分。這整個過程就是在了解自己，因此我們哪兒也沒去。當你在了解自己的時候並不想達成什麼；你只是在洞察罷了。

徹底擁有，才能放下

學生：你剛才提到放下防衛性是多麼恐怖的事。這使我想起了馬斯洛的《存在心理學》（*Toward a Psychology of Being*）所提到的需求理論。他談到一個人只有發展出了強而有力的人格之後，才能真的自我實現，而這是必須在成長的歷程裡有過被愛經驗才辦得到的。我在想，如果一個人從未得到父母的關愛，似乎很難放下對愛的需求，所以是否該先發展出某種程度的內在力量，才能放下對愛的需求？我們似乎得同時進行兩件事：一是發展出健全的自我，另一個是要放下自我。這似乎是相互矛盾的兩種方向。

阿瑪斯：看起來的確很矛盾。沒錯，人必須先進行各個面向的發展，但這種發展其實是在原地跑步；我們自以為已經達成了什麼，獲得了一些東西等等。雖然我們必須發展不同的面向以滿足各式各樣的需求，但如果能在更大的宏觀視野下完成，就比較不浪費時間，也比較有效率。一個從未感受過愛的人，的確很難放下對愛的需求，而一個體驗過愛的人，則比較容易放下對愛的需求。

如果一個人已經徹底認識了愛，而且體現了愛，接下來的步驟就是要放下它。這是很自然的發展過程。同樣地，各種層次的自我了悟，也就是一種實現腦中理想的過程。你會去實現愛，實現快樂，達成一些成就等等。每當你徹底實現了某件事的時候，就會發現那只不過是腦子裡的一個想法被完成了，但在這之前是不會有這種體認的；只有當你徹底擁有某樣東西時，才會發現那只是一種想法被完成了。一旦發現那只是個想法罷了，噗！它瞬間就消失了。接下來你又有了一個新的想法，於是又會去實現它。當你徹底擁有它的那一刻，它就像幻象一樣，突然消失了。因此你對愛的需求一旦消失，自然會成為愛的泉源，甚至連想都不用想就可以將它展現出來。

人既要發展自我，也要解脫自我。發展或實現自我，就是一種超越自我的活動；它們是同一件事。你必須先實現自我，才能超越自我。舉個例子，當你發現你就是眞我時，也會在那一瞬間超越你的眞我，因爲已經擁有了它，就不再需要它了。這便是馬斯洛的需求理論——當你還未擁有某個東西時，自然會渴望或是去追求它，但徹底獲得它的那一刻，就不再需要它了。其實說你不再需要它是不正確的；你會覺得它不再那麼重要了。你發現那只不過是頭腦裡的一種想法罷了。

這整個滿足需求的過程，跟解脫自我的過程是相同的。從表面上看來，它們好像有矛盾，其實是同一回事。假如我說你必須放下心中的慾望，那麼你該怎麼辦？你不會只是在嘴上說說就算了，你會去實現這些慾望，徹底了解它們，然後放下它們。以我看來，除了徹底滿足慾望之外，沒有其他更好的方法了。完整的自我了解和自我實現會帶來超越自我的機會，讓我們更能意識到存在本身。你必須徹底擁有自我之後，才能放下自我；你必須徹底擁有意志力，才能放下意志力。你無法在欠缺愛的情況之下放下愛。這便是洞察和自我揭露的整個過程。如果你記得自我實現同時也是一種失去，一種超越，就不會那麼痛苦和受挫了。認爲自己必須實現了愛之後才能擁有愛，必須實現了自我之後才能擁有自我，必須實現了慾望之後才能擁有快樂，就會在過程中感到失望。在實現某個願望的那一刻，你已經失去了它，這便是實相在我們身上開的一個大玩笑。我們渴望它，必須擁有它，但是當我們得到的那一刻，它已經消失了，這樣才能預留空間來揭露更深的實相。如果不知道實相會以這種方式發生，便可能對上帝憤怒和失望，「這太不公平了！我已經努力了這麼多年，最後終於感受到快樂，但它卻不見了？」如果我們知道這是成長最自然的過程，如同果子從花裡面長出來一樣，就不會對失去花而感到失望、憤怒或受傷了。

把花放掉，才能擁有果實；你必須脫離自我實現的繁花，才能擁有實相這個鮮果。如果能從實相的角度來看世界，才能了解破幻的必要性，但如果從世俗的角度來看，卻會因爲得失之心而無法認清實相。從無心的角度來看世界，才能認淸既無得也無失；我們只是不斷地發現自己的眞相罷了。發現和穿透自己的過程，乃是要變得愈來愈赤裸，直到光著屁股坐在冰塊上爲止。然後你就會直接受到實相的刺激——不是經由頭腦，而是經由你的屁股。只要你是透過頭腦在認識實相，就必定是老舊的概念，但是光著屁股坐在冰塊上面，卻會體認到沁骨的寒意。那時你就不再向後看，也不再自我反映了。

放下心智活動意味著失去內在的方向。這代表徹底迷失方向。你根本不知道發生了什麼，也不知道該發生什麼，更不會去設想將要發生什麼。你不知道自己該做什麼或怎麼去做，你只是完全接受那種迷失的狀態。如果你的心中有任何方向或偏好，便仍然停留在心智的次元裡，而那絕不是一種天眞的狀態。天眞的意思就是什麼都不知道；你是完全敞開的。這時任何事都尙未發生。

緊抓概念和記憶是一種心理上的貪圖舒服

學生：如果發現自己一直偏好舒適老舊的事物，而且一直重覆著這個模式……

阿瑪斯：那也沒什麼關係，你只是毫無新意罷了，而且事情會變得愈來愈沉悶陰暗。這種狀態雖然很舒服，卻塞滿了東西，而且愈來愈不新鮮、不光明。我指的並不是不能過舒服日子，或者選擇舒服的生活是錯的。我指的是若想洞察實相，就必須把貪圖舒服的慾望放掉。身體上的舒服是必要的，因此我指的其實是心理上貪圖舒服——擁有一堆概念和已知的記憶。這才是我們最大、最舒服的毯子。

學生：我想到的是不敢冒險，選擇比較令人舒服……

阿瑪斯：這也是其中的一種傾向。放掉慰藉指的是去冒險、允許自己活在冰冷的世界裡，也允許自己迷失方向。所以一開始也許必須放下身體上的慰藉，讓自己對慰藉和享受的需求降到最低，同時也要減低對愛、陪伴以及娛樂的需求。每一種傾向都要減輕，但不需要徹底放棄，而是要達成一種平衡——不過度。不過度意味著不對事物產生執著，雖然你很喜歡做某些事，卻不執著於它們。你可以過得很舒服，但不會覺得少了一些東西會死掉。衝動和執著代表心中有偏好，而且是活在舊有的次元理，這就是爲什麼有些修行途徑主張以很實際的方式來轉化自己，或者主張必須保持平衡、生活不過度，才能覓得實相。這意味著既不執著，也不對抗。

尋求娛樂沒什麼問題，但不需要把它們看得那麼重要。吃東西或運動也都不該過度或執著。有伴侶也是件好事，可是不需要永遠黏在一起。獨處也是件好事，只是不能永遠如此。能夠達成平衡，心就會自由，這樣你就不會執著於特定的方向，而能夠在許多事物之中出入自如。這就是不執著，也就是能從概念和分別意識之中脫離了出來。

學生：我似乎有過你所說的這種經驗。一方面我有一種什麼都不存在的感覺，另一方面人格的某些不舒服的部分，仍然以極端的方式顯現出來，同時還有一種恐慌感——那是在得到了某些自認為渴望但並不真的渴望的境界之後，出現的一種感覺。我覺得我對這點有許多衝突。我的反應是我只想對抗我的慾望，把它們全都拋到一旁，但同時我又覺得另一邊只是一片空洞或死寂。我並不是真的有什麼問題，而是想知道該怎麼辦？

阿瑪斯：所以你有一股慾望，這股慾望一直想冒出來，你不知道該怎麼辦。這時你不能排除那股慾望，因為你的需求有一天遲早會冒出來，而且當你洞穿到實相的時候，你會發現所有埋藏在裡面的東西都會強而有力地冒出來。它們如果沒有被轉化，就會以各式各樣的心理議題、恐懼和困難顯現出來。這是很正常的事，每當你揭露了一個經驗之後，就會產生某種困難的心理議題和難以處理的感受。這意味著在那個層面的實相之上，還有一些東西必須清理、了解和穿透。同時你的人格仍然會去做自己想做的事，即使有某些問題已經被了解或減輕了。你唯一能做的就是隨它去——讓人格自己做主，讓心智隨其所欲，但是要知道它們並不是眞正的你。那就像是在看著一個孩子做自己想做的事；你可能會制止他做某些事，但如果他堅決要做，你也只好隨他去了。你只好任由他滿足自己的慾望，隨他怎麼想，怎麼感覺。你只是在一旁看著他，因爲你不是他。

學生：那種恐慌感是那麼地真實，我根本無法不認同它。

阿瑪斯：你不需要不認同它，讓它自己做主就好了。你無法不認同它，因爲你和它不是分開的。如果你不存在，恐慌就不見了。其實恐慌就是你的自我形象的產物。感到恐慌意味著你已經失去了虛假的支撐。你開始發現過往當眞的現實都不是眞的。你一發現它不是眞的，地基便開始動搖。到了某個時刻，地基甚至會消失，那時你可能覺得自己快要摔倒了，或者發現根本沒有一個東西可以摔倒。但如果把自己的人格當眞了，就可能經驗到摔倒的過程。如果你了悟到人格並不是你，便可能成爲空無本身。這所有的事件都是在心智次元發生的。

純真的實相，如日光烈焰活化萬物

學生：我的頭腦有一種不斷追尋的傾向，它很想知道另外一種狀態是什麼。我很清楚它根本不理解這是怎麼一回事。

阿瑪斯：那就讓它去追尋吧。看看你的心從早到晚是怎麼在追尋的。你是沒辦法制止它的，所以就隨它去吧。追尋意味著朝某個特定的方向前進，或是朝著自己想得到的那個東西去發展。然而你所渴望的每樣東西都是你心智的一部分。如果你尋找的是空無，空無也會變成你心智的一部分。實相既不是空，也不是有，它是在空和有之前的一種狀態，不過你還是可能體驗到空。這是心智比較深的層面，穿越這些層面是好事。

永遠不要讓自己覺得已經有了某種體證。當你感覺自己已經成就的那一刻，要更深地穿透它，直到你不在乎自己是否有成就爲止。然後你就會眞的體悟到一些東西，但是你並不認爲自己達成了什麼；你什麼都不太在意。你絲毫不關注自己是否已經有了體悟。這意味著心終於安靜了。只要你還在意自己是否有了體悟，就尚未見到實相。或許你眞的有一些體悟，但除非回歸到嬰兒一般的天眞狀態——完全不知道什麼是實相或開悟，否則很難有最完整的徹悟。天眞是在心智活動之前的一種狀態。

學生：聽起來我們好像在解剖屍體。

阿瑪斯：解剖屍體，聽起來很有趣的一個概念。你眞的沒法想像這個世界有多麼死氣沉沉。它看上去很活潑，裡面有各式各樣的東西，但是當你對實相有了一絲的瞥見，就會覺得「天哪，這個陳腐的世界實在太臭了。」世界就像你屋子裡的某個角落，它已經有一百萬年沒曬到太陽了。當純眞的實相出現時，就像陽光照入屋內似的，突然一切事物都變得鮮活起來。

〔第九章〕

當下的創造力

成為你自己意味著安住於當下，創造則意味著活在當下。你愈是能成為自己，就愈能自在地展現創意，然後自我了悟和人生的歷程便成了創造力的展現。

從內在工作的三個層次來看創造力

我們見到的每樣東西、每個思想，我們去到的每個地方，都有一些新的東西被創造出來，而我們可以從內在工作的三個層次來看創造力這件事。第一個層次是你活在世間，而且是屬於它的；第二個層次是你活在世間，但不屬於它；第三個層次是，你就是世界的一部分，但又不屬於它。第一個層次抱持的是傳統觀點。大部分的人都覺得自己是活在世間，而且是屬於它的，但這個層次的創造力是怎麼展現的呢？這個層次的創造力通常是做出一些新的東西來，包括在概念或產品上的創新，譬如前人從未做出的繪畫、雕塑、設計、詩或音樂等等。從這個角度來看，你的作品愈是與衆不同、愈是古怪，就愈有創意。許多藝術家都屬於這一類型。在藝術領域裡，藝術家展現的往往是潛意識裡的東西。有些潛意識裡的東西你察覺不到，於是就藉由藝術行爲將其展現出來。創造力會藉由某種藝術產品，將潛意識裡的東西帶出來。從某種角度來看這是好的，因爲這會讓你看見和表達潛意識裡的東西。

第二個層次跟存在於世間，但不屬於它有關。這個層次的創造力要展現的是你不屬於世間的那個部分，這意味著你要展現的是眞正的你，那個不受世俗侷限的你。如果你是一個已經自我了悟的人，那麼隨時隨刻你都處在創造的過程裡。你會不斷地把眞我活出來，而這便是一種創造的行動，因爲眞正的你永遠是煥然一新的（不必然是不同的）。你也許只是在喝茶，但你喝茶的過程是極有創意的，就像首次品茶一樣，感覺上既新鮮又純粹；這裡面就帶有一種創意。或者早上起來你想爲自己煎個蛋，由於你是活在最眞實的狀態裡，因此你煎蛋的方式既合乎藝術又有創意；你煎蛋的時候是細膩、精準而優雅的。你能細膩地覺知眼前的一切。因此，成爲你自己意味著安住於當下，創造則意味著活在當下。你愈是能成爲自己，就愈能自在地展現創意，然後自我了悟和人生的歷程，便成了一種創造力的展現過程。

處在第三個層次裡，你已經是世間的一部分，但又不屬於它。這時你的創造力會表現在你所看見的一切事物上面，那就像是在做夢一般。這場夢完全是由你創造出來的。你創造出了整個世界；你看到的一切事物都處在創造與顯化的過程中。這是一種完全與外境合一的狀態，你看見的一切事物都是在每個當下被你創造出來的。所有的人、房子、地板、光、植物都不再是老舊的產物；它們是在眼前這一刻不斷被創造出來的。世界不再是老舊歷史的產物，你也不再是過往歷史的產物。你一向以爲自己是很早以前誕生出來的一個人，現在已經長大成人，某種程度上這是眞的，但此刻的你又是從哪兒來的呢？此刻你並沒有從你母親的子宮裡誕生出來啊，所以此刻的你是從哪兒來的？若想知道答案是什麼，你就必須參與這整個創生的過程，而且要明瞭創造是什麼。這才是最偉大的藝術作品，最偉大的創造力。

眼前這一刻你完全不知道自己是從哪兒顯化出來的，但你就是存在於這裡。忘掉過去，不要去思考時間，你考量的只有當下這一刻。問問自己是怎麼顯化出來的，別人又是怎麼顯化在你眼前的。每一刻你都在進行著神奇的創造活動，這個創造活動涵蓋了萬事萬物。你經驗的每一樣事物都含有創造性。

萬事萬物都在此刻被創造出來

如果從這個角度來看世界，每一刻都是煥然一新的，每一樣東西都是創新的。不只是我們所謂的本體面向，即使是物質次元，也是在當下從「無」處顯化出來的。如果你能忘掉時間，就會看見這個眞相。如果你不從時間的角度去思考，改爲從當下的角度來看眼前的情況，就會發現它的神奇之處。然而到底是什麼東西讓人、事物、天空、風和樹等等，在我們眼前顯化出來，這眞是一個奇蹟。這件事一直在發生，但我們總認爲事情是從過去延續到眼前的。我們深信自己來自於過去，而且已經說服了自己的頭腦。我們認爲自己誕生以前曾經是個胎兒，然後逐漸長大成人，有一大堆的生命歷史。我們認爲這就是事物顯現的方式，但這是不正確的，因爲過去的一切已經不存在了。它已經不在這裡了，在這裡的只有當下，因此你看見的一切應該是從當下產生的。

思考一下你的源頭，你是怎麼在當下這一刻顯化出來的？這一刻你正從某處被創造出來，你的背後有個能源，你能認清這一點嗎？然而萬物的能源到底是什麼？萬物最終極的本質。你一旦了悟到過去是不存在的，就會覺得這個源頭的說法很合理；過去怎麼可能創造出當下的一切呢？過去的一切已經徹底消失了。從邏輯上來看，過往的一切全都消失了，所以它不可能創造出你眼前看到的一切。當下有個東西正在創造出你所看見的一切。這個當下生起的活動便是創造，從這個角度來看，萬事萬物之中都富有創造性。萬事萬物都處在不斷創造的過程裡，它們每一刻都在被創造中。

你此刻正在被創造出來；每一樣事物皆是如此。我們被誘導成深信自己是父母生出來的，而且有童年的歷史和經驗。我們的心相信了這個故事，於是就不再直接觀察創造的源頭了。我們的心認定事物就是從過去延續下來的，但這並不是一個合邏輯的想法，因爲過去已經不存在了。當下這一刻你並沒有被父母生出來，你是從某個東西之中顯化出來的。讓你存在的不可能是一個已經不存在的東西。

如果你發現了此刻讓你顯化出來的那個源頭，你就會認識自己和萬物眞正的本質。一旦了悟到這一點，你就能認淸自己並不是活在這個世界之中。如果你發現你眞正的本質不斷地創造出你所見到的一切，那麼你就會明白這一切事物都在你的裡面，而不是在外面。這個創造的過程是很平常而明顯的，並沒有什麼特殊之處，它隨時隨刻都在發生，而且是發生在每個人和每件事物上面。你看不到這一點，是因爲你已經習慣於相信自己是個延續不斷的肉身存有。

如果你能夠在世間與眞我合一，那麼第二和第三層次的創造力就沒什麼不同了，不過經驗起來前者還是比較有限一些。處在第三個層次，你會把自己體認成世界的一部分，而且你是眞實的，眼前的現實也是在當下被創造出來的。眼前的現實是從終極實相誕生出來的。

探索過往的歷史，有助於自我修持

學生：那我們為什麼還要探索過往心理議題的肇因呢？

阿瑪斯：我們不一定非得這麼做不可。如果你把自己當成一個單獨存在的個體，完全擁有自己的心智和意志力，就很難從當下的角度來看事情。對一個單獨存在的個體而言，從時間的角度來看事情是比較容易的，也比較容易利用時間來擺脫時間。把自己看成和其他人一樣的人，確實比較容易面對，雖然這絕不是最終的實相。從終極的角度來看，你會發現你的人格也是源自於時間，以及童年曾經發生過的故事。裡面有心理的肇因，也有現象界的肇因。了解心理動力的肇因是需要時間的。

現象界的肇因就是當下正在發生的事。大部份的靈性教誨都不談論心理動力的肇因；它們只是從當下的觀察來運作。從我們的經驗來看，這樣的做法並不十分有效，尤其是西方人很難跟這種方式連結：他們不認爲這種做法很合理。西方的學生需要探索許多事情，並且要揭露他們認定的自己。藉由一點一滴地揭露過往的歷史，你就會逐漸明白自以爲的你，但最後你會發現，當下看見的自己就是所有的眞相了。因此回顧過往的歷史不是絕對必要的。有許多人可以不回顧過去而達到內在工作的效果，但是運用過往的歷史來修行是非常有效的方式，雖然最終看來仍然是幻覺的一部分。任何一種方法都是幻象，不過某些方法確實比其他的更有用一些。只要你一造作，就會認爲自己是單獨存在的個體；這時你就是在幻象之中運作，而且會把心理動力活動帶進來。如此一來你就會質疑爲什麼會以此種方式看待自己？藉由探索過去來揭露潛意識的問題，往往會發現一些信念、恐懼和衝突，以及這些東西如何製造出了單獨存在的感覺。如果你不再運用意志力，而且去除了單獨存在的感覺，自我中心的活動就會愈來愈減輕，然後你就有可能放下疆界感了。

〔第十章〕

兩種動機

錯把表相當成實相，就像是把衣服當成了自己一樣。如果你把衣服當成了自己，就很難再換別件衣服了。這聽起來似乎很荒謬，其實把表相當成實相才是最荒謬的事。

我們今天要探討的觀點，將有助於在內在工作的過程裡對自己仁慈一點。內在工作的確不易，事實上它是極爲困難的，比你所了解的要困難得多。

進行內在工作的兩種動機

人們進行內在工作通常有兩種動機，一是覺知到人生的苦，因此想要解脫痛苦，這種動機是源自於慈悲。另一種動機則是想知道眞相是什麼，譬如當下正在發生的眞相是什麼？我們內在的眞相是什麼？實相又是什麼？這種動機是源自於愛。

前面的那種動機是渴望解脫；後面的動機則是想知道眞相是什麼。其實這兩種動機是無法分開的，因爲在某種程度上它們達成的是同一種境界，所以最好兩種動機都兼具。渴望從痛苦之中解脫出來不但是慈悲心的表現，裡面也有愛的動機。你想解脫痛苦是因爲你愛自己，而這份愛是以對自己仁慈的方式呈現出來的。身爲一名內在工作的學生，你自始自終都需要愛和仁慈，因爲內在工作非常艱難，幾乎是不可能達成的任務，所以不要難爲自己。你必須培養耐性，不去論斷或批判自已，尤其是在不滿意自己的表現時。你既不能太樂觀，也不能太悲觀；太樂觀會製造許多失望，太悲觀則會製造過於沉重的心態，因此平衡才是最佳的方式。

如果進行了內在工作一天或一週之後，就立刻批判自己，「我一點也沒改變。我已經靜坐兩個月了，結果什麼事也沒發生。」這種態度是對自己不夠友善，不夠仁慈，因爲你沒有把內在工作的本質考量進來。在自我改變和改善上面，你必須把時間的範圍拉大到好幾年才行，因爲根本上的改變不可能在短時間內出現。暫時或表面的改變會在短時間內發生，但眞實和根本的改變需要多年的時間才能達成，而且這種改變是不會消失的。

回想一下三年前你是什麼模樣，就能看見自己的改變了；這可能帶給你一些鼓舞。從短期來看你會有許多起伏，譬如可能面臨內心的坑洞長達好幾個禮拜、甚至好幾個月的時間，因此內在工作是必須對自己仁慈和友善的。你應該鼓舞自己而不是洩自己的氣，其中的耐性是最重要的部分。你要一邊進行內在工作，一邊享受人生，不能只是一味地朝著某個目標前進，而把現實生活忘了。

內在工作也不是你在工作坊裡或研討會上學到的東西；它不是只進行一兩年就了結的事。如果以這種方式看待它，就是不了解這項使命的本質。這項使命不是要達成特定的目標、狀態或境界，它主要的目的是要我們長大成人，實現潛能。認爲上了一次週末工作坊就能實現潛能，或者因未實現潛能而責難自己，都是徒勞無益的態度。

今天我們要探討的是內在工作爲何如此困難，從探討中獲得的了解也許可以說服你對自己更慈悲、更有耐性一點。其中的困難源自於一個事實，那就是實相或眞相似乎有兩種。第一種眞相是所謂的表相，第二種則是根本實相。表相是我們一向覺知和看到的現象。每一樣能感知到的事物都屬於表相。和根本實相比較起來，顯然表相只是事物的表面狀態而非眞實狀態。我們必須深刻地了解表面的事物——每個人、每樣東西以及整體宇宙——都不是根本實相。

誤以為自己是蚊子的大象

如果你把表面的狀態當成了實相，勢必會產生痛苦、無明和幻覺。舉個例子，如果一頭大象把自己當成了蚊子，你可以想像這頭大象會爲自己帶來多大的麻煩嗎！事情可能比你想像的更糟，因爲牠可能吃錯食物而一直處在飢餓狀態，或者因做錯事而一直無法感到滿足。這頭大象會因此而求助於心理治療師、做身體上的治療、找精神分析專家等等。大象一直以蚊子的意識在經驗自己，但是把自己當成蚊子，顯然是無法生效的做法。或者牠試盡了各種心理治療之後，發現可能得去靈修、弄清楚自己究竟是誰。牠想要和蚊子的本體有所連結。

以下是大部分人抱持的信念：我要下工夫去找尋眞正的我，然後就能變成一隻美麗、快樂又多采多姿的蚊子。如果「這隻蚊子」找到了一位眞師，牠可能開始看見一些眞相；牠突然發現自己有對巨大的耳朵，還有一條長鼻子。牠發現眞正的問題並不在於接受心理治療或做些小小的改變，也不在於得到自己想要的東西，或能否找到一位靈魂伴侶。牠發現眞正的問題是沒弄清楚自己是誰。接下來的情況可能更令人困惑，因爲另一頭大象也把自己當成了蚊子。這兩頭把自己當成蚊子的大象閱讀了所有的自救書籍，故而對蚊子有了許多了解，但仍然無法變成快樂成功的蚊子。

這使得我們對心理問題有了深一層的認識。我們終於知道自己爲何有這麼多的不滿足和痛苦，內在工作爲何如此不易。我們一向以爲只要開始進行內在工作，就能發現內心裡有個好人，繼而變成一個有效率又成功的人；我們以爲這樣就能獲得解脫。如果情況眞是如此，那麼心理治療應該更有效一些，而內在工作也應該更容易達成才對。

如同我們所了解的，內在工作的最終目的並不是要解除一般的情緒問題，如果把這個當成是內在工作的重點，就等於在企圖解決蚊子的問題。其實最根本的問題是出在這隻蚊子的身分認同上面。除非這隻蚊子體認到自己其實是頭大象，否則牠的問題勢必一直延續下去。

除非這些基本問題得到了解決，否則我們會一直出現情緒困擾。所有的情緒困擾、精神痛苦，都出自於錯把表相當成了實相。情緒困擾和心理議題都需要被探索、理解和轉化，才有機會進入更根本的內在工作，也就是去發現實相是什麼。如果不先解決情緒困擾，你的心會一直被它們佔據。你的心理重擔必須先卸除掉，才會願意看得更深一點。

因此我們必須記住，解決情緒困擾或生命的困境並不是內在工作的重點。我們參與小組聚會時經常把這類事拿出來探討；它們會在過程中出現，於是你就以爲這是必須下工夫的部分。你以爲必須解決伴侶、工作以及內在批判者之間的問題，其實這只是內在工作一開始要進行的部分；接下來我們還要朝著更深的次元去探索。一開始處理情緒層面的問題，是因爲心智的內涵比較容易覺知到。鑽石途徑會利用這些情緒困擾做爲深入探索實相的踏腳石。我們會試著去了解或解讀它們，以便擺脫掉它們，但眞正的重點並不在於此；重點是我們必須看得更深一點。

別錯把表相當實相了！

我們會藉著表面的問題讓自己深入，這就是鑽石途徑和其他靈修途徑不同之處。有的方法試圖直接探入實相，將你推往彼岸，但鑽石途徑運用的是一種系統式的教導方法——從表層問題著手進入更根本的實相。這樣的途徑對目前的美國文化特別有效，但一直停留在這個層次的話，心理議題和情緒困擾是不會消失的，因爲根本的問題出在身分認同上面。我們都有一種既定的觀察現實的方式，而且永遠是一頭把自己當成蚊子的大象，這才是問題所在。蚊子一直認爲自己缺乏食物、合適的伴侶，或是還未找到適合的工作，但除非牠發現自己是頭大象，否則不可能知道什麼工作才是適合牠的。在牠尚未發現自己是大象之前，很可能一直想找份和飛行有關的工作呢！

到現在爲止我還沒談到根本實相與表相之間的關係，而且也不打算告訴你們根本實相是什麼，因爲要描述它太困難了。我們現在最需要記住的是，我們看見的一切都不是事物的眞相；我們錯把眼前的自己和世界當成了最深的實相。然而我們的認識並非全錯，只是沒看到全貌罷了。

錯把表相當成實相，就像是把衣服當成了自己一樣。如果你把衣服當成了自己，就很難再換別件衣服了。這聽起來似乎很荒謬，其實把表相當成實相才是最荒謬的事。

大部分的人遭受到的痛苦，基本上都是源自於錯誤的認知和觀點。你痛苦並不是因爲母親不愛你，也不是因爲父親總是懲罰你，或者小時候被親人拋棄了等等。你的痛苦是源自於更深的東西；由於錯把表相當成了實相，所以痛苦才一直延續下去。由於誤認爲自己曾經是個小孩，現在是個成年人，而且有特定的名字、工作等等，所以你的痛苦才一直延續下去。因爲你把心目中的自己當眞了，過往的歷史就會影響你的情緒。一旦認同自己是父母生下來的小孩，便已經確立了自我的人格；這是很難再改變的一個結構。只有擺脫掉過往的歷史，才可能不被人格約束；你必須以更超越的視野來看事物。在內在工作裡，我們會盡量幫助你探索童年，使你明白童年如何確立了你的人格。這麼做可以幫助我們放鬆人格或事物的表相帶來的制約，使我們不再受其控制。你愈是能放鬆這些制約，就愈能輕鬆地存在著。能夠以輕鬆的方式去做眼前的事，就有可能看見事物的實相。

表相世界對每個人而言都有不同的模式或滋味。回顧一下你的人生，你會發現自己雖然有了許多改變，但仍舊有些習性是重複再三的；某些思想和偏好一直持續著。你總是依照特定的軌道在活，而且受制於過往的歷史，除非這個軌道的基礎消失了，否則人格是不會眞的改變的。這個基礎就是錯把表相當成了實相；這份信念才是人格所有問題的根源。

只有深睡時你才不會堅信你所認爲的自我。這份信念有許多層次，在心理的層次上，不論你是在跟誰說話，其實你都把對方當成了母親。這種移情作用是扭曲的；它並不是眞相。即使你看透了這種移情作用，也還是可能做出另一個不屬實的假定：你會假定另一個人眞的是個人。你認爲自己是個人，這是一張椅子，那是一塊地毯。你從不質疑這些東西，而且認爲這就是眞相，然而它們都只是事物的表相罷了。房子對你來說就是一棟房子，你自己則是一個有感受、有活力的人，而且正在跟另一個有感受、有歷史的人說話。有時你也把自己看成是對本體有所了悟的人，但這些都只是表面的現實，可是大部分的人都被它說服了。

但如果這些表相並不是眞的呢？大象不但認爲自己是隻蚊子，還認爲自己能夠在空中飛來飛去。如果有一天牠醒了過來，卻發現自己是站在地面上？因此我們必須愈來愈清楚自己的問題：我們不但認不出自己的眞相，也看不見外在環境的眞相。

排除一切表相，剩下的就是實相

你必須覺察自己已經是個成年人了。這的確是我們需要處理的心理問題，因爲人們的想法和感受就像小孩一樣，譬如害怕被拒絕等等。如果在這方面下點工夫去探索，就會發現自己已經是個成年人，然後這些模式就會逐漸消褪；我們會意識到更根本的一種錯覺。這個令我們信以爲眞的人格，也可能不是眞實的。這是一種全球性的制約，你與生俱來的一部分，而這個令你深信不疑的部分，並不是以你的個人歷史作爲基礎的；我們全都認同了心目中的自我。我們是大象卻認爲自己是蚊子，這個根本幻覺才是個人歷史之所以會影響我們的理由，也是情緒性人格主要的支撐力。

人格的許多假設和信念一直在掌控著你，譬如你假設時空都是存在的，你也假設自己與他人是各個獨立的，甚至假設自己曾經被生下來，未來將會死亡等等。但這些假設都只是表相，只有從表相的角度來看，它們才是眞實的；從實相的角度來看，它們都不是眞實的。

我指的並不是表面的事物不是眞實的，重點在於我們沒有注意到更根本的實相，而錯把表相當眞了。

內在工作最終極的目標就是要看見更深的實相，這不代表你必須離開表相世界或感官世界；你要看見的是實相如果不存在，表相世界也不可能存在。

但我們最好不要去想像實相是什麼，因爲它是無法被設想出來的。實相是跟表相無關的一種狀態，因此認識實相的方式就是認清你所看到、經驗到以及思想到的都不是實相。你只要一一排除掉各種表相就夠了。每樣你經驗到以及思想到的事物全要排除掉，當這一切都消失時，剩下的便是實相了。

實相是在你的思想之前就存在的東西。實相不必然有別於表相。舉個例子，你認為你離開這間屋子之後，這間屋子還會以目前的樣子存在嗎？事實上，就在你停止想它的那一刻，它已經不再以你所設想的那種模樣存在了。這間屋子的根本實相是在你不想它的時候才會出現的，但那又是什麼狀態呢？如果你去設想它，它就會以你所想的方式呈現出來。

由於我們的思想和概念從不停止，所以不會去質疑這件事。你坐在那張椅子上面，而且認為自己的確是坐在椅子上面。但許多時候我的經驗卻不是如此。我經常不覺得有個人坐在椅子上面，或者有張椅子在那裡。椅子、我以及所有的事物都是相同的，而且都沒有名字，因此我根本無法說出那是什麼。我可以看見我的身體和椅子，但我很清楚這都只是事物的表相而非實相。

如果我們把表相完全當眞了，就會認不清我們必須爲自己看事物的方式負責；我們會認爲每件事都是從外而來，突然發生在自己身上的。然而眞相並非如此，我們其實是把整個世界從內向外投射出去的。一旦開始認清這一點，就可能超越和放下以往看事物的概念，而發現到當下的實相。只有這樣，人格的地基才會開始瓦解。人格會開始失去支撐和實質性。你會發現你看事物的方式是不完整和錯誤的。事物並不是以你所認爲的方式存在著。

這裡有許多人都經驗過本體或存在的種種狀態，但顯然並不相信它們。你們都不認爲實相是最根本的眞相，而仍然覺得身體更重要更眞實一些，本體則是來來去去的。你們一向認為本體只是偶而出現的好東西。但是從根本實相的角度來看，情況剛好相反。其實你們的身體才是有生滅來去的，本體則永遠存在於那裡，所以我們看事情的方式與眞相剛好相反。

把一般對現實的觀點轉化成對根本實相的體認，可以說是一種大躍進，難怪內在工作會如此困難！當我們明白它有多困難時，就會了解仁慈而有耐性地對待自己，的確是必要的。我們來到這裡並不僅僅是要擺脫內在的批判傾向，或是從情緒的制約裡解脫出來，更不是要達成某種成就。表相雖然是人格老舊的內涵，但也是生命的一部分，缺少了表相就沒有任何生命可以存活下去了。然而我們必須朝著更根本的實相發展，也就是要轉化痛苦最根本的肇因，而不是只處理相對次元的童年歷史帶來的制約。

人是同時跨表相與實相的存有

我們是同時存在於兩個世界的存有。由於我們深信自己存在於已知的世間，所以必須把腳同時跨兩個世界才行。如果能夠把一隻腳踏在表相世界上，另一隻腳踏在實相上面，那麼兩者都不會遺忘。表相世界充滿著痛苦、掙扎、成敗、苦樂以及生死，實相裡面則沒有這些東西；裡面既無生也無死，既無你也無非你，既無快樂也無痛苦。實相裡面只有徹底的自由與解脫。

若是能了悟實相，並且發現缺少了它表相世界是無法存在的，那麼表相就會徹底翻轉成實相。它會變得更和諧，不再有痛苦或成敗。它會變成愛、慈悲、良善和價值的顯化。

當這件事發生的時候，兩個世界就連結在一起了，而你仍舊是個人。我們人類就是這兩個世界的橋樑。我們既是這兩個世界，也是這兩個世界之間的橋樑，但如果把其中之一當成了全部，就不可能成爲橋樑了。

實相是一個完整的全體，因此我們和其他衆生的實相是完全相同的。實相之中沒有個人性；它是無條件的合一狀態，也是完全沒有概念的覺知及存在。如果我們什麼都不認同，如果我們徹底擺脫了心智的活動而變得寂然獨立，就有可能看見實相。你不再認爲自己是由父母生出來的一個人，你會體悟自己從未誕生過。存在的只有一個實相，而且沒有一個人在那裡說這句話。

表相世界本是實相的顯化。實相會藉由表相顯現出來，一種帶有肉身的顯化。但你的身體並不屬於你；它其實是整體的一部分。我們認爲屬於自己的這副身體，其實並不屬於我們。說這是我的身體是不正確的，事實上我覺知到的每樣東西都是我的身體。宇宙萬物以及我們看不見的事物，全都是我們的身體。

大部分時間你都把身體當成了你，這是一個極大的錯誤，而且是所有問題的根源。認識自我最大的障礙，就在於把皮相當成了自己。你以爲你的皮膚就是你的邊界；皮膚裡的東西是屬於自己的，皮膚之外的一切則不屬於自己。如果你相信了這種邏輯，就會立即進入世界的爭戰和煩惱之中。

物質現實只是事物的表相，它的本質裡就帶有疆界的成分。那裡有根桿子，這裡有椅子和壁爐；我們認同了這種觀點，並且將其運用在現實的每個層面上。但是進入存在的層次時，這樣的劃分就不見了。換句話說，一旦進入能量的層次，這些界分就消失了。我的能量並不止於我的手，它還會繼續擴散。我爲什麼會把身體當成是我，我爲什麼不說我的能量可以充滿這整間屋子？我爲什麼會說我是坐在這裡的一個人？因爲我把身體當成了我。何不把能量當成是你呢？你的能量可能比身體大，也可能比身體小，一旦成爲了本體，你的能量就會愈來愈擴張。深入到本體時，你會發現最根本的實相，並且體認到疆界根本不存在；疆界只存在於表層。

肉身的疆界只存在於表相世界

如果把分別意識運用在一切事物上面，那麼肉身的你就會出現慾望、需求、權力、該不該和某人接觸、該不該喜歡某人之類的問題。這都是非常荒謬的見解；這種分別意識造成的表相基本上是不存在的。

〔譯註〕佛法所謂的無生法忍。

體現實相的那一刻，你會察覺你的皮膚不再界定你的範圍，即使你的行動對他人有益，也不代表你和他是分開的。那時你會把他人視爲整體實相的一部分，就好像你身上的手臂和腿一樣。你的腿不會對手臂說：「不要拿走這個東西，這是我的！」你的手臂也不會對腿說：「如果你把我的東西拿走，我會打你！」你的腿和手臂若是有這樣的衝突，你的身體是很難行走的。整體人類也是同一回事。大部分的問題都源自於：「這是我的，那是你的。」所有的哲學、意識形態、政治和經濟體制，全都是爲了解決這個問題而設計的，但是它們底端的假設只會製造問題。這個假設就是我們都受到了皮相的限制，因此這些哲學都無法解決人類的問題。階段性的改變或許會出現，但只有明白了最根本的問題，才能帶來最根本的改變。此即了悟根本實相的人不在乎意識形態及政治體制的原因。

傳統世界觀犯了一個極大的錯誤，所有的問題都是這個錯誤引起的。我們徹底誤解了實相，繼而導致了所有的對立、界分、衝突及爭戰。我和你一旦被製造出來，衝突就開始了，即使其中並不缺乏愛。止息衝突唯一的方式，就是認清你和我都是整體實相的一部分。我們在根本上是不可分的！我們的本質完全相同。我們之間的一體性就跟手臂與腿的關係一樣。手臂與腿看似有不同的結構，但若是了悟到實相，就會發現我們都是由同一種意識能量構成的，差異只有在於表相上面。認清這一點意味著有差異是好事；看見實相、愛以及喜悅有各種不同的展現方式，是多麼美妙的一件事。

表相上的差異是美妙而多采多姿的，但終極實相並沒有任何色彩；你不能用美醜來論斷它，因爲它沒有任何界分。只有表象世界才充滿著色彩和令人驚奇的事物，這些多采多姿的現象全都是生命具備的內涵。如果從根本實相的角度來看，你會發現自己從未誕生過，就像大海從未改變過，起變化的只有表層的波浪。你體悟到每個人都不會死，因爲我們的本質是不滅的，但這不代表我們的個人性是永恆或不朽的。

時間與我們是誰無關，但是與表相世界有關，而且有生有滅。你的身體、感官以及事物的表相，就像你的衣服一樣有生有滅。你可以說當你第一次穿上襯衫時，它被誕生了下來；當你脫下它的時候，它就死亡了；當你再度穿上它的時候，它又誕生了！因此了悟終極實相的那一刻，你會發現自己一直在做穿上和脫下的動作，但從未有過眞正的生死與重生。

我指的並不是表相世界不存在，而是從終極實相的角度來看，根本沒有所謂的生滅。你被誕生下來，看見了眼前的世界；你有一對父母，然後你長大，最後你死了。這些事從終極實相的角度來看根本沒發生過。

爲了活在世上、認識自己，你必須把這兩個世界都納入考量：實相與表相。如果你只相信表相世界，就會製造出一堆的概念。疾病來臨時你立即想把它推開；健康的時候則會執著於美好的狀態；不幸的事情發生了，你立刻想排除它；感到快樂時你則試圖抓住它，如此一來痛苦就被強化了。

表相世界是由語言創造出來的

一旦了悟到事實的眞相，就會明白表相一直在變，而生死、疾病或健康從未眞正發生過。打從有意識以來，沒有任何事眞的改變過。當某個東西生出來的時候，我們稱之爲誕生；當某個會動的東西突然不動了，我們就稱之爲死亡。我們製造出這些說詞來描述表相的改變，如果能忘掉這些說詞，忘掉以前學到的一切，不帶任何念頭去看這些表相，也就是保持心智的寂然獨立，你就會看見最深的實相。你無須賦予這些表相任何稱謂，也不需要有任何反應，或是給它們任何名相。名相是傳統常規的產物；這就是爲什麼它會被稱爲俗世現實的理由。這種現實是由語言製造出來的，但我們的實相在語言之前就存在了。

我們看見的現實通常是由文字語言製造出來的。死亡是一種名相，生命是一種名相，身體、快樂、痛苦全都是名相。如果把名相拿掉，生死就不存在了；存在的只有眼前的實相，而這是跟生或死都無關的。終極實相乃是事物的本然狀態，不是我們認爲的模樣。要看到這點很不容易，因爲你的生命已經被文字概念滲透，而且已經把這一切都當成了眞實的東西。聖經裡說：「太初有道」，上帝即是終極實相，上帝的語言或道，是在創生那一刻開始出現的。因此，表相世界和終極實相是無法分割的。

人類的現實完全脫離不了文字語言；我們的世界是透過語言在運作的。我們愈是不受制於文字語言，就愈不會執著於對事物的信念，然後才能認清實相本是滲透在每個事物之中的無量光。我們會認淸文字語言一出現，立即製造了表相世界，形成了實相之上的表層。錯把表相當成實相，問題就產生了，甚至永遠無法消除。

情緒議題是通往實相的踏腳石

我們的內在工作是非常深刻而根本的，也就是要從慣常看待事物的方式，翻轉成對實相的覺知，而這是極不容易達成的事。擺脫掉概念和心念活動是極不容易的事，我們幾乎無法不透過概念來看事物。事實上，每時每刻我們都在製造自我概念，但並不知道自己正在做這件事，因爲這是一種潛意識活動。進行內在工作的過程中，我們會逐漸擺脫這種觀察現實的方式。我們要轉化讓我們執著於現實的情緒模式，轉化奠基於錯誤認知的反應，讓它們放鬆下來。這些心理議題不會因爲下工夫而整個消除，但是會變得愈來愈輕鬆，如此一來，我們就會有空間和能力深入地觀察。若是能瞥見至深的實相，就能對表相與實相產生徹底的了解，然後才能以和諧的方式活在表相世界裡，並且體認到表相世界即是實相之愛的展現。

這份洞見會幫助我們不再執著於情緒議題，不再把它們當眞，而且了解它們是通往實相的踏腳石。觀察你和伴侶的心理議題，爲的不是擁有一份美好的關係。雖然這是很值得努力的方向，但並不是內在工作的根本目的。你的關係並不是最重要的面向，你的事業也不是最重要的基礎。對表相世界而言它們都是重要的，但內在工作眞正的目的是藉由表相通往實相。

從這個角度來看，我們要下的工夫就是脫離表相世界進入另一個更深的世界，但這更深的世界並不在他方；它就在當下。它和我們看見的表相是並存的。如果能洞察到這一點，或許就能輕鬆地看待事物了。我們會了解我們的心理議題和困境本是道途的一部分。

心理議題和困境並不是通往實相的唯一踏腳石，你同時還要對眞相好奇、感興趣以及懂得欣賞它。你的本體經驗會幫助你不再認同情緒模式，但這樣的經驗並不是一種結尾，也不是你能獲得的某種東西，而是幫你看得更深的一項工具。本體乃是根本實相的直接展現；它是介於表相與實相之間的狀態。

本體就是太初之道，它的各個面向則是首度呈現出來的概念。這是一種宇宙性概念或存在的原型。它們比表相更貼近實相，但也是表相的一部分。更正確地說，經驗到本體就是對實相的一種瞥見。

鑽石途徑的目的是要轉化人格以及了悟本體的各個面向，然後探入到最深的實相。實相之美會透過人的本體展現出來，這才是人生的圓滿境界。

第十一章

勇敢的心

你很明白關係之中永遠有挫折和困難的時刻，而且對方有時會不喜歡我們或我們不喜歡對方，但這並不會減損愛的勇氣。我們的心可以包容一切。

當心變得勇敢時，愛就是無條件的；當心恐懼時，愛就會出現條件。

今天要談的是一個很難探討的問題，因爲大部分的人都在尋找一個連自己也不清楚的東西。首先我要提出來的問題是：什麼是眞實的關係？答案其實很簡單而直接：你和另一個人的關係，就是你和整體人類的關係。眞實的關係就是你眼前關係的眞相，而不是你所認爲的關係的眞相。關鍵在於我們很少能覺知關係的眞相，大部分的人都傾向於盡量不去認清眞相。我們往往會把關係弄成符合心目中的理想。

困難在於我們看不清目前的關係，甚至會投入一個根本不存在、純屬想像的關係。我們不妨稱之爲頭腦式的關係。因此我們現在要區分的就是眞實的關係與想像的關係之差異。

真實的關係與想像的關係

內在工作有很長一段時間會專注在釐清所有的關係。舉個例子，你和我的關係是實際存在的。你必須觀察和我的關係、他人的關係、生命中每一個人的關係。如果我們不認清以及覺察這些關係的眞相，也不按照關係的眞相來生活，就無法和人產生眞正的連結。換句話說，你會以過往的歷史連結另一個人的歷史。很明顯地，這將會是十分複雜的情況。

當我說眞實的關係時，指的不必然是正向關係，雖然有些人會做這樣的假設。其實完全正向的關係往往是想像出來的，因爲眞實的關係很少是完全正向的。仔細檢視一下你和任何一個人的關係，你會發現它極少是完全正向的。事實上，問題正是從這裡發展出來的。渴望擁有完全正向的關係，就是令關係無法眞實的主要原因。

頭腦總是把關係看成非黑即白，不是極好就是極糟。我們不允許自己同時包容好與壞兩個面向。我們要不是很喜歡某個人，覺得他很棒、很愛我們、一切都沒問題；再不就是一開始意識到問題時，便立即判定這個人不好或自己不好，因而受傷或憤怒。

我們總是以非好即壞的絕決態度來看待關係。如果我們認爲對方很好，就會認定這份關係很好、很正向，而且希望它變得愈來愈正向。這份希望會讓我們排除或無法認同它負向的一面。當我們把對方看成是壞人時，我們通常會認爲他一無是處，而且會讓這份關係充滿著敵意和挫敗感；這就是頭腦的一種慣性。

這是一種非常簡化的態度。雖然我們都知道關係從來不是如此，但還是會把它看成非好即壞。我們的頭腦不會把它看成好壞參半。我們一發現關係很好，就想要它變得更好；一發現它有問題，立即會覺得它一無是處。我們的頭腦總是以絕決的方式在思考，它不讓我們認清關係的眞相或按照眞相來認識關係。如果我們把對方看成是很糟的人，往往會以極端的反應對待這份關係。

通常來講我們不會顯現出極端的好惡反應，但的確會以選擇性的方式產生反應。這種顚倒的、無所不在以及強而有力的傾向，可能比我們意識到的更嚴重。由於這種傾向大部分是無意識的，所以它的力量足以決定我們的反應。如果一個人拒絕你，令你感到挫敗，你就會產生受傷、憤怒、嗔恨的反應。如果你認爲某個人很愛你，而且很善良、很能滿足你，則往往會產生美妙正向的感受，而且不想有任何負向的感覺。如果在這種情況裡產生了負向的感覺，你就會覺得不該如此，認爲這些感覺是令人不安的。人類的心智總喜歡以非好即壞的分別意識來看待關係，但實際上關係很少是非好即壞的；它永遠是好壞參半。

真實的關係永遠是好壞參半的

如果你以非好即壞的角度來看待關係，那麼這份關係一定不眞實；它一定是頭腦想像出來的。眞實的關係一向不是如此。如果從絕決的角度去看待一份關係，代表你沒有眞的深入於它。舉個例子，假設你跟你的朋友或伴侶正感到高興時，某件令你失望的事發生了，於是你立即覺得受傷或憤怒，就好像眼前發生的事已經毀掉了你們的關係似的？不過當然，十分鐘、幾小時或幾天之後，你又變得比較實在一些，那時你可能會說：「噢，原來這個關係並沒有那麼糟。」

如果我們以絕決的態度投入一份關係，它是不可能眞實的。把關係看成非好即壞，不僅僅是把好的或壞的部分當成了全部，而且你會發現那壞的部分根本不曾存在過，因爲那種惡劣的感覺大部分是源自以往的惡劣關係。你所有的負面歷史全都湧現了出來，於是你開始看見和經驗到負面感受，同時把莫須有的東西全投射到了對方身上。反之，如果把關係看成是完全正向而美好的，也仍然是以過去的經驗投射出種種的反應和感受。你沒有覺知到眼前的現實，只看見了這些投射形成的反應。這代表你把偏見當成了全貌，還不斷在助長它。或許你已經發現，當你和某個人的關係變得十分美好時，奇怪的事往往會發生。你會發現那種正向的感覺和你曾經有過的所有正向感覺都十分類似：同樣的情感、同樣的看待另一個人的方式。你對自己以及對別人的感覺、期望、計畫和夢想，其實都大同小異，而且你的負面感受和以往所有關係中的負面感受也是一樣的。譬如你覺得某個人在拒絕你，那種感覺和你以往關係中的惡劣感受相當類似。某些人會習慣性地投入於令他們感覺受排拒的關係，有的人則永遠是排拒別人和感到憤怒的一方，還有的人會繼續投入於令他們感到挫敗的關係；他們渴望某個人，但那個人永遠無法滿足他們的渴望。那種滋味總是一成不變。但關係不可能一成不變，因此那種滋味是從過往的歷史帶過來的。

三種頭腦式的關係

我們可以把頭腦式的關係分成三種形式，首先是完全正向的關係，這通常是被理想化的關係。對方被我們理想化爲一個完美的、善良的、強而有力的人。你會覺得和此人在一起的時候，一切都很美好；你會得到照料、被愛融化等等。此即我們所謂的理想化關係。只要一察覺關係裡有這種感覺，便可以理所當然地視其爲一種不眞實的、頭腦式的關係。當人們處在這種關係裡的時候，通常會有熱戀的感覺，但可以確定的是，這種感覺並不眞實，往往是頭腦設想出來的。

第二種被我們想像出來的關係，就是所謂令人挫敗的他者。這個他者一直是我們渴望的對象，卻無法擁有他，因此我們稱其爲令人感到挫敗的對象——美妙而令人興奮，卻無法擁有。我想許多人都注意到有這樣的關係。許多人花了一輩子想要擁有某個人，卻得不到，但仍然渴望有一天能得到那個人。我們不了解，這種關係也是我們的頭腦想像出來的，其實你並不眞的想讓它成眞。它一旦變成了事實，就不再和頭腦有任何關係了。因此，如果你一直涉入令你感到挫敗的關係，就得意識到這樣的挫敗感會一直持續下去。雖然表面上你一直在抱怨，其實你並不想讓期望成眞；如果期望成眞了，你就必須變得眞實起來。基於此理，這份關係會一直停留在對未來的想像上面。你年復一年地渴慕著某個東西，它讓你一直感到興奮，卻無法眞的擁有它。這便是所謂的令人挫敗的關係。

第三種想像出來的關係，是一種充滿著敵意的關係。你覺得被拒絕、被仇視或是不被渴望；或者你拒絕、怨恨、不想要對方。雖然你認爲你不想要對方，但仍然繼續留在那段關係裡，因此你會發現，自己其實是執著於那段關係的。你的頭腦需要從這樣的關係中得到平衡，這就是爲什麼某些人會覺得永遠遭到排拒的原因；不論發生什麼事，他們都覺得被排拒。如果對方把頭轉到別的方向，他們會覺得被排拒；對方說了某些話，立刻感覺對方是在排斥他們；對方如果什麼都不說，他們仍然覺得受到排斥。你很難讓他們明白對方並沒有在排斥他們，因爲他們不想聽實話。其實遭到排拒對他們而言是很重要的事，因爲一旦認清排拒並不存在，他們的心就會失去平衡。

以上敘述的是三種頭腦設想出來的關係，它們都取決於我們對他者的某些基本觀點。我們會根據他者這個客體的狀態，變成與其調和一致的人。大部分會造成衝突和痛苦的人際關係，都屬於這三種頭腦式的關係。探視一下你關係裡的所有議題，你會發現這些頭腦式的關係就是痛苦的來源。

眞實的關係往往包含這三種頭腦式的關係。任何一個人都會有滿足和愛的感覺，同時也有負向的憤怒、嗔恨和挫敗感。你會發覺：「我很愛這個人，但我也知道他會生我的氣。」或者「雖然我不喜歡他的某些部分，可是我仍然愛他。」即使當我們感到被排斥和憎恨時，仍然不會因此而不愛對方。雖然如此，當對方怨恨我們的時候，正常的傾向仍然是忽略掉對方是愛我們的，而當我們感到受傷時，也會忘記我們是愛對方的。保持一種完整的觀點似乎很困難。我們的頭腦不允許我們完整地看見關係的全貌，而只會試圖把關係區分成非好即壞來保護自己，因此眞實的關係就是能完整地認清這三個面向。

真實的關係就是與對方在當下真實地連結

由於我們通常涉入的是頭腦式的關係而非眞實的關係，因此很難在當下與對方眞實地連結。與對方連結必須要面對眞實的關係。與對方連結意味著面對當下的關係。一旦將其分成非好即壞，就是沒有與對方連結而活在自己的頭腦裡面；你其實是從自己的思想和情緒生出了種種反應。你以爲你是因著對方的表現而產生了反應，其實是從你自己的思想裡產生了反應。我現在指的不但是親密關係，也包含任何一種人際關係或客體關係——工作、商業、朋友、愛情或婚姻關係。我們會發現我們之所以無法與自己、他人或現實連結，就是因爲我們進入的是頭腦式的關係，而且非常執著於這些設想出來的關係，因爲我們不想看見眼前情況的全貌。

如果這裡的每個人都能花些時間觀察一下自己的關係，將會是很有幫助的事。但我們究竟是如何在經驗自己的關係呢？我們必須察覺這種絕決的劃分方式，才有能力轉化它。我們必須抽離出來眞的去觀察我們的人際互動，然後我們就會發現它們通常是正負參半的。雖然你覺得眼前的關係十分美好，但對方不會完全按照你想要的方式行事，因此你不可能覺得它是純粹正向的。所有頭腦設想出來的關係，都會涉及到對自己、對他人的批判和譴責，或是把他人理想化，誇大自己的重要性。這種非黑即白的劃分方式，就是自我試圖讓自己繼續存在的防衛機制，因爲自我無法在眞實的關係之中繼續存在。讓自我繼續存在下去的，就是這種對關係非黑即白的劃分方式。

那麼這種情況的解決辦法是什麼呢？辦法就是覺察、允許、接受以及認清眼前關係的眞相，不要試圖把它變成另一種狀態。要做到這一點，必須展現我所謂的勇敢的心。眞實的關係一向是奠基於勇敢的心上面的。觀察一下你離開一段關係以及看不見其眞相的理由，你會發現那是因爲你的心太懦弱、太恐懼了。我爲什麼會這麼說呢？因爲離開一段關係，將其視爲非黑即白、非好即壞，就是在劃分愛與恨，把好的感覺和負面的感覺區分開來。你要不是感覺到愛，就是感覺到負面情緒，你不允許它們同時存在。你這麼做主要是爲了保護自己的愛，因爲你對負面感覺非常害怕。如果對方很善良，你的關係就會變得很好，也會允許自己展現出愛。一旦產生了負面情況，頭腦設想的負面關係就出現了：「憤怒、挫折是可以被允許的，充滿著愛也很好，但我就是不知道該如何包容這兩者。我不知道我的愛會不會受到污染，會不會被恨意和負面情緒摧毀。」

但勇敢的心在任何情況下都願意繼續付出愛。不論情況糟到什麼程度，它都能付出愛。它不但是一顆能付出愛的心，而且在任何情況下都能夠愛。不論對方是好是壞，你都能愛他們。當你的伴侶或朋友對你付出關愛的時候，你通常比較能愛他們，但如果對方生氣、排斥你或感到挫敗時，你的愛立即轉成了別的東西。你會封閉住你的愛，產生其他的反應。當你感到受傷、憤怒、怨恨或充滿挫折的時候，你就不再允許自己展現出愛，至少無法在產生反應的那一刻讓愛出現。切斷一段關係就是把心封閉住了。你把那顆勇敢的心掩蓋住，不再允許自己擁有它。你不再讓無條件的愛出現，你的愛變成有條件的，只有在特定情況下才展現出愛。

勇敢的心使你能無條件地去愛

因此，眞正的關係是奠基於愛上面的，而且不把任何狀況排除於外。勇敢的心不排拒任何負面情況。如果你的心裡面有愛，就不需要排除負面情況，也不會忘掉眼前的情況以及你和對方的眞相。如果你把眼前的情況弄成了不眞實的狀態，那麼你的愛也不是眞實的。愛被你心中的信念侷限住了。你的心尚未轉化成自發、眞實和勇敢的心。

舉個例子，如果你發現你很愛某個人，而且跟這個人發展出了關係，那麼當某件事發生而令你感到受傷、恐懼或嫉妒時，你就會意識到那一刻你立即不想再愛對方。你不但不想愛對方，而且會告訴自己不該再愛那個人。你會覺得如果繼續愛那個人，自己可能會失敗，可能會喪失尊嚴。但尊嚴究竟是什麼呢？它就是你的自我。因此對方如果以你不能接受的方式做出反應，大部分時候你就不再渴望和他連結。你會反應出受傷、憤怒、怨恨、想要報復或遭到背叛的感覺。

是的，你可能會覺得憤怒或挫敗，但爲什麼會因此而封閉住你的愛呢？爲何不敞開你的心讓愛繼續展現出來？為何不讓你的愛變得更強大、超越當下的負面反應呢？在我們把對方當成是壞人的那一刻，會立即想把心封閉住，這麼一來報復的慾望就產生了。不但報復心或嗔恨心會出現，而且我們會不願意再延續心中的愛。

挫敗感產生時，嗔恨與憤怒自然會出現；這些都不是很糟糕的反應。允許憤怒和嗔恨排擠掉心中的愛，才是具有破壞性的傾向。勇敢的心是不會允許這樣的事發生的，它永遠能戰勝，讓愛在任何一種情況下都能展現出來。你不是因為對方善良才愛他，也不會因為他不好而不再愛他，你愛是因為愛就是你的本質。人類的本質之一就是愛；愛是永遠能原諒、接納和欣賞的。接納和理解即是敞開心胸包容關係的其他部分。你很明白關係之中永遠有挫折和困難的時刻，而且對方有時會不喜歡我們或者我們不喜歡對方，但這並不會減損我們愛的勇氣；心可以包容一切。若是能允許這樣的狀態發生，我們的關係就是真實的。我們不會以完美或虛假的方式看待它，如此才能變得完整。

如果你只容許特定的反應，就不可能成為完整的人，也不會把對方看成是完整的人，這麼一來你就活在頭腦式的關係裡了。由於你的本質是愛，所以你可以不顧自己的感受繼續愛某個人。你的愛永遠在那裡，雖然你可能察覺不到它。你無法聽到自己的心跳，不代表你的心不在那裡。愛本是你的一部分，你不可能失去它，如果失去了愛，就活不下去了。這就像是在對某個人說：「我永遠不再愛你了。」但這句話究竟是什麼意思呢？這句話代表你的心已經不見了，而這是不可能的事。你不可能恨一個人到完全沒有愛的程度；這是不可能的。你也許察覺不到心中的愛，也許會障蔽住它，但它還是存在著。

付出愛，能幫助自己容忍、接納和了解困境

我們的本質就是愛，我們都是愛的源頭。每份關係的底端都有愛，如果沒有愛，關係根本不可能存在。無論感不感受得到愛，它都在那裡。每當我們把焦點專注在關係的特定面向時，愛就無法出現了。有時我們的心中也會完全充滿著愛，沒有任何怨懟或負面傾向，有時則會出現嗔恨心，但絕不可能完全沒有愛，因爲恨是一種反應，而愛是一種存在；它不是一種反應。愛才是你的本質，恨則是愛被障蔽之後的反應。因此只要出現恨或負面反應，裡面仍然有愛的成分。如果沒有愛，就不可能出現恨。

一個沒有心的人是不可能懷恨、憤怒、受傷或妒嫉的。缺少了愛，不可能出現嫉妒、受傷、恐懼、嗔恨或憤怒。這所有的感覺都是在愛消失時出現的反應。意識到眞正的關係，代表永遠能察覺愛。任何一種關係裡面都有愛，而愛是帶著理解的。愛裡面一定有寬恕和接納的成分，也有慈悲、感激、享受、快樂、力量和欣賞。這一切都是愛的元素，而且一直存在著。勇敢的心是永遠活在當下的，不論眼前發生了什麼。如果你的愛是在好事情發生時才出現，那麼你的心就尙未解脫或證悟；你仍然是個懦夫，一個充滿恐懼的人。

讓勇敢的心顯現出來，指的是不論什麼情況都能付出愛。這代表一旦把眼前的情況看成是完全美好的，沒有任何問題或挫折，那麼你勇敢的心已經不見了。你的關係已經變成了理想化和失眞的關係。只要你有肉身，困難和挫折勢必存在。期望某一天能擁有一個沒有任何挫折、永遠美好的關係，就是在做夢。

因爲心中有愛，所以我們才能活下去、承受挫折和困難，繼續活出快樂。付出愛不只是爲了得到快樂，同時也能幫助自己容忍、接納和了解困境。它能幫助我們在困境中繼續保有快樂，因爲愛是不排拒困難的。愛不會排除恨，當恨意、挫敗感或痛苦出現時，愛不會因此而停止。因此當關係裡出現負面情況，譬如感受到憤怒、挫敗或受傷而令你忘卻了愛，那時你就該明白那是頭腦編織出來的關係而非實況。你涉入的是頭腦式的關係而非眞實的情況。你並沒有如實覺知自己與對方，更沒有如實覺知你們的關係。你只是在跟頭腦裡的某種想法連結罷了。

心變得勇敢，愛才能勝過困難與挫折

如果我們允許自己認淸眼前關係的眞相，或許有一陣子我們會感覺受傷、怨恨及挫敗，同時也可能感受到恐懼和脆弱。這些負面感覺可能會持續一段時間，但若是能不退縮，允許自己的心變得勇敢起來、安住於當下，那麼愛就能獲勝，然後這份關係裡就會有愛。但這不代表挫折和困難將會消失，而是它們不再那麼強而有力了。困難之所以會變得強而有力，是因爲你認同了關係的負向部分。然而我們的本質就是愛，其實我們都是愛的源頭。我們內在最強而有力的勢力就是愛。因爲認同了自己不眞實的部分，所以才看不見愛，不允許愛出現。因此愈是允許自己與當下連結，就愈能覺知眼前的困難、挫敗和痛苦的感受，然後就能接納、忍受、吸收及包容它們，將其融入於更大的、更不易毀滅的東西裡面，而那個東西就是我們的心。勇敢的心不排拒任何惡劣的情況，也不批判、退縮或排除不美好的事物。所有的不美好都能夠加以覺知、感受、認識、接納、包容和理解。當心變得勇敢時，愛就是無條件的；當心恐懼時，愛就會出現條件。

人類製造出了這些頭腦式的關係，爲的是保護愛或心不受傷，但這種保護傾向其實是源自於無知：我們不知道心是不會被摧毀的。事實上你的心比身體更不朽，即使感覺受傷，你的心在根本上也沒有受到傷害，受傷的只是你的自我形象或自尊罷了。因此不論發生了什麼都繼續愛下去，並不代表你向另一個人妥協了；你是在向你的心或本質妥協。我們往往不允許自己去感覺愛、活出愛以及付出愛的行動，因爲我們認爲愛意味著脆弱、被佔便宜、被剝削、喪失某些東西或是被當成是愚蠢的人。

眞相是，每當你封閉住心的時候，你就成了輸的一方。向你的心妥協，並不意味向另一個人妥協，也不代表向負面妥協；你只是臣服於自己的本質，臣服於自己的本來面目。一直付出愛不代表不懂得保護自己，因爲勇敢的心是能夠認淸眞相的；它會覺知到負面情況，並且能夠用愛來面對。因此持續付出愛不代表你脆弱，也不代表你被另一個人操控了。事實上，具足勇敢的心意味著你在內心裡是獨立自主的。缺少了勇敢的心，你不可能眞的獨立自主。無法獨立自主，就不可能具足勇敢的心。能夠一直付出愛，代表你的心已經寂然獨立。這不意味你是脆弱的或放棄了什麼，也不是遭到了剝削或愚蠢不堪。因爲大部分的人都這麼想，所以我才會提出這些看法。大部分的人都覺得如果某人做了對不起你的事，就不該再愛他了，如果再愛他，就是個傻瓜。其實能夠在這種情況下付出愛，才是眞的有勇氣。

但我指的並不是讓別人糟蹋你。這絕不是我的意思，因爲那不是愛，而是一種依賴，一種需求。我現在指的是眞正的寬恕、體諒、感激、喜悅和快樂。這才是我所謂的愛。我說的並不是在被剝削或仇視的情況下仍然不離開對方——那可能只是一種頭腦裡的關係。眞正的愛是勇敢的、強壯的、不胡鬧的；如果某人做了傷害你的事，你會以內在力量面對他，但是你不會停止你的愛。你不會因爲惡而減低善，你不會因爲不喜歡某個東西而減低眞實存在的東西。因此，勇敢意味著活出你眞實的一面。因爲你能活出眞實的一面，所以能勇敢地去看對方的全貌和眞相。

有時你也會生氣，但仍然有勇氣。你甚至可能會怨恨，但勇敢的心仍然在那裡。愛與恨是不衝突的，它們可以同時存在。如果你眞的有勇氣，那麼不論遭遇的是挫折、怨恨或憤怒，你都能度過這些情緒反應。它們沒有一個是眞實的，只有你的心才是眞實而永恆的。你的心就是存在的展現，而存在是無法毀滅的；它獨立於你的頭腦之外。一個人若是無法活出勇氣，就不可能眞的證悟什麼。如果你的愛有條件，而且取決於所處的情境，那麼它就是懦弱的；這代表你的關係還不夠眞實。只有眞實的人才會有眞實的關係。

因為有愛，我們才能在關係中成長和學習

勇敢的心不在乎對方做了什麼、怎麼想我們、怎麼待我們。若想具備這樣的勇氣，就必須接受某種程度的孤獨與空寂。一旦具備了勇氣，即使別人做出種種令你不悅的事，你仍然能看到最深的眞相而不受其干擾。處在這種寂然獨立的狀態裡，你會覺得仍然想不斷地付出愛。人們往往會在這個地方打住。那個人根本是個渾蛋，我爲什麼要對他繼續付出愛呢？我爲什麼要向一個渾蛋妥協？我爲什麼要體恤他或接納他呢？但是，你體恤、接納和寬容並不是爲了別人，是爲了你自己的本來面目；這就是一種獨立自主的精神，一種不爲外境所動的寂然獨立狀態。因此你和自己的關係一直是眞實的；和自己建立眞實的關係，就能和別人建立眞實的關係。

你明白、也接受人際關係裡的負面情況，因爲困難、挫折和失望都是人生的一部分，而且是可以容忍、接納以及從中學習的。事實上，愛如果不存在，我們也很難從互動關係中成

長和學習。去除了愛，我們只剩下了反應，什麼也學不到了。你只會把過往的東西延續到當下，如此而已。你只是不斷地重複老舊的反應，一種自動化的習性。但愛若是出現了，你就能了解眼前的整個情況，並善用這個經驗來滋養靈魂。

我現在談的不是一件簡單的事；就大部分人而言，這都不是一件簡單的事。我現在並不是要你改變你的關係，或是對關係做些什麼；你只要看見它的眞相就夠了。你目前的關係究竟帶給你什麼感受，你要把這些感受認淸楚。我們通常只能看見某些特定的感覺；我們並不想認淸所有的感覺。因此若想擁有一份眞實的關係，就必須認淸、覺知和體會它的全貌。這就是一種勇氣，因爲你願意去看自己和對方所有的眞相。

完整的眞相一直都在眼前；它不是一個被你製造出來的東西。大部分時候你都在製造一些莫須有的感覺，因此必須穿透自己的感覺，看看眞相是什麼。一旦看見了眞相，勢必會發現愛仍然主宰著一切，其他的都是環繞在它周圍的反應罷了。因此不要去製造不存在的東西，我的意思是：認淸當下的眞相。但自我不想讓你看見眞相，它只想維持住扭曲的見解。看見關係的全貌，意思是體認到自己的完整性，這代表變成一個眞實的人以及認淸對方最深的眞相。這樣你就會明白你和他都是從更大的背景顯化出來的。你和他以及全人類都是從愛的源頭顯化出來的。這份愛不只存在於我們心中，同時也存在於關係之中。我們都是由愛創造出來的。我們都是唯心所造。

萬事萬物都是源自於愛

人類就是上主之愛的顯化，因此缺少了愛，我們不可能存在。愛是一切的基礎，我們看到的一切都是愛的顯化。如果你允許自己認清事實，你就會發現你本是愛的能源的個別體現。你身上的原子是由愛構成的，你的身體是由愛製造出來的，你心智的源頭就是愛，你的環境也是由愛創造出來的。萬事萬物都源自於愛，缺少愛你什麼也看不見了。所有的個體都是由至上的實相和上主顯化出來的。因爲我們都是最終的果，所以我們這個小宇宙的心才能反映大宇宙的心。

因爲大宇宙的心從不批判或排拒世上的負面事物，所以人類的心也有能力不論斷、不排拒，繼續付出愛和享受生命。因此，頭腦設想出來的關係會讓我們在經驗不到愛的時候，立即想和對方切斷連結。但倘若你能保持這份連結，就會發現裡面還是有愛。然而與他人連結並不代表你經驗到的全是愛；眞正的連結是無論發生什麼都能繼續保持親密。如果你認爲自己和對方是連結的，但感受到的卻是憤怒、受傷或恨意，那麼你就該明白你與對方並沒有完全連結。你正在逃避某個東西——你的愛。你的愛一直在那裡；你不可能失去它，那麼它跑到哪裡去了呢？有時你的確無法覺知到它，但它還是存在著。它怎麼會消失呢？你的存在和愛是不可能消失的。說愛會消失，就像是在說沒有頭腦也能繼續存活一樣。如果你的愛徹底消失了，你就活不下去，也什麼都感受不到了。

阿瑪斯：有沒有任何問題？

學生：你指的關係必須是心對心的連結嗎？

阿瑪斯：關係意味著你和他人有整體性的連結。愛只是我們的一部分，它並不是全部。

學生：因此當你真的和另一個人貼近時，一定會有憤怒、怨恨、喜悅等等的感覺？

阿瑪斯；是的。如果你眞的和對方貼近，這些感覺都會出現。當你能夠體認關係的全貌時，就能成爲自己的本體。勇敢的心就是本體的特質之一，也是我所謂的明透之心。

學生：自我之所以會奠基在界分感上面，是不是因為愛和負面情緒對立了？

阿瑪斯：自我的起源就是正向與負向、愛與恨、苦與樂的的界分。這就是自我的開端。如果不需要保護自己免於負面經驗，那麼自我就不會出現，因此自我是奠基於分別意識上面的。如果關係裡沒有這種界分，自我是不會出現的。

孩子與母親或環境打從童年起便建立了關係，如果這些關係很困難或痛苦，孩子自然會把情況劃分成愛與恨、容易與困難等等。但這麼做必須運用到頭腦，於是就失眞了。你必須把想法劃分爲二，你必須相信某個東西的存在，於是思想的結構就此建立，而現實也有了好壞之分。你因此而有了好母親或壞母親的分別意識。但你的母親不可能是全好或全壞的，她一定是好壞兼具，因此當你把母親當成是全好或全壞時，就是在製造一個不眞實的東西。一段時間之後，你所有的關係都變成由頭腦設想出來的。因此你可能把母親理想化，也可能將其視爲一個飽受挫折的人，或是一個充滿攻擊性的人。你和這三個部分的關係，日後又會演變成種種頭腦式的關係。

我們往往會從自我形象的角度來看待自我，但我現在是從關係的角度在看自我，而不只是從自我形象的角度在看：這包含了自我形象以及你和母親的客體關係造成的意像。自我形象和自我就是從關係發展出來的。一開始孩子也許必須發展出分別意識，因爲他還無法承受完整的情況，也不具備足夠的理解力。孩子的認知系統尚未發展出來，因此無法看到、理解或承受完整的情況，但是大人已經不需要這種分別意識了，因爲我們已經有能力承受現實。

自我並不想看見所有的眞相，它一向是奠基於解離和分別意識的，如果它看見完整的實相，就不可能存在了。自我之所以繼續存在，是因爲它只相信自己的觀察。自我本是心智的一部分，而心智的自欺能力是很高的。你可以對心智說謊，卻不能欺騙存在。打從一開始心智就是在欺騙自己，而且一直在自欺。它一旦發現某種狀態並不是眞相，就無法再對那個狀態執著了。從某個角度來看，心智是非常誠實而誠懇的，它雖然很誠實很誠懇，卻無法全知。一旦看到眞相，它就無法再說服自己了。它之所以把假相當眞，是因爲它認爲那就是眞相。因此當心智看到完整的眞相時，自然會放下虛假的東西，那時自我就消失了。因此讓自我消失的方式之一，就是要認淸關係的全貌。活出完整的關係，代表你必須變成一個眞人，不再認同頭腦的想法。自我形象通常是頭腦設想出來的，它之所以會延續，就是因爲你不斷地投入於頭腦式的失眞關係。如果一份關係變得完整和眞實，你必定也會變得完整和眞實。

真實、成熟、客觀的明透之愛

我們的本質是無條件的愛與勇敢的心。人們經常把無條件的愛詮釋成屈從，或者不管對方如何對待你，都堅持留在那個關係裡面。我指的絕不是這樣的狀態。你不該坐在那裡任由別人虐待你，因爲你是有勇氣的，而且應該懂得愛自己。我指的愛是眞實、成熟而客觀的，所以我才會稱之爲明透的愛。像水晶一般的明透之心就是愛。

學生：當一個人投入於一份關係時，是否有辦法在不同的階段裡，同時和這三個部分產生連結，或者只能一段時期連結一個部分？

阿瑪斯：通常你會在這三種頭腦式的關係裡來回擺盪。或者你會看見一份關係裡多多少少都帶有這三個面向。

學生：有沒有一個部分是比較明顯的？

阿瑪斯：有的人會在一兩個月或幾年的時間裡顯現出其中的一種特質，然後其他的部分會變得比較明顯一些。

學生：如果你排斥了你的恨，同時也會排斥愛嗎？

阿瑪斯：是的。你排斥你的恨或試圖脫離你的恨，那麼你的愛也會變得不眞實，因爲它是奠基於理想化傾向之上的。到了某個階段你一定會產生失望的感覺。一開始你可能會把一份關係理想化，認爲裡面只有愛和美好的感覺。你看到的一切都很美好：她的眼神、她的髮色以及她的行爲舉止，都足以使你不停地凝視著她，甚至長達好幾個小時。但是有一天某件事發生了，對方做出了令你受傷和失望的事。其實你受傷和失望並不是因爲對方做了某件事，而是你理想化的形象被摧毀了。她不再完美無缺，於是這段關係就變味了。

但如果你足夠成熟而懂得面對眞實的關係，就會接納這種不完美的情境。你會認淸關係不可能完美。對方並沒有改變，是你發現了維持長期關係的條件，其實是要建立眞實的關係。不建立眞實的關係，不可能有令人滿意的長期關係。頭腦設想出來的關係是不可能長久的，因爲它們太不眞實了。到了某個階段你一定會對理想化的關係失望。如果你的關係屬於令人挫敗的負向關係，那麼到了某個階段它一定會變得太負向，所以你必須脫離它。關係令人感到挫敗，代表並沒有建立眞實的關係；你只是想要某個東西而要不到罷了。

有許多人一直想擁有一份關係，這些人很容易形成不斷感到挫敗的關係。他們的腦子裡有一種概念，認爲自己不該擁有美好的關係，或者命中注定得不到這樣的關係。因爲他們如果得到了那種關係，就必須面對不好的一面，或是偶而出現的孤獨感和喪失連結的感覺。每一回你看透了某個頭腦式的關係，就勢必得面對失去連結的感覺，因此你以這種虛假的關係取代了眞實的關係。

接受空寂和孤獨，眞實的關係才會出現

沒有眞實的連結就不會有眞實的關係，所以你必須不斷地助長頭腦式的關係，原因是你無法忍受心中沒有任何關係在進行。這就是大部分時候人們都在想著另一個人的理由。檢視一下你的念頭，你會發現你經常把人分成三組。你一直在頭腦裡進行著某些關係，而從不允許自己處在空寂中。但你必須讓自己感受空寂和孤獨——這才是你眞正的關係——如此才能體認眞實的關係是什麼。你必須徹底地體驗沒有任何關係在進行的狀態。如果能體驗到的話，就可能發現自己並不是一個實有，因爲你不可能在沒有關係的情況下繼續存在。一旦釋放掉負向關係或頭腦式的關係，自我往往會抓狂、分裂和消失。這種孤寂的狀態會被體受成一種空洞感。因此當頭腦式的關係消失時，你和它產生連結的那個部分也會跟著消失，這時你就能體證到一種寂然獨立的空無境界。若是能接納和容忍這種空無境界，眞實的關係才會出現。能安住於當下，就會發現一份關係裡面的眞相。譬如對方若是不了解你，你立即能認清對方的確不了解你，而不是你認爲他不了解你。如果某個人很愛你，是因爲他眞的很愛你，而不是你要他愛你。

這就是我們今天對關係進行的探索。眞實的關係就是要讓經驗充分代謝吸收，這才是我們成長和發展的方式。如果我們把關係分成非好即壞，就無法完全消化吸收它。不眞實的東西是無法被消化吸收的，因此我們必須認淸眞相，以便學會一些教訓。

第十二章

我們的知識就是我們的世界

它們是真實的嗎？這就是一切了嗎？我有沒有可能在強化概念及形成特定思想的過程裡，扼殺了一些東西？我是不是把某些精微、鮮活、無法用概念來捕捉的東西扼殺掉了？

今天我們要探索的觀點是：我們的知識就是我們的世界。這句話究竟是什麼意思呢？我將會逐一地爲各位解釋。

發展心智的過程中，我們漸漸有能力意識到自己，我們會覺得自己的確是活在世上，而且知道世界是怎麼一回事。我們看著周圍的一切，意識到世界是無限延伸的。我們能認出臥房、衣服、寵物、父母、兄弟姊妹和朋友，還有我們生活的街道、來往的汽車、天空裡翱翔的飛機、站在樹梢的鳥兒、河流中的水、海洋、藍天、星星和月亮等等。打從我們能覺知這些事物以來，便斷定自己已經認識了週遭的世界；我們從不質疑心中的這些信念。父母和周圍的人都告訴我們說：「沒錯，這就是我們的世界。」於是我們就變成了世界的一部分，而且覺得自己可以學會在世上快樂地生活。

我們通常不會去質疑這樣的世界觀。我們認定自己曾經降臨到世間，不斷地成長，並學會去認識週遭的一切。但這種世界觀是很容易動搖的，只要思考一下我們對物質世界的認知的改變就夠了。現在我們都認爲地球是一個繞著太陽在旋轉的星球，它位於銀河的邊緣，而這個銀河系是無數銀河系之中的一個。但活在兩百年前的人卻不這麼認爲，活在幾千年的人甚至認爲世界是平的，或是騎在烏龜上面的。當時幾乎每個人都抱持這種普世性觀點，就像我們現在相信地球是位於銀河邊緣一樣。因此一旦認清人類的世界觀已經改變過許多次，的確會感到有些震驚，但百年之後又會是什麼情況呢？

世界會隨著我們知道的多少而改變嗎？

活在世上有件事是很清楚的：我們一定會逐漸長大成人。起先你是個嬰兒，然後變成了一個小孩，接著又變成了大孩子。每個小孩都渴望長大成人，但成年人卻渴望變回小孩。這就是我們的世界。到目前爲止我還沒說出任何神秘的事，我只是指出了我們在世上的情況以及腦子裡的一些概念罷了。一開始我們認識的是臥房、屋子以及周圍的環境；世界是由這些東西組合成的。隨著時間我們知道的愈來愈多，於是我們的世界也變得愈來愈大。成年之後我們會看到更多的東西。但是在六、七歲左右的階段裡，當你看見天空時可能會對自己說：「這個世界眞是奇大無比，地球就是我們的眞實世界！」不過小嬰兒時的你，卻把天空、月亮、高山看成了自己臥房裡的裝飾品。後來你才認淸的確有眞正的行星或恆星，你的世界因而擴大了許多。有趣的是，行星或恆星都沒什麼改變，改變的是你的內心世界。

隨著年齡的增長，你變成了一個成年男子或女人；你經驗世界的方式開始和所有的人一樣。根據你的文化背景、家人或朋友的影響以及受到的教育，你會有特定的經驗和生活方式；你可能發現自己很快樂或不快樂，想得到某些東西或不想得到某些東西。因此，活在世上就是得到了自己想要的東西，或是得不到自己想要的東西。活在世上可能是快樂的，也可能不快樂。每當家裡有嬰兒誕生的時候，家人都覺得很開心；但如果有人死了，大家就會傷心哀慟。有時你也會生病，然後又康復了。或者有人很喜歡你，你就感覺快活一些。成名也是值得快樂的事，失敗則是令人感覺很糟糕的事。你所知道的世界，就是由這些元素組成的。

等到更成熟一點的時候，你終於發現事情不怎麼對勁了。你的人生開始出現一些問題，也許是工作，也許是關係方面的問題。因此心理層面的你變得老練了一些，於是開始想了解自己的人格和心智活動的眞相。你學了一些心理學或哲學，也了解了自己的問題所在，但你還想知道自己的不快樂是什麼觀點造成的，故而發現人生不只是長大成人、生活和吃飯。你發現自己眞的並不了解世界的眞相是什麼。大部分的人都是到了下半生才開始懷疑這些事情，因此當你還是個十來歲的小孩時，是不會對這些事有所質疑的。你從未想過你的錯誤觀點會造成一些問題。因此，我們必須有許多人生經驗，才有能力質疑自己的世界觀。幸運的話，十六、七歲你就開始質疑了，有的人甚至要到三十來歲，才發現有些事是自己不懂的。因此，你開始發現心智的確會影響你在世上的經驗。

靈性探索會改變我們的世界觀嗎？

到了某個階段，你可能發展出靈性上的成熟度，而開始想探索世界、你自己以及人生深層的面向。於是你對靈性、靈修、上帝或本體開始產生興趣；你開始思索也許眞的有靈魂、靈性以及本體。你感受到一些嶄新的內在經驗，而人們也可能和你談起內心的神或女神，或者談到外在的神或女神。於是你確信某些事是肉眼看不見、感官覺知不到的；你變得更老練了一些。世界不再像你十五歲時認定的那樣。你察覺還有神靈的存在；世界的層次似乎變得愈來愈多了。除了心智、思想和情緒經驗之外，還存在著一些靈性層面的經驗，於是你進一步地建構自己在世上的人生。

但世界基本上還是老樣子；樹仍然是樹，山仍然是山。它們仍然是老樣子，位置也沒改變。男人仍舊是男人，女人仍舊是女人。偶爾我們會產生一些困惑，但大部分時候事情都很明確。基本上每個人都知道河就是河，海就是海，這些事都不會改變。即使有了心理上的認知或靈性上的了悟，我們對世界的體認仍然和四、五歲時差不多，世界並沒有根本上的改變，只不過我們知道的愈來愈多罷了。現在你發現除了心智之外，還有靈性、靈魂和本體，這些都是以往未察覺的東西。你把新的知識納入了已知的事物中；但這份認知並不會動搖你以往的世界觀。

我們以爲有了更多的經驗、變得更成熟以後，嶄新的事就會發生，其實我們只是在老舊的世界裡加入了更多的內涵。我們的基本世界觀並沒有受到質疑。桌子仍然是桌子，房子仍然是房子，這些事都沒有受到質疑。我們也不會質疑自己眞的是男人或女人。這些東西仍然是我們世界的構成元素。

因此當我說：「我們的知識就是我們的世界」時，不妨默觀一下我們對眼前世界的認知。我們可以默觀一下眼前的房間、燈光、地毯、椅子和牆壁。不妨經驗一下眼前覺知到的世界。當我們默觀時，一定會認定我們是在眼前的世界裡做這件事。我們也可以從心理或靈性層面來進行默觀，就在眼前的世界裡向內心探索。如同早先說過的，也許在心理上我們已經有了成熟度，而且能認清心智決定了自己的感受和經驗，因此我們發現情緒狀態總是取決於以往的記憶和經驗。

你會發現你對不同情況的感受與過往的歷史有關，但不必然和當下正在發生的事有關；這是很普通的心理常識。或者你可能會做一些心靈修持，譬如冥想等等，而開始獲得某種體悟。也許你的脈輪打開了，心敞開了，頭腦變得清晰或看見了光，能夠與天使溝通等等，但你仍然相信這些經驗都是在已知的世界裡發生的。

舉個例子，此刻你可能發現自己有些焦慮和不舒服，然後你發現原來眼前的情況使你想起了小時候曾經令你恐懼的事。你發現其實並沒有什麼事是值得害怕的，只不過眼前的情況與過去的歷史有些類似罷了。當你產生這種洞見時，你的智慧便增長了一些，但你仍然活在同樣的世界裡。事實上只有一件事沒變，那就是你的恐懼。你眼前的恐懼和童年的恐懼是相同的，這才是你能夠確定的事。

但這種情況是怎麼發生的？也許眼前有個人，他的外形、年齡或某種態度令你產生了恐懼的反應，因此你認知到的是眼前這個人與過往的某個人的長相及行爲很類似。你的世界並沒有改變——裡面仍然有個人充滿著恐懼，仍然在依照某種模式產生反應。你的世界並沒有什麼改變；裡面的元素仍舊是照著特定的方式在互動。因此我們發現即使對自己的心理活動有了某些認識，我們的認識仍然擺脫不了已知的世界。某種程度上我們的認知並沒有深化，雖然對恐懼、對他人、對自己的行爲有了較深的認識，但仍然沒有超出童年經驗的範疇。

你現在已經知道什麼是光明與黑暗，因此只要按一下牆上的鈕，就可以把事情變成黑暗或光明。你已經認識牆上有按鈕，也明白了什麼是黑暗，而且知道需要光才能看見東西。你也知道黑暗是有利於睡眠的。雖然你學會了有關按鈕的事，但並沒有新意。

成長和學習只是增加了關於世界的知識？

大部分人都認爲，教育、對心理活動的理解以及靈性上的體悟，是大同小異的事。你知道自己是個男人或女人，育有子女，跟特定的人住在特定的屋簷下，而且和屋子裡的人有特定的關係。你認爲你和屋子裡的人有關係，而且對這些關係有所認識，可是你的認識仍然屬於老舊的次元。

或者你已經對石頭和水晶有了認識，於是很想再認識鑽石和綠寶。雖然你對這些礦石的知識有了增長，但是在某種程度上並沒有學到新的東西，因爲你學到的仍然是礦石之內的知識。這些礦石有不同的色彩和結構，但全是一些晶狀體；它們的特性都是相同的。我們愈是經驗世界，得到的知識就愈多，而世界也就愈擴張。到目前爲止我仍然沒有說出任何神祕的事，我只是指出了一些大家都視爲理所當然的事。這些全都是常識，但我們通常不會這麼去看事情。

基本上，我們的世界是由相同的東西組合成的，而它們是不會改變的。裡面有岩石、樹木、動物、機器、人、河流及海洋。裡面也有水、雲、星星、銀河，還有血液、尿液和骨頭。同時也有光明、黑暗、哀傷、恐懼、憤怒、快樂及自由，或是工作、失敗、成功、名望和電視。打從五歲起我們就一直在經驗謊言或眞相等等的事物。我們以爲成長和學習涉及的只是對這些事物的覺知。我們只是比五歲時多學到了一些東西，但從未進入不同的層次。我們不斷地在原先的領域裡移動位置，但領域始終沒變過。所謂的成熟、增進知識和成長，就是在原先的結構裡覺知到更複雜的元素，以及這些元素之間更複雜的關係。

到目前爲止我們還未解釋清楚「我們的知識就是我們的世界。」我們已經看見自己的知識如何隨著視野的擴大而跟著擴張。當然我們的世界也包含我們的整個身心靈。我們從不對這些東西產生懷疑，不論做什麼或計畫什麼，不論如何學習成長，在心理、靈性和情緒上拓展經驗，我們的覺知仍然侷限在世界的範圍之內。即使當我們體驗到更深的眞相和本體時，仍然會把它們和已知的事物連結，並且以老舊的方式來覺知它們。你覺得內心很甜美，很柔軟，或者很黑暗、很哀傷，這些都是已知世界裡的老舊元素。

從某個角度來看，我們的知識從未增加過，所有的知識都是由字母組合成的，而我們只是把字母做了不同的排列組合。譬如以英文來說，我們一共有二十六個字母，這二十六個字母可以造出成千上萬個字來。不論我們怎麼說或寫，所有的語言文字都是由這些字母組合成的，因此所有的書籍也都是由這二十六個字母組合成的。不論我們的文字有多麼先進和深奧，基本的元素就是這些字母。

我們對這個世界的知識也是由類似的元素組合成的。這些元素包括岩石、氧氣、軀體、骨骼、自由或哀傷。我們的世界就是由我們對它的認知建構成的，這些認知往往會影響我們對事情的探索方向及觀點。我們的世界裡有桌子、筆記本、木頭、水、玻璃、麥克風、電視、電燈、太陽、盒子、思想、概念、感受、覺受等等。這些就是構成我們世界的字母。這些字母從未改變過，改變的只是不同的排列組合罷了。

我今天真正要探索的是：這些元素究竟是什麼？我想探索的是岩石、山、水、人、鼻子、眼睛、肝臟、豬、鴿子、蛇、星星或塵埃究竟是什麼？所謂的蒸發、鞏固、過程、自由或選擇，又是什麼？我們已知的世界就是放在書架上的字典。我們所有的觀點都可以在字典裡找到。早上你一醒來就會告訴自己說「我醒來了」，而你可以立即在字典裡找到「醒來」這個字。醒來之後你看見了你的母親，「母親」這個字也可以藉由字典來了解其含意，因此我們經驗到的每件事都在字典裡面。

我們認爲字典只是將世界做了一些分類，而不認爲字典就是我們的世界。如果認爲字典就是我們世界，別人可能會認爲我們是瘋子，因此我們才會說字典是在描述世界，將世界裡的元素分類。事實上，這些元素眞的構成了世界。世界裡眞的有岩石、有鳥；我眞的有鼻子和眼睛；你的眼睛眞的有其特殊的形狀。字典也許能描述或讓你知道眼睛這個字是什麼意思，但眼睛是眞的存在著的一種東西。打從一開始我們就從未質疑過眼睛、鼻子、膝蓋、頭髮、血和肉這些東西。

字典裡的字是有限的，但我們可以藉由不同的字組合成無數種類的關係，就像字母可以組合成無數的字一樣。因此世界是由無數的元素組成的。我們認爲這些東西全都眞實存在著，而且是非常堅實的存有。譬如岩石毫無疑問的確是眞實的。我們可能會懷疑是否有自由這種東西，但岩石呢？岩石的確存在於那裡啊。如果你不相信它在那裡，不妨踢一下就知道了；這是一個很有名的證實物質的確存在的公案。

但是在哲學上這並不是最終極的證據，哲學家會質疑你對自己感官的詮釋。你如何能假設岩石是存在的，難道根據你的感官來證明就夠了嗎？人也可能因爲腳痛而製造出像是實有的一種幻覺啊！因此在邏輯和哲學上，這樣的說法並不能證明什麼，但我們仍然相信岩石是存在的。如果你不相信岩石是存在的，你心智的穩定度就會遭到質疑，不論提出何種哲學和邏輯上的解說都一樣。

構成世界的元素是什麼？

然而構成我們這個世界的元素究竟是什麼？我們未誕生之前，它們是不是已經存在了？當我們兩三個月大的時候，還未認識這些元素之前，它們存不存在？大部分的人都會假定當我們誕生到這個世界的時候，它們已經存在了。我們認爲山、樹、人、蒼蠅、自由、正義、本體、靈性等等，早已是存在的，但在你還未認識樹木之前，它們到底存不存在？

讓我們舉出一個世間的元素來探索一下。就拿自由來說好了，我們時常會說你自由或不自由，但眞的有自由這種東西嗎？假設你是一個兩歲大的孩子，尚未有「自由」這個觀念，所以你不會從自不自由的觀念來看自己。然後藉由學習，你逐漸發展出了自由的概念。舉個例子，如果你把家裡弄得一團糟，父母不可能不干預。過了一段時期，能否依照自己的方式來行事，便成了我們所謂的自由與不自由的準則。可是小時候的你不可能從這個角度去想事情。當我們看著一個小嬰兒的時候，我們會覺得他很自由，然而他眞的自由嗎？我們認爲他自由是因爲他沒有制約經驗的心智能力，於是我們就覺得那是一種自由。可是從小嬰兒的角度來看，他眞的感覺自由嗎？嬰兒還不知道什麼是不自由，所以也不知道什麼是自由。我們認識自由，是因爲我們知道了什麼是不自由。如果沒有所謂的「不自由」，也就沒有「自由」這個東西了。假設你從未缺乏過自由，你會對自由有所體認嗎？因此自由是藉由缺乏自由而被我們認知的。如果從未受過限制，那麼在你的世界裡，自由就是不存在的東西。

如果你從未感受過冷，是否會有熱的感覺？沒有冷，就沒有熱這個東西；沒有高，就不會有矮；沒有大，就不會有小。我們認識的所有事物，全都是藉由對比而得知的。我們會認識堅固這個概念，是因爲我們了解什麼是流動。我們認識的善是對應於惡的，快樂則是對應於不快樂。因此組成我們這個世界的元素，都是透過和其他元素的對比而被認知的。

讓我再退回來解釋一下。假設你目前有些心理問題或困難，根源是小時候發生過的某些事。你的困難是奠基在你信以爲眞的經驗上面，因此若是沒有所謂的恐懼、哀傷、排拒或贊同，也沒有所謂的人或某個時段，那麼談論童年發生過某件事就沒什麼意義了。一旦有了某些童年的元素，你就可以認清這些元素的模式和互動關係，然後藉由看透它們來擺脫掉舊有的模式。

但我們也可以利用不同的方式來解脫自己，譬如質疑經驗裡的那些元素是否眞的存在。如果這些元素不存在，那麼心理議題也就不存在了。若想了解某個心理議題，你必須先假定童年經驗裡的元素是眞實存在的。

構成世界的元素，成了我們生活、行動、溝通的基礎

隨著你的發展與成長，你毫無選擇必須假定構成世界的元素是存在的。這些都是最基本的事物，它們就是你的行動、生活的內涵以及人際溝通的基礎。缺少了這些元素，你不可能有任何知識、觀點或生活。爲了進行內在工作、了解自己是誰、明白心理的困難有哪些、自由的定義是什麼、什麼是渴望轉化自我等等，就必須認識這些元素。

我們再來了解一下孩子的心智發展。小嬰兒看得見周圍動來動去的各種形象，也看得見光和色彩，但是沒有「黑色、綠色、活動或祥和」等等概念。嬰兒根本不懂得這些事物。他們可能會對母親的臉孔產生反應，但是不會有「臉孔」或「母親」的概念。他們也不會在事情發生的時候，認爲「有事情在發生」。他們根本不知道什麼是「事情」，也不知道什麼是「發生」。嬰兒會有種種的印象，但並不知道這些東西叫「經驗」。因此一開始我們會覺知到許多事物，但無法覺察自己正在覺知它們。

嬰兒看見相同的事物重複再三地發生，譬如聲音、形象、運動、感覺一直在發生，然後對這些事物的記憶就會發展成某些認知模式，而且會對其中的某些模式特別有感覺及相應。一開始嬰兒的世界是未被定義的、缺乏結構的、未知的以及流動的。他們並不知道這些生生滅滅的東西是什麼，但這並不是因爲他第一次經驗這些事情，而是他根本不知道這些東西是什麼。

處在這種原初的，比較沒有結構的狀態裡，當你覺知到一些活動時，你並不知道是屋子在動還是你在動。你也不知道有一個人把你從某間屋子抱到了另一間屋子；你只知道眼前的畫面變了，但沒有兩個不同處所的概念。

然後一點一滴地，我們開始把覺知到的事物固著化：包括我們內在的感受、活動、變化以及對各種形體的印象。我們逐漸意識到週遭的人似乎會發出一些聲音，爲這些事物命名。你聽到有人說出「羅萊」的名字，過了一陣子你開始明白這個聲音是從很熟悉的東西那裡發出來的，但你還不知道那就是你的母親。你聽到「羅萊」，可你不知道那是什麼。

到了六或八個月大的時候，你的母親開始指著你說出「羅萊」這個名字。你看著母親的手指以爲那就是「羅萊」，然後你的母親指著你說：「不，不，你才是羅萊。」經過幾番周折之後，你終於知道「羅萊」就是你。一開始你並不知道「羅萊」是個名字，而你就是「羅萊」。當你知道你就是「羅萊」之後，這個名字便開始伴隨你，長達一輩子。認識了自己的名字之後，你又發現自己還有一副身體，而且手臂和肩膀是連著的；它們並不是和母親連在一塊兒。接著你學著去認識身體的感受和活動；然後你學會了把「羅萊」這個名字以及你對身體的覺知，統合成你對自己的概念。

在你的頭腦裡，第一件學會的事就是「羅萊」和身體是分不開的。母親時常指著嬰兒的鼻子說：「鼻子」於是小嬰兒也跟著說：「鼻子」。然後母親又指著自己的鼻子說：「這是一個鼻子。」最後你終於弄清楚了什麼是「鼻子」，於是你的世界就開始出現鼻子這種東西，在這之前，既沒有羅萊，也沒有鼻子這種東西。

我說頭腦未發展出認知能力之前這些元素不存在，並不代表孩子什麼都看不見。孩子能看見耳朵，但並不知道這個東西叫「耳朵」，也不知道耳朵跟其他的東西是分開的。因此孩子的世界不包括耳朵和鼻子，也沒有星星、銀河、自由、選擇、上帝或其他事物。

在抽象的層次上，你可以說世上的這些元素早已存在，但是從你的經驗來看的話，世界並不是由這些東西組合成的。在你尚未發展出命名的能力之前，你的世界並不是由這些元素所構成，因此認知的活動是一點一滴發展出來的。隨著知識的擴張，你逐漸能分辨更多的字句、概念以及這些東西之間的關係，而這些關係又構成了更豐富的世界，於是你的知識便增長了。

未有概念以前，世界存在嗎？

從這樣的探討我們會發現，打從一開始我們生活的世界就是跟我們的知識連在一起的。我們所謂的知識指的不但是事物之間的關係，同時也包含一開始的概念性知識在內。當你尚未發展出概念之前，世界的這些元素都是不存在的。以眼前這張桌子爲例，你知道這裡有張桌子，然後你說這是桌面，但桌面究竟是什麼？一開始桌面這個東西對你而言並不存在，接著你有了「面」的概念，而且明白了「面」是朝上的。你發現事物之間有一些差異，但是在沒有「面」的概念之前，你並不知道「面」和「裡」有所不同。一開始孩子對桌子的概念很不明確，然後他逐漸了解桌子有「腳」、有「面」、還有「裡」等等，於是桌子就變得愈來愈固化。現在你甚至可以寫一整張紙來描述這張桌子。

因此我們生活的世界是由我們的概念一點一滴構成的。因爲我們需要用這些概念來描述事物，所以這些概念才構成了我們的世界。當桌子沒有出現之前，人們是坐在岩石上的。人們把腳放在岩石上的時候感覺並不舒服，於是就把岩石的面削平，然後就成了桌子。當桌子被做出來之後，人們才逐漸有了桌子的概念。了解桌子、飛機、音樂、電腦是由人的頭腦創造出來的，似乎並不是困難的事，但了解天上的星星也是由人的概念創造出來的，就有些困難了。我們總認爲星星的存在是獨立於我們的概念之外的；我們很確定它們在人類之前就存在著。但若是對星星沒有概念，顯然無法認出星星來。我們可能會把星星看成是天上的亮點，而不知道它們是星星。如果對天空或星星沒有概念，我們將會活在一個沒有天空或星星的世界裡。我們的世界只有光和藍色，有時是灰色的，有時顯得暗沉一些，有時則會出現一些小小的亮點。

或者我們有能力分辨亮點與黑暗的區別，於是便稱這些亮點爲星星。因此若想活在一個有星星的世界裡，就必須有星星的概念，缺少了這些概念，你根本說不出夜空裡有什麼。但夜空裡的那些東西和你心中的概念並不相同，因此我們必須認清我們的世界就是由這些知識建構成的。

如同我早先說過的，我們藉由事物的對比性而發展出了分別意識，而事物的對比性也會眞的在我們的概念裡將事物劃分開來，然後我們又會賦予這些對比的事物一些名稱，於是世界就變得堅實和固化了。如果你完全沒有思想，那麼這個世界是否還存在？因此，我們生活的世界就是由我們的知識和概念構成的。我們所謂的世界只是一堆概念罷了。

知識增長，反倒使世界變得僵固了

在概念化和命名的過程裡，我們忘掉了這些元素起先並不存在。我們已經不記得在命名之前發生了什麼，因爲當時還不俱足思維能力來記得一些事情；我們記得的只是一些已經發展出來的概念罷了。最後我們就活在自己的頭腦裡面了。如果我們的知識內涵是明確而固定的，那麼所有的人以及生命就會變得明確而固定，然後我們的經驗就開始固化。愈是這樣，我們生活的世界就愈老舊。它不再是一個新穎的世界，我們也不再新鮮。如此一來，你就學不到什麼東西了。你不再發展和成長，不再擴張和深化；你的世界變得愈來愈狹窄。知識愈複雜，我們的世界就愈狹窄、愈僵固。

因此，我們所謂的增長知識，不過是把世界、自己以及人生變得愈來愈僵固。這種不再改變的狀態便是我們安全感的來源。向這些概念挑戰會讓我們覺得很危險，在事物的組合上做些更動則不打緊，因爲這可以使我們更有安全感。因此我們的概念變得愈堅實，就愈有安全感，但同時卻失去了活力，無法再如實地看自己和世界。

如此一來，世界和我們自己就變得愈來愈機械化。我們不僅是活在心智裡面；心智就是我們的宇宙了。我們不僅是活在歷史裡面；歷史即是我們的世界。我們現在仍然活得像個小孩，仍然是父母的兒子或女兒。我們不是生活在一棟房子裡面，而是生活在房子這個概念裡面。說得更精確一點，我們是活在人和房子的概念裡面。這個概念化的人正開著一輛概念化的車，經過概念化的城市與街道。因此我們生活的世界是老舊僵固的，裡面的新鮮感、活力和光輝早就不見了。當你在看事物的時候，總是透過概念的鏡片在看，而且這個事物必須符合你已知的概念，因此你從未以嶄新的角度去看過它。當你看著一塊地毯時，你看到的只有紅色、藍色和綠色；你早就知道地毯是什麼，也知道紅色或藍色是什麼。沒有任何事物是新穎的，充其量只是不同元素的組合罷了。你知道的事愈多，它們就變得愈堅固，愈沒有活力、光輝或新穎感。

另一個讓我們的世界變得固化的，就是我們的反應。我們對自己和世界不但抱持許多老舊的概念，同時還有一些反應和意見，令這些概念變得更僵固、更脫離眞實的世界。每當某個經驗發生時，你立即會把它分類成快樂或不快樂、痛苦或愉悅、好或壞。譬如你特別偏好天上的某顆星星，每回你抬頭仰望它的時候，都很愛慕它；只有那顆星星能帶給你快樂，其他的星星你似乎都看不到。或者你認爲天上可能有邪惡的外星人，所以不敢抬頭仰望天空。你總是把人分成善良或邪惡，而你的反應會讓你更難看到他們的眞相；你的反應會固化你對他們的概念。

透過「概念」往外看，是看不到真相的

因此除了自己的概念之外，我們再也看不見世界的眞相了。當你看著外面的世界時，你看見的只有心目中的樹，而非樹的眞相。當你抬頭仰望天空時，你看見的是頭腦中的星星，而非那眞實的東西。然而星星究竟是什麼？它只是你的一個概念罷了。你不只是透過概念在看事物，同時還會產生一些聯想；星星會讓你有某種特定的感覺，「媽咪」這個字也會讓你有特定的感覺。「寵物」這個字則會帶來不同的想法和反應。這些聯想和反應全都取決於你過往的歷史。你的父母教給你一些對事物的反應，於是你學會了害怕或開心。當某個人誕生時，每個人都告訴你這是該慶祝的時刻；某個人死了，每個人好像都應該感到哀傷才對。因此此死亡也成了一種概念；雖然你不知道它是什麼，但你已經被設定好要產生某種反應。因此當你產生某種感覺時，這個感覺也早已有了名稱。它不但有了名稱，而且你也早已被告知該如何對它產生反應，所以你的世界、你以及你的人生都被設定好了。

我們愈是把世界弄成一個堅實的東西，我們和世界就變得愈僵固。我們通常不認爲心靈的解脫就是要向所謂的世界和心智挑戰。我們以爲解脫是在老舊世界裡發生的事，而從不質疑這個世界的眞相是什麼，也從不向最顯而易見的東西挑戰。我們總渴望找到一些神祕未知

的事物，來提供我們一些新鮮、自由和活力感。我們不知道活力一向存在於眼前。

僅僅稱自己為「麥可」、「羅萊」、「珍」或任何一個名字，便足以使自己變得僵固，因為你把自己變成了一個無法更動的東西，因而喪失了存在的活力。關鍵就在於我們自認為什麼都知道了。你以為你已經知道自己是誰、世界是什麼、存在是什麼，其實你知道的只是一些概念罷了。你根本不知道什麼是存在，你早已喪失了生命的神祕性。我們已經喪失了能夠帶來自由、驚喜和新鮮感的神祕性。我們把世界弄成了一個陳腐不堪的東西，也把存在或上主弄成了陳腐不堪的東西，而且仍然在追求讓我們感到活躍和快樂的陳腐之物，甚至稱這些新的陳腐之物為靈性或心理上的洞見。因此何不停下來質疑它們，而去追求一些新鮮的東西呢？

解脫從質疑已知開始

我們無須到彼處尋找實相；解脫和找到新的東西無關。解脫和質疑那些已知的事物有關，並且要發現所有的已知都只是既定的概念罷了。已知的世界就是由我們的知識構成的，我們必須在根本上質疑這些知識，並且捫心自問：「它們是真實的嗎？這就是一切了嗎？我有沒有可能在強化概念及形成特定思想的過程裡，扼殺了一些東西？我是不是把某些精微、鮮活、無法用概念來捕捉的東西扼殺掉了？」

從實際的角度來看，我們需要用這些分辨力在世上找到運作的方式，但如果總是從概念的鏡片在看經驗的話，我們就會喪失某些東西。我們會失去神祕性、活力與動力，失去存在的鮮活品質。

我認爲我們已經釐淸了早先的說法：「我們的知識就是我們的世界」。我們的感覺、行動以及對自己的看法，造成了我們的概念和知識。不論你到哪裡或經驗到什麼，你的世界都是一些已知的內涵。你早已學會了一些東西，包括文字、概念以及它們的關係。但我們並不眞的知道世界是什麼、存在是什麼、我們是誰。我們所認識的，全都是從父母、社會、書籍以及聽聞來的故事那裡獲得的概念。

一旦發現不同的文化會以不同的方式形成概念，我們就會開始向以往的假設提出挑戰。我們會發現另一種文化看世界的方式是截然不同的，它們具備了一些我們從未經驗過的元素。因此不同的文化可以豐富我們的經驗，因爲它們會把新的概念引介進來。舉個例子，當我們第一次看見日本庭園的時候，我們的感覺很新鮮，很有生命力。對一個美國人而言，日本庭園是很不同的一種東西。你看到它的時候可能會有點興奮，有點警醒的感覺，或是有點不舒服。但是你愈看，就愈習慣；結果就再也看不見這個庭園本身，而只剩下了「日本庭園」的概念。過了一段時間，你甚至覺得那不過就是放了幾塊大石頭的園子罷了。

因此事物新的組合可以帶給我們新鮮感。以不同的框架來看事情，會讓我們產生多一點活力。但是過了一陣子你又失去了興趣，於是又必須發明新的組合方式來產生活力。就哲學、宗教、科學而言，也是同樣一回事。我們必須不斷地改變，才不會覺得僵固乏味。一開始我就提出來「我們的知識就是我們的世界」這個概念，而且這些知識都是人類歷史的一部分，因此我們的世界就是人類歷史的產物。不論是物理學、社會學或宗教知識，全都構成了眼前的世界。已知的世界就是一個僵死的世界，眞實的世界則是神祕未知的，而且不斷在改變和蛻變。

今天我們眞正要探索的是超越心智的實相是什麼。若想超越以往學到的概念、發現眞正的實相，就必須向這些概念挑戰。在這個層面上，內在工作並沒有什麼特異之處；我們只要看見所有的已知事物的眞相就夠了。一旦洞穿已知的概念，就可以看見一直存在於那裡的眞相，也就是要如實而直接地看見當下的眞相，而不是我們的頭腦定義出來的東西。起初這似乎像是一種頭腦式的探索，但事實上是在向頭腦挑戰。我們是在向頭腦裡的概念挑戰，以便看透它們。因此這個面向的內在工作，會令你覺得比較像是心智活動。然後我們會發現，這些概念和知識不僅僅是頭腦裡的知識，它們甚至決定了我們的主觀經驗。

如果我們自認爲已經知道實相是什麼，而且總是依照已知的行動來反應，那麼就不可能再體驗到新鮮的東西了。我們會一直把老舊的世界重新組合。然而我們渴望的就是活在一個完全新穎、不被過往一切所決定的世界。但穿透頭腦的世界並非易事，我們將會更明確地探索這個議題，舉出各種的心理問題和觀點做爲例子。

想看見世界的眞相？請放下心念吧！

若想成爲一個嶄新的人、以嶄新的方式看待知識，就必須放下老舊的概念，也就是不再執著於頭腦的活動。我們的任務就是不再把知識當成終極目標，至少偶而要做到這一點才行。感覺上這好像是要我們完全放下心智本身，但的確只有這樣，才能讓我們看見世界的眞相。不論擁有了多少心理上的洞見，有了多少靈性上的體悟，甚至看見過天使或是與上主交談過，只要我們的經驗仍然是在老舊的框架裡發生的，就不可能產生眞正的轉化。

眞理、實相或上主一直存在於那裡，它就是萬事萬物，而且一直在眼前。只要我們能看見世界的本質，就可以發現它。但眼前的實相究竟是什麼？答案是：嶄新的實相是超越個人歷史的。過往發生了什麼與當下無關，當下是什麼就是什麼。那麼眞實的存在又是什麼呢？我們要很小心，切勿把現在正在探索的東西冠上任何名稱，因爲這麼一來，我們又把它變成了另一種頭腦的概念。當你把眼睛看見的東西加上標籤時，就會產生一些聯想，然後又會出現一連串的反應、情緒和認同。因此我們必須不加標籤地觀察當下，也就是不以老舊的方式產生反應。

若想眞的看見事物的眞相，必須暫時停止所有的心念活動，而這意味著必須停止我們對這個世界、對自己、對一切事物的認知。這絕不是簡單的事，甚至會令我們感到害怕。要做到這一點，就像是大躍進一般，但這是我們必須下功夫的部分。只有做到這一點，才能覺知我們所謂的客觀現實。只有這樣，我們才能深刻地認識自己、世界以及正在發生的事。這會令我們進入一個眞實的世界、眞實的宇宙，以及眞的活在當下。

在某種程度上，今天探討的東西是無法被探討的；你怎麼可能在不運用任何概念的情況下探討任何東西呢？如果你完全不透過概念去體驗實相，甚至無法說某個東西是存在的，因爲存在並不是一種概念。從根本上來看，「體驗」也只是一種概念罷了。我們一直都在根據這些概念生活；我們一直在透過這些概念認識世界。如果不以這種方式生活會怎樣？如果我們的認知是百分之百自發而不透過意識的活動，會是什麼情況？

〔第十三章〕

內在與外在

內在工作要求我們為真理獻身。愈是把自己奉獻給真理，你的生活就愈充實，但這並不是進行內在工作的目的。如果你的目的是為了讓生活變得更充實，便仍然是在求取物質的滿足，令自己無法與實相連結。

這一部分的教誨是內在工作最深、最精微的層次。但進入這麼深的層次是要付出代價的，因爲我觀察過這會透露學生是眞的愛眞理，還是在追求感官物質上的滿足，或是在崇尙個人化的信念。我猜有許多人會不喜歡這部分的教誨，但也沒什麼關係。如果你們覺得這部分的修行實在太費力而選擇離開這裡，我是不會在意的。大多數人都卡在固定的軌道裡。學生經常扭曲眞理和教誨，以符合自己的信念、意見或興趣。這種傾向基本上是在保護和支撐小我，以及我們瑣碎渺小的人生。顯然這不是內在工作的目的。內在工作的目的一向是、永遠都是證悟實相，這代表要把眞理放第一位，其他的事放第二位，直到有一天你發現萬事萬物皆是實相爲止。我將會以干擾個人舒適感及昏迷狀態的方式，來進行這部分的內在工作，以便讓你們開始以嶄新和眞實的方式修行，但也可能促使你們選擇去別的地方。

我不願意我們的學校變成一個提供慰藉的地方，因爲有許多地方都可以提供你們這種東西；內在工作的目的顯然不是要帶給你們慰藉和安全感。

若想眞的深入於內在工作、活出其中的精神，就要犧牲掉與它無關的事物。如果不具備這種精神，就必須努力將它發展出來，因爲沒有其他的方式了。內在工作不是要幫助人拓展事業或技巧，謀取成就，賺取財富。雖然它也會帶來這樣的結果，但並不是它眞正的目的；它甚至有可能奪走這些東西。如果你確實熱愛眞理，是不會在意的。我們現在要進入的主題，基本上也會奪走一些東西，使你無法再獲取什麼。在其他的聚會時間裡，我們將會繼續探索別的元素，譬如與本體的某些面向相關的心理議題。今天我們要討論的元素，或許可以幫助我們憶起眞理的某些核心精神。

如果你不斷地質疑教誨是否正確、是否對你合適，那麼你還是到別的地方去比較好。這是很友善的忠告，而且適用於每一個學生，無論你在這所學校待了多久都一樣。眞理與時間是無關的。某些人以爲學到一點東西就已經足夠了，甚至可能扭曲眞理來符合自己的需求。內在工作不能以這種方式進行。那些只想滿足私慾的人很可能繼續活在錯誤之中，而無法眞的與實相連結。你不能利用內在工作來膨漲自我、求取物質的滿足，或是用它來娛樂自己。

內在工作要求我們爲眞理獻身。愈是把自己奉獻給眞理，你的生活愈充實，但這並不是內在工作的目的。如果你的目的是爲了讓生活變得更充實，就仍然是在求取物質的滿足，而令自己無法與實相連結。

我聽過許多人說：「我花了太多時間在內在工作上面，用了太多年的時間在聚會上面。」這眞是胡扯！探索眞理永無止境，就算花一百萬年也不夠。只花了幾小時、幾週或幾年來證悟實相，便開始抱怨浪費了許多時間，這樣的心態是怎麼來的？進行內在工作必須眞誠，否則就不要做這件事。

內在工作是不停在變化和成長的

不同的人的確會進入不同層次的內在工作；不是每個人都能進入最深的層次。某些人只能理解和體悟到某種程度，就覺得很足夠了。他們不想再繼續深入，也不需要再繼續深入。這也很好；這樣他們就可以早點離開此地。離開此地總比假裝學習要好得多。因此，內在工作是不停在變化和成長的，它不可能原封不動；如果原封不動，它就僵死了。

如果內在工作無法再讓你覺得不安全或不舒服，你就不再需要它，而它也已經僵死了。還有一些人抱怨伙食不好、用餐的時間不對等等。誰說我們這裡是一間托兒所的？誰說內在工作是要按照學生的要求來進行的？這包括我們的體能訓練在內。其實不論學了多少，仍然有學習的空間，不論做的是什麼練習，都應該像第一天在做它一樣，否則就不要去做。

當你覺得內在工作的某個面向已經有點陳舊時，就要立即反觀自己，而不是去檢視內在工作的那個面向。這代表有某種東西在阻礙你以嶄新的視野來看內在工作和實相。

在我的經驗裡，人們學習的時間愈久、發展得愈深，就愈能看見內在工作不同任務的必要性與價值。有的人認爲他們學得愈久，愈不需要進行不同的活動和練習。事實上你學得愈久，愈會發現自己所知甚微。認爲自己已經知道了許多東西，代表並沒有眞的在修行。我記得某位禪師曾經說過：「悟後更需要繼續打坐。」如果你認爲自己不需要再打坐，就是在欺騙自己。

內在工作一直要進行到無法再分辨你和實相的差異，無法再脫離存在的一體性，並且要體證自己就是浩瀚的宇宙，發現自己純淨、澄明和天眞的本質。到了這種境界還不是結尾。你體認得愈多，事情會變得愈神祕；你知道得愈多，愈覺得自己無知。你愈是擴張，愈覺得自己需要修行。你會發現愛裡面有愈來愈多的東西需要認識。如果認爲自己的重要性超越了眞理，就必須無情地鞭策自己，因爲你並沒有眞的在修行。

我的意思是，並非每一個人都想見到實相。我指的是那些眞正熱愛眞理的人，將會以無比的奉獻精神來追求它，只有這樣的學生才能夠進入今天我們所要探討的層次。

我們往往會迷失在憂思和繁瑣的思維活動裡。在缺少覺知的情況下，我們很容易卡在縮小焦點的狀態裡，而世界也會變得愈來愈沉重、晦暗和濃密。內在工作的作用就是要撼動你，直到你發現修行是永無止境的驚喜與揭秘，裡面沒有任何對安全感的需求。但首先必須把個人的現實生活建構好，以便支持我們活得舒服一點。從內在工作的角度來看，現實生活的保障本是爲了完成內在工作，而不是利用內在工作來完成現實生活。我知道有許多人都想利用內在工作來支撐自己瑣碎渺小的人生。如果你這麼做，只是在強化自我，令小我變得更堅實罷了。

上次的聚會探索到世界只是一堆累積起來的知識，今天我們要更精確地來繼續研究。這部分的教誨與非概念性次元相關。你們之中有些對靈修傳統比較熟悉的人，可能會發現這個部分在我們的工作裡特別重要，因此你必須對這部分的眞理感興趣。如果你關心的是它能夠爲你日常生活帶來什麼，那麼就乾脆忘掉它算了，因爲你會發現從這個層次的眞理來看個人生命，它就像肥皀泡泡一樣虛幻。如果我們繼續探索下去，你可能會覺得非常不安，非常恐懼，甚至會憤怒。這些反應都很正常。只要你能探究自己的反應，不去相信它們或將其變成外在的行爲，仍然可以發現超越個人觀點的實相。

通往實相的窗戶就在我們的內心

因此知識就是我們的世界。我們生活的世界是個已知的世界，然而已知究竟是什麼？知識又是什麼？我們到底知道了什麼或不知道什麼？一個渴望心靈啓悟或洞見的人，可能會認爲修行是一種內心的活動。你會認爲本體、靈性、存在、上主都在你的心內。這的確是眞相，但這只是內在工作較低的層次。一開始的確需要向內觀照，最後你會發現向內看的目的，並不在於內心裡有實相，而是通往實相的那扇窗戶是在內心裡面，看見實相的覺知是存在於內心裡面。

你的靈魂、覺知就是通往實相的器官和窗戶，因此你必須向內觀看。但這不代表實相是在我們裡面，而是有很長一段時間必須藉由內心的眞相來體認它。我們會因此而認爲本體、靈性和實相都在心內。

到了某個階段，我們必須更客觀地去認識事物，必須開始質疑我們對內在與外在的假設。我們必須意識到更根本的層次，不再認定實相是在內心裡面，而開始覺知無所不在的客觀實相。有很長的一段時間，在許多層次或次元上，內在工作都和本體的不同面向或心靈體驗有關，而且都能帶來轉化、滿足、激勵和振奮感。

如果我們允許這個過程持續下去，而且眞的對實相感興趣，就不會停留在某個位置上面。實相的揭露不會在任何一種內在的啓悟上面止步，因爲悟是沒有止境的。它們就像你的知識一樣，都是在內心裡發生的，因此你的啓悟也被頭腦裡的觀點所操縱；它們並不是源自於實相。即便我們的內在啓悟愈來愈豐富，若是缺少了現在要探索的見解，我們的世界或現實仍然會停留在很普通的層次。環顧四週我們仍然會看到人、天空、樹木、汽車或街道，於是我們會感覺：「多年來我看到的都是這些東西。這些都不是屬靈經驗，都不是我想要的。」內在工作的確需要探索內心和精神層面，而這會打開一扇門或窗戶，但這些內在啓悟並不是眞正的覺醒；它們只是道途上的一些體驗罷了。但是，它們對繼續修持下去很有幫助，也是必要的。缺少了這些本體性的經驗或敞開的經驗，缺少了愛和價值的顯現，大部分的人會因爲缺乏動力而無法繼續下去。因此這些經驗都是讓我們可以持續下去的精神徵兆。它們會鼓勵我們、帶給我們一些認識，使我們知道自己已經和某些未知的東西有所連結，繼而促使及支持我們走下去。

神在天堂，也在你心中

讓我們來探究一下老舊的日常生活和精神生活的不同。我們往往認爲精神生活就是脫離物質世界，若是以這種態度來進行內在工作，將會帶給我們很大的麻煩。我們一方面會渴望內在工作帶來物質上的成就和安全感，同時又渴望過著與物質世界完全無關的精神生活；這是一種分裂傾向。雖然如此，這種分裂傾向仍然包含著不太明顯的眞理種子。譬如你認爲上主是在內心深處或是超越塵世的。你覺得這個眞理就像是非常美好的一團謎，如同吃巧克力時發現裡面有令你驚喜的餡兒一樣。

沒錯，你的確能夠在天堂裡找到上主，或者在內心裡找到祂。可是從我們現在要探索的這層教誨來看，這類經驗全是在你的頭腦或認知裡發生的事。它們都不算是客觀實相，也不是眞正的覺醒。執著於自己的心智內涵，就是我所謂的崇尚個人化信念。如果你追求的一直是內在的啓悟，則是我所謂的追求感官刺激之人。如果你想要內在工作爲你帶來更舒服的生活或名聞利養，則是我所謂的物化之人。從根本上來看，它們都大同小異。你仍然是個渴望某些東西、感覺渺小、空虛和微不足道的人。你仍然渴望得到上主、本體、實相或任何一種東西的支持。

但這些都不是從實相的核心出發的動機。你的心必須對實相說：「接受我，把我抹除掉。不論你是什麼，我都希望你出現。」、「我不知道什麼是實相，但不論你是什麼，在外或在內，只要你能出現，其他的我都不在意。」

如果你感受不到這種對實相無條件的熱情，如果你不願意徹底臣服於它，就會停留在崇拜者和信仰者的層次。前人稱這種人爲偶像崇拜者或異端。因此若想眞的覺醒，就必須排除所有的信念、概念、需求和慾望，如此才能發現實相。你必須以超越善惡、大小或強弱的心來覺察自己。從根本上來看，就算你曾經得過一、兩年的憂鬱症、有過不幸的日子，你的本質仍然是整體宇宙。住在皇宮裡或小木屋裡，又有什麼差別呢？因爲你已經發現自己是從宇宙裡升起的一個浩瀚無邊的東西。

支持小我，是任由自己困在沮喪、匱乏之中

有人曾經告訴過我：「你說的這些東西令我很不安。我甚至不知道該如何與人相處了。我連一份能帶來保障的工作都無法再擁有。」很好！就去找一份能帶來保障的工作吧。這些顯然不是我感興趣的事。我眞正感興趣的是幫助你發現實相的奧祕。從實相的角度來看，找不找得到工作或該不該結婚，都是微不足道的。能否得到自己想要的東西，也是微不足道的。從實相的角度來看，萬事萬物都是實相之美的展現，快樂與不幸又有什麼差別呢？你可能會說：「這代表我不重要。你的意思是我的生命根本不重要。」沒錯，這正是我的意思。認爲自己是個頭腦模塑成的小我，你的生命就會變得無足輕重。

你生命的重點就在於發現自己本是整體宇宙。如果你希望我能肯定你的小我，那麼你就來錯了地方。我是不會支持這種態度的，因爲這跟實相無關。除非體認到生命是從更大的實相裡顯化出來的，否則它就是缺乏支撐和不眞實的。這些話聽起來或許有點嚴厲，但裡面是有慈悲的。支持你的小我，就是支持你卡在一個小小的角落裡，任由你停留在沮喪、渺小和匱乏的狀態裡。

我們對周遭的世界總有一種感覺：「這個物質世界不是屬靈的。屬靈的世界是在我們的內心、天堂或另外一個地方。」以我來看，上主就是我們所覺知到的一切，而實相就在眼前，如果我們還是把實相、上主看成是有別於現實世界的另一種狀態，就代表我們仍然在編故事。我們編的故事也許很巧妙，但畢竟還是編出來的；我們的心智是非常強而有力和善於要弄的。看見實相就是認清心智的活動並超越它，同時要有能力善用它而非被利用。某種程度上心智是最強而有力的東西，因爲它創造出了我們的世界。這句話到底是什麼意思？不妨看一看你週遭的世界，這個你認爲不夠屬靈的凡間，這個讓你每天開著車、會見朋友、上班打工、偶而有靈性經驗的世界。你把這個世界看成了一個可以在裡面活動的物質界。舉個例子，看看你的車子，這是一輛本田。很好，你知道自己擁有一輛汽車，一輛一九八六年生產的紅色本田，而且是自動排檔、有許多額外的配備。你認爲自己已經很懂得這輛車的裝備了。沒錯，你的確很了解它，但你的了解並不是直接與立即的。你說：「我的車是輛日本車。」這句話是什麼意思？你知道的只是它的名稱，你並沒有描述出這輛車的眞相。雖然我們爲它冠上了標籤，但我們並不眞的知道這輛車。你也可能對它有其他的認識——「這輛車是由金屬、橡皮等等的東西構成的。」但這又代表什麼呢？金屬是什麼？橡皮是什麼？你眞的知道什麼是金屬或橡皮嗎？這只是一堆你學到的名相罷了。

你也可能看著眼前的一棵樹，然後說你知道這棵樹，但你眞的知道它嗎？你以爲叫它蘋果樹就眞的瞭解它了嗎？或許你吃過蘋果，但你並不完全知道蘋果是什麼。你知道它是酸中帶甜的，你能感受到它的質地，於是就認爲你瞭解了它，然而酸究竟是什麼？甜又是什麼？酸和甜不也是你頭腦裡的一種概念嗎？酸和甜的感覺也不過是重複再三的經驗罷了。從這些經驗裡你學會了區分味道，所以現在你可能知道樹、蘋果樹、酸或甜是什麼。

我們現在可以進入更細膩的層次；我們可以探索一下甜這種滋味。甜到底是什麼？它是我們口中的一種味道，而且被加上了甜的標籤，因此每一回當我們體驗到這種滋味時，我們就說這是甜的。這時我們其實已經把蘋果本身置於腦後了。感受到甜的滋味時，我們就不再和蘋果或蘋果樹有所連結。你如何去認識一棵樹呢？除了對這棵樹的概念、賦予它的名稱、對它的記憶之外，還有沒有其他的認識？當你看見一棵蘋果樹的時候，你會說：「這是棵蘋果樹；我知道它是因爲我以前見過它。」但若想眞的認識它，就必須更貼近地去看它，同時還得嚐一嚐蘋果的味道，體驗一下甜的滋味是什麼。因此你從某個層次的觀點進入了另一個層次，一點一滴地，我們愈來愈趨近於個人性的直接體驗。

假設你現在正在品嚐一個很甜的蘋果，而不從名稱來體驗它，這就能擺脫掉過往對蘋果的認知，以較爲新穎直接的方式來認識它。

現在我們把探索的方向轉換到自己身上。花一點時間來感覺一下自己，感覺一下自己的內心，看看內在的氛圍或環境裡有什麼東西。這時你可能發現一些覺受、情緒或張力；也可能感受到哀傷、痛苦或緊張，但這些名相究竟是什麼意思？這些名相都是從經驗裡得來的歸類方式和概念罷了。

如果不運用這些名相，你是怎麼體驗自己的？這些名相都不是經驗本身，因此不運用這些名相，你眞正體驗到的是什麼？如果你不說「我知道什麼是哀傷」、「我知道什麼是痛苦」或「我知道什麼是緊張」，那麼你所體驗到的又是什麼？我現在是建議你探索一下自己。假如你正在經驗神經痛，那麼不妨問自己什麼是神經痛，什麼是神經？你是否經驗過自己的神經系統？也許你以前在書本上見過它們。再進一步你會發現內在環境裡有各式各樣的感受。譬如你覺察到各種不同的情緒或溫度的變化，試試看不要爲它們加標籤。這些標籤都會令你自以爲已經知道眼前的經驗是什麼了。

因此語言文字會製造出界線，如果不運用語言文字，這些界線會怎麼樣？它們還會是明確的嗎？我們的心智製造出了痛苦與不痛苦的界線；你的經驗、概念、加標籤以及你對它的考量，全都是息息相關的。你一旦停止運用語言文字、不再形成概念活動，界線就變得不明顯了。不妨直接覺知一下你的經驗。如果你不說心中有憤怒、哀傷、痛苦、冷或熱的感覺，而只是以煥然一新的感覺去體驗當下，剩下的是否只有一些覺受罷了？

受概念限制的內在經驗

我們對內在經驗的認識，一向是把概念強加在覺受上面。透過概念的鏡片來認識經驗，覺受就會一成不變，而且愈來愈固化。稱某種感覺爲痛苦，就會一直認爲那是一種痛苦。如果有緊張的感覺，心也會一直把它體受成緊張。若是把經驗換上另一種名稱，會怎麼樣呢？所謂的內在經驗不外乎一些從字典或他人那裡學來的概念。我們被告知無數次：「這種感覺叫做緊張。」過了一段時間，那種感覺眞的變成緊張了。在你沒有「緊張」的概念之前，緊張這個東西是不存在的。在你沒有「痛苦」的概念之前，你所體認到的也不過是一些強烈的覺受罷了。

因此當你覺察自己時，你會體驗到許許多多的感覺；愈是不運用語言來加以描述，它們就愈沒有界線。它們不會變成明確而固化的東西，這代表你的認知變得愈來愈不固著、愈來愈稀薄。讓我們一起來探索一下，如果不運用語言文字，我們直接體驗到的世界是什麼？什麼是沒有過往歷史、直接而又新穎的經驗？說自己正在經驗緊張的感覺，代表你運用的是過往的知識。換句話說，你並沒有完全處在當下；你的經驗不是完全直接的，你是從過往學到的概念來看眼前的經驗。

如果不替經驗加上標籤，你可能不知道如何與我溝通，但也許根本不需要用語言來告訴我，也許我可以直接明白你的經驗，而不需要你用語言來描述。因此認知通常涉及到語文，對不對？那麼請問你所知道的當下是什麼？如果你知道的只是一些語言文字，又憑什麼說你認識這個世界呢？你爲什麼會說你認識自己？爲什麼假定你認識你的車子？爲什麼聲稱自己認識眼前的桌子？我們現在正試圖釐清你並不眞的知道什麼。你知道的只是一些名相罷了。

如果直接了當地去看這個世界，你會看到什麼？你會經驗到什麼？如果不帶著任何記憶去看你的內在經驗，會體認到什麼？或許你會告訴我內在起了一些改變，或者你也不十分清楚自己正在經驗什麼。不透過頭腦的活動眞的向內觀察自己，你會發現內在的覺受只是一些變來變去的「點」罷了。那些不斷湧現的覺受，就像是宇宙裡的星星、銀河或雲朵。我們稱這一堆小點點的組合爲桌子；那一堆小點點的組合爲地毯。我們透過概念把這些點組合起來，就認爲自己已經知道什麼了。但是透過概念來認識世界，世界就變成了僵固而空洞的老舊概念；但若是能直接認識眼前的經驗，直接觀察內在的經驗，你的體認又會是什麼呢？你會看見什麼？

安住在變動中

經驗一直在變；一切都在變動中。你覺受到的一切全都在流動和改變。如果你能安住於其上，不去用「覺受」這個字眼，你會感覺到什麼？

學生：那會是一種消極的經驗，而且我再也不知道什麼是「我」、什麼是其他東西了。

阿瑪斯：沒錯。

學生：我會不知道東西的區別是什麼……。

阿瑪斯：是的。你會開始失去我與他、內在與外在的區別，對不對？因爲內在與外在、我與他都只是一些名稱罷了。因此不帶有任何名稱的經驗會是什麼？到目前爲止我們所看到的，大部分是加諸在我們覺知之上的一些名相。因爲我們的語言文字是老舊的，所以我們的世界也是老舊和單調的。譬如你看到一棵樹，你會覺得它毫無新意，但如果不稱其爲一棵樹，它還會是老舊的嗎？它不可能是老舊的，因爲你眼前的這棵樹已經不是昨日的那棵樹了。因此，沒有概念的經驗會是什麼？

學生：出現的可能是一些反應，但我也不知道這些反應是從哪裡來的。它們好像是立即升起的，有一些影子或色彩輸進來，於是產生了反應，而且是不斷在改變的。隨著一些對色彩和模型的覺知……。

阿瑪斯：因此你看到了一些色彩和模型，對不對？然後你就識別出它們。

學生：與其說是識別出它們，不如說是對冷、熱、黑暗、光明起了反應。

阿瑪斯：沒錯。但仍然是一些名稱罷了。

學生：是的。冷、熱、紅色、綠色、黑暗、光明等等的名稱。

阿瑪斯：你仍然是在頭腦活動的範圍內，不是嗎？但你卻認為你已經知道了什麼。你說：「我知道我正在經驗什麼。這是綠色，這是黑色，這是黑暗與光明。」然而這些都只是字典裡的一些名稱罷了。如果你的心能暫時不產生反應，就算一分鐘也好，那麼它就不會替任何東西加標籤，然後你會覺知到什麼呢？

學生：不斷在產生的變化。

阿瑪斯：不斷在產生的變化，很好。但「變化」不也是一個名稱嗎？

學生：是的，我原先想說的是「活動」，但「活動」也仍然是個名相。

阿瑪斯：你看只要你從一個字跳到另一個字，它們就會串聯成一種概略性的、鋪陳開來的概念，但它們仍然是一些語言文字和概念罷了。

學生：「活動」這個字是不是因應你的問題而產生的反應？

阿瑪斯：也許，它也許是因應我的問題而產生的反應。但我們現在講的是不對我的問題產生反應。重點在於看見眼前的眞相是什麼，純粹的覺知是什麼。請把我的問題忘掉。

學生：「覺知」也只是個名稱罷了。

阿瑪斯：「覺知」的確也只是個名稱。你知道嗎，我現在是在對你做直指式的冥想引導。

學生：我說的那種覺知裡面還是有分別意識，但我覺知到的比較像是一種基本結構。就拿樹來講好了，我看到的似乎是樹的原型……，我是說這也只是一種描述事物的方式。那是一種在眼前形成的形式或是有結構的現實。換句話說，那種覺知並不是毫無分別意識，而是……似乎有一種更精微的東西……。

阿瑪斯：沒錯。

學生：它們不是完全堅實的。我不知道該如何描述它，但分別意識還是在那裡。那種狀態並不是只有一些點點……，

阿瑪斯：分別意識仍然存在，我了解。但如果你把所有的概念都去除掉，分別意識會產生什麼變化？

學生：那時我看到的是一種電流般的能量。那些小點點都是能量的振動。

阿瑪斯；耶！所以感覺上像是電流般的能量。這是一種很好的描述方式。但是你知道嗎，你仍然是在依賴語言文字，因爲這樣你才能對它產生了解，對不對？你說那像是電流般的能量，但是一說出這些話，你已經把它變成了一個陳舊而不再新鮮的東西。

學生：可是缺少了語言文字，你也無法溝通了。

阿瑪斯：沒錯，到了某個階段溝通會徹底瓦解，可是我不知道我們是否已經到達這個階段了。

穿透心念，看見當下

學生：根據傳統的說法，亞當首先學會的就是為一切事物定名。

阿瑪斯：耶！我們現就是在試圖超越亞當。

學生：這真是一段漫長的旅程。

阿瑪斯：「亞當」不也是一個名稱嗎？

學生：「亞當」的確是個名稱。

阿瑪斯：起先出現的只是一個字罷了。

學生：當我延伸這些字的時候，就發現自己好像一塊把字變成概念的吸鐵石。起先概念是很模糊的，然後開始變得愈來愈明確。

阿瑪斯：因此概念就像是吸鐵石一樣把事物湊在一起。我們現在要弄清楚的是，我們眞的認識這個世界嗎？

學生：我們能夠經驗到這個世界，但我不認為我們真的認識它。

阿瑪斯：你經驗到的是什麼？

學生：嗯……。

阿瑪斯：沒有名相的經驗是什麼，你知道嗎？

學生：不知道。

阿瑪斯：這就是我們要弄清楚的東西。或許這就是應該要發生的事。剛才我們說某個東西是老舊的，我們必須弄清楚它眞的是老舊的嗎？是我們看見的世界很老舊，還是我們的概念很老舊？是環境很老舊，還是我們的心很老舊？我們都怪這個世界很老舊，因此才會說：「我要到一個比較屬靈、比較純淨的地方去。」但眞正乏味的是你的心以及你的概念，而不是眼前的樹、岩石、房間或人。我們覺知的一切並不老舊，老舊的是加諸於其上的標籤。如果我們不爲它們加標籤，會怎麼樣？

學生：沒有標籤我一定會脫離我的頭腦活動。我這個有機體只要一面對某個客體，似乎立即會產生反應。

阿瑪斯：沒錯，你的有機體會自動產生反應，但這仍然是個陷阱，因爲「反應」或「有機體」仍然是一些名稱罷了。你看我們的頭腦有多麼會玩把戲，它總是從一個字跳到另外一個字。事實上，那種狀態是無法解說的。

其實你什麼也不能說，你只能耗盡所有的語言文字。你甚至不能說：「你什麼都不能說……」如果你說「你什麼都不能說」，便仍然是在運用語言文字。每個字對你而言都是有意義的，因此你仍然是在解說，仍然陷在語言文字裡面。

學生：也許你可以發展出非語言的聲響，譬如「布哩！」（笑）

阿瑪斯：以前的禪師到了這個階段可能會告訴你一些故事，譬如某位禪師就問過他的學生什麼是禪的實相。其中有個學生走到他的面前，於是禪師就說：「好，禪的實相是什麼？」那個學生當下甩了禪師一個巴掌，在場的人全都譁然。然後禪師不假思索地也回甩了他一巴掌。那名學生轉頭回到自己的座位，師生兩人看起來都很開心。其他的人一臉狐疑地問道：「禪難道就是互打耳光嗎？」

我們已經扼殺了我們的世界和人生，自以爲已經知道了一切。我現在是要幫助你們認清，其實我們對當下發生的事一無所知，都是透過以往的概念在認識這個世界。我們是透過父母的雙眼在看這個世界，因此視野從來不是新穎的。若是能直接而單純地去看一切事物，我們就會發現自己是否眞的知道了什麼。我們一旦說出：「我知道我是誰。」或「我知道生是什麼，死是什麼，桌子是什麼，世界是什麼。」我們就是在障蔽自己對世界的覺知。

學生：我曾經有過與音樂合一的美妙經驗，但是當我的念頭對自己說：「哇！這真是太美了！」的時候，那首音樂就不再美妙了。這跟我們現在討論的是不是有點類似？

阿瑪斯：沒錯。我們必須深切地去發現，我們的確無法直接覺知到當下的世界。當你看著眼前的這張桌子時，你並不認識這張桌子。你認識的只是你對它的概念罷了。若是能穿透心中的概念，你就會發現周遭的一切都是個謎；我們的世界並不是一個老舊無聊的地方，它其實是個奧妙的謎，這個謎正在向我們的心智挑戰，要我們付出最大的努力去發現它。

但我們卻把它扼殺了。我們豎起了語文和概念的藩籬，把它和我們隔離開來，然後就只能透過語文和概念來認識它。但是當你向你的假設挑戰時，往往會發現自己什麼也不知道。若是能穿透心念活動去看當下的眞相，你就會發現世界是個完全無法認知的謎。

當你對這個謎有了驚鴻一瞥時，你的腦袋可能會炸成碎片。你會發現你的腦袋一直是被布遮住的，但實相是要拉開這塊布或打開窗戶才能看得見的。如果你眞的在觀看，甚至會不知道自己正在看，因爲「你」已經消失了。你的心仍然在那裡，但並沒有一個人在那裡看著什麼。實相就在眼前，但你不會說這是我的心，那是實相。以往當你覺知到這個謎或無法被認知的東西時，立刻會給它一個名號，稱其爲實相或上主。我們可以說這些字眼都無法描述那個謎，它們只是描述那個謎的暗號罷了。這個謎既不在裡面，也不在外面，更不在天堂裡。它不在任何一個地方，但又無所不在。

在過程裡你必須耗盡所有的語言文字和概念才行。你不能停下來告訴自己說：「禪書裡說過，你不能企圖去認識實相，實相是超越語言文字的。」胡扯！這是沒有用的，因爲你仍然在用頭腦，以爲自己可以因此而超越頭腦的活動。你並沒有看見那個謎或實相。只有在你耗盡了所有的概念，很眞誠地察覺自己除了概念之外什麼也看不見的時候，這個謎才會現身。你為什麼會認為你正在觸摸眼前的一張桌子？正在觸摸它的難道不是你的頭腦嗎？如果你能暫時停下來，不再認為自己真的知道實相是什麼，不再那麼狂妄自大，你就會發現你看到的只是頭腦裡的概念而非真實的世界。

以一無所知的勇氣來覺知世界

真實的世界是完全不可知以及無法描述的，裡面只有展現出美的實相和謎。認清了這一點，我們會發現上主並不在他方。祂不是某個特別的東西，祂也不在過去或未來。祂既不在這裡也不在那裡，祂跟這一切都無關。如果我們認識的上主只是個名相罷了，又有什麼謎可言呢？其實這個謎就是我們的世界，我們能真正覺知到的實相。上主並不在天堂裡指揮著一切，祂就是生命本身。

若想看見祂，我們首先得有勇氣一無所知。我們首先必須容許自己變得謙沖，而不只是良善或屬靈就夠了。謙沖的意思是客觀地承認自己一無所知，但又不會因為一無所知而覺得自己不對勁。沒有任何人知道這個謎是什麼，你唯一知道的就是這個謎無法被指染，是不可知的。你可以覺知或見到它，但無法知道它是什麼。

當我們在進行內在工作時，我們不是在企圖達成某種體悟或小小的感受。我們要知道什麼是實相或正在發生的是什麼，而非企圖攀登到某個位階，然後對上主說：「噢，主啊，我向你祈禱。」究竟是誰在祈禱？上主、祈禱都只是一些名相罷了。你對上主的這些感覺有一大部分是跟你的父母以及你參與的教會有關。裡面都是一些陳腐的記憶。因此你能不能把過往所有的東西忘掉，眞的向主祈禱？如果你把這一切都忘掉了，那麼上主又代表什麼呢？如果你眞的相信有上主，就不需要記住那些過往的東西。你不需要記住基督說過什麼，或是你的母親說過什麼、你的教會說過什麼。不要告訴我說：「不，我眞的相信上主，我必須向祂祈禱。」這些都只是你編出來的故事罷了。其實你並不眞的相信上主。如果你眞的相信，就會把過往的記憶丟掉。

把事情概念化，乃是把一部分的實相圈起來，然後相信這個邊界能夠創造出一些東西來。感受和情緒也是同樣一回事。我們在它們的周圍畫了一些小圈圈，然後把這個範圍內的東西完全當眞。這麼一來，憤怒、哀傷、痛苦就出現了。這些東西都只是一些界線。如果我們能超越這些名相，剩下的只有對某種東西的純粹覺知，也就是我們所謂的意識。從根本上來看，所有的覺受都只是意識而已。純粹意識是沒有任何界分的。

意識可以說是最後的概念或最後的形式，超越了它，就沒有覺知了。如果你超越了意識，就會暫時失去知覺。如果一直探索下去，覺察到概念、覺察到所有的形式，到了某個階段你會忘掉自己正在覺察概念，然後你就會覺醒。這便是一種復活。這時世界又回來了，但卻是煥然一新的。

學生：按照你的說法，如果以嶄新的視野去覺知當下，其實什麼也覺知不到，因為你根本沒有分別意識。我最接近於嶄新視野的感受，仍然帶有分別意識。我甚至有過不帶任何名相的覺知，但仍舊無法確定我是不是……

阿瑪斯：嶄新的視野不代表沒有分別意識。

學生：但這……

阿瑪斯：當你在說話時，我一直在看著你，我看著你的時候，是不帶有任何概念的。

學生：如果你沒有任何概念，又如何看我……

阿瑪斯：我看到的是眼前的現象。

學生：但你如何區別這個現象和屋子裡其他的東西。

阿瑪斯：我看到的你是所有東西的一部分，就像是一塊毯子的某個部分。這塊毯子是由許多不同的東西織成的，但仍然屬於同一張毯子。

學生：是什麼東西造成了分別意識？

阿瑪斯：如果你能超越心智活動，就能超越分別意識，但只要你是從心智出發在觀看事物，你看到的就是有區別的東西。超越過往的一切概念，仍然能看見不同的事物，但這種意識裡面既沒有標籤，也沒有過往的歷史。這種作用力裡面沒有認知，也沒有界分感。

學生：但是有非常明顯的輪廓？

阿瑪斯：可能有明顯的輪廓。這就是我所謂的再生。起先你必須經歷慣常的對世界的覺知，當這些東西被拋開之後，所有的概念活動就不見了，然後分別意識也不見了，這時你就消失了。當你恢復知覺時，世界又回來了，但卻是截然不同的另一個世界。

學生：製造出分別意識的，不也是概念嗎？

阿瑪斯：不，我的意思是，你可以不帶著「這是一張桌子」的想法來看眼前的桌子。你的心是空的，裡面沒有任何思想，也沒有認知活動。

學生：現在我真的被搞糊塗了。假設我正在看某個東西，我發現了明暗之間的界線，這算不算一種新穎的視野呢？我真的有點糊塗了……

阿瑪斯：你是被兩個不同層次的東西搞糊塗了，其中有一個層次是一般性的。在這個層次上，你看到的事物都好像是真實的，或者說你把概念當成了真實的事物。若是超越了概念，仍然可以看見事物的區別，但你知道這是概念造成的。我的意思是，我看到你，也看到潔西卡，還有蘭絲在打盹，婷卡正在寫筆記。這些都存在於眼前，不是嗎？但我眼中的你們就像是電影畫面一樣。我並沒有把你們看成是你們所假定的實體。

學生：你看見的是不是和過往的記憶有所差別？

阿瑪斯：是的。你必須脫離過往的一切，才能看見眼前的真相。

學生：必須以這種方式來觀看嗎？

阿瑪斯：是的。你現在是在當下這一刻。愈是以這種方式來觀看，就愈能直接體悟眼前的謎。概念就像是一層透明的銀幕，透過它，那個謎正在直視著你。如果你能一直看下去，概念本身就會逐漸消失。

學生：我覺得當我把自己看成是一個東西時，也會把其他事物看成是東西。譬如我一旦把眼前的這個小蟲子概念化，就是在假定有一個人正在看著它。長時間以來我一直覺得自己卡在這個恐怖的概念世界裡，就好像有一個非常沉重的東西在蹂躪著我，而且它變得愈來愈晦暗無明。這一切都跟假定有一個「我」在那裡看著一切有關。

阿瑪斯：只要你在世上看著某個特定的東西，就勢必會與它同在，即使那個東西是上主也一樣。因此一旦假定有個神或實相是有別於你的，就勢必會和它產生關係。一種客體關係自然會出現，然後就會產生界分感或孤立感。只要把概念當眞，就會把自己概念化。

學生：對我而言，這是最顯而易見的事。我愈是以這種方式看事情，就愈把事物固化成各自獨立的東西。起初我看見某個東西時，裡面並沒有什麼概念，等到瑪莉一說出：「你有什麼想法」時，概念就冒了出來。每當我在觀看不活動的東西時，我聯想到的永遠是它的用途。觀看會動的東西時，則會意識到它的活動、現象和色彩。特別是在看一個人的後腦杓時，會有這樣的狀態出現。如果我看著某人的臉而認出他來，我的體驗就從現象本身轉變成對這個人的記憶。

阿瑪斯：一種認知作用，這基本上就是概念的作用力。它們是因實用而產生的作用力。你必須有桌子的概念才能利用它，但並不代表你知道桌子的實相是什麼。我們能利用它，不代表我們認識它。

學生：現在我看著它的時候，開始有這種感覺了。我發現我對它不再產生什麼論斷，不過仍然會看到它的用途。我的藝術工作時常會把物件併列在一起。譬如我會把皮包放在頭上，但我仍然知道那是個皮包。我仍然會把它看成是一個放在頭上的皮包。很可笑的是我仍然有這樣的認知。

阿瑪斯：這樣的觀點最終會變成物質或物化傾向。如果你繼續朝著這個方向去想，而忘掉了事物的實用性背後還有更深的實相，那麼最終你仍然是個徹頭徹尾的物質主義者。這個充滿著客體的世界，是完全和精神世界無關的，然後你就會在內心或某個東西上面尋求靈性。其實靈性就在萬事萬物之中，因此我們今天要看見的是本體、存在、上主或實相並不在他方，也不屬於另一個世界，它其實就在每一個當下的經驗裡，就在這個世界裡。只有當我們發現了眼前的那個謎和不可知的狀態時，才能認清這一點。我們生活的這個世界，包括我們自己在內，都是不可知的謎。

原始無明是通往最深的奧祕的一扇門

我們對桌子、地毯、電、生命或地球等等，都抱持著種種的概念，然後我們又從這些概念建構出一些理論，來解釋世界和自己。我們稱其爲知識，並從其中獲得了安全感。我們的這些理論都是由概念或語文構成的，因此我們知道的世界也只是一些故事罷了。你並不知道眞相是什麼，但這也不是什麼很糟糕的事，雖然許多人都認爲他們應該知道眞相是什麼。他們認爲如果不知道眼前發生的是什麼，就是有所不足。然而我們的觀點是，當你開始覺得自己一無所知時，就變得比較謙虛和眞實了。你一無所知，並不是因爲你不好或不足，而是你不可能知道，因爲實相是不可知的。

我們今天學到的就是，我們所謂的知識都是奠基於過往的概念之上。這是一種爲事物加標籤的方式。即使是天使、愛或神聖之光，也只是一些概念罷了。它們都不是屬靈的事物。我們並不是在說概念是不好的，而是概念就是概念，如此而已。你必須認清什麼是頭腦的知識，什麼是眞正的覺知。最強而有力的覺醒方式，就是認清我們其實一無所知，亦即認清自己最深層的原始無明。但這最深層的原始無明，從根本上來看也是我們的救贖。原始無明是一個入口，一扇通往最深的奧祕的門。

〔第十四章〕

概念與思想

概念在意識裡一旦變得固化，我們就覺知不到嶄新的當下，也覺知不到眼前不斷在改變的細微現象了。甚至連我們的姿態和說出來的話，都是重複再三的。這便是所謂的業力模式。

前面我已經探討過內在工作裡有兩種互補的途徑，亦即心理動力學及現象學方面的觀察。心理動力學處理的是個人心理議題，這些議題大部分是童年制約造成的模式。現象學涉及的則是對認知和覺知的探索，這意味著要透視覺知上的制約，不去依賴個人性的心理議題。所有現象層面的障礙，最終都可能化約為將概念當眞或當成了實相。所有心理動力上的議題，則是奠基於意像、記憶以及事件上的，而這一切都是由語言文字和概念構成的。

從現象來洞察概念

假設你有一個心理議題是很難與母親分開，那麼就可以從心理動力的角度，去看你和母親到底有什麼問題。我們會發現，你的心理議題不只是起因於你和母親的問題，同時也是源自於你的心中有「分開」的概念。「與母親分開」這個概念是在心理議題之前就存在著，而且這個概念也包含了對「母親」以及對「自我」的概念；如果沒有這些概念，就不會有害怕與母親分開的議題了。所有的心理動力議題根本上都是奠基於概念的，因此最終仍然得從現象本身去思考，也就是去探究概念如何形成的。所以最直接的內在工作，就是從現象層面來洞察眼前概念的形成。

大部分的靈修方法都是要超越概念，以及超越反映概念的語言文字。若想如實見到實相、如實體驗眞相，就必須超越心智、語文和概念，此即我們為何如此重視概念的理由。但概念究竟如何影響我們的心智和生命？我們如何藉由概念創造出了現實？然而，了解概念並非易事，倘若能了解概念是怎麼形成的，就能超越概念的限制。你會開始覺知與概念無關的實相，而不再受制於過往的歷史和偏見。在大部分的靈修教誨裡，最終極的觀點就是要超越心智活動，直接看到實相。

我們處理心理動力議題，並不是因爲穿透這些議題可以帶來終極自由，而是我們早已被這些概念綑綁、脫離了實相。我們徹底認同了心中的想法和記憶，因此必須專注地探索它們，以便釋放掉它們。釋放掉一些它們帶來的負擔，才有可能認清它們。帶著一堆你對母親的感覺和記憶，是很難認清「母親」也不過是個概念罷了。你知道嗎？我們必須先解決這些心理動力議題，才能騰出一些空間，眞的認清「母親」也只是個概念罷了。

心理動力方面的觀察之所以重要，還有另外一個理由，那就是我們認同的大部分是無意識裡的東西。有些不明所以的信念，是我們從不去質疑的，因此必須先把無意識裡的東西變成可以意識到的東西。在我們沒有能力讓它們徹底透明化之前，必須先覺知這些具有主宰性的經驗。首先必須認清我們是如何在看待自己和現實，否則心理動力議題會一直持續下去。這些議題有成千上萬個，因此超越了概念，才能洞察到實相。洞察到超越概念的實相，才能揭露概念化這個作用力。

爲了更深入地了解概念的形成，我要爲大家唸塔東法王（Tarthang Tulku）《解脫的智慧》（*Knowledge of Freedom*）裡面的一個章節，然後再和你們共同探討一下。這個有關概念的章節名稱叫做〈意義的侷限〉（"Limits on Meaning"）。它會讓我們了解什麼是概念的作用力。

我們都活在不斷變化的意像、思想和記憶裡，而它們會勾起各式各樣的感覺、情感和情緒。有時某些意像會鮮活地冒出來，激起一連串的念頭；有時我們又會發覺自己的頭腦完全專注於某個想法上面。起初我們可能只是覺知到自己在看著一些思想或念頭，但很快地這些念頭就變成了更具實質性的東西；當我們在思考、說話和寫作時，我們會意識到心中的這些具體的字詞。

描述心中的意像和想法的語文就是概念，這些概念會串聯起來變成一種連貫的東西。概念即是構成語文的積木，它們的意義便是我們知識的內涵。我們今天運用的概念是在很久以前形成的。在人類的歷史裡面，舊的概念不斷形成新的概念，就像叢林裡的蔓藤一樣長成繁雜的支脈。

有的概念很簡單，像是「樹」或「房子」之類的識別符號，但也有像自由、愛或正義等更抽象的觀念。它們是藉由區分的過程和邏輯模式所構成的，譬如綠色有別於非綠色，樹有別於非樹。這些區分出來的東西彼此依賴——「高」必須和「矮」

對比、「大」必須和「小」對比。

因此概念本身並沒有獨立存在的意義，缺少了「矮」就沒有「高」的概念。概念是有相對性的。舉個例子，禪宗有一個關於山的概念——看山是山，看山不是山，看山還是山。首先我看到一座山，於是我開始檢視山是什麼？假設你正在平原上開車，映入眼簾的是一座山，於是你就研究山是從哪裡起頭的。如果你說山是地面突起的一種東西，你就是把平坦的部分視爲平地，突起的部分視爲一座山。但這還沒結束，因爲那個突起兩英吋的東西又叫做什麼呢？難道我們也稱之爲山嗎？雖然它也是個突起的東西，但高度很不一樣，因此我們又發明了另一種名稱來描述它。我們稱其爲鼴鼠丘，然而眞的有鼴鼠丘這個東西嗎？眞的有山這個東西嗎？對我們觀察者而言，這些都是相對性的概念。

無法超越概念，就無法看見一體性

山並不是獨立存在的。我們稱某種東西爲山，另一種東西有其他的名稱，於是我們就眞的相信有山這個東西。經過多年之後，山就變成了一種既定的現實。我們認定山是獨立存在的一種東西。弄清楚將事物概念化所受到的影響，是很不容易的事。如果說山和平地是不同的東西，你的心會自動地在山這個概念上固化，然後就把山和平地變爲一種現實。這種固化傾向會阻礙你認清它們本是同一種東西；你無法再以無區別的角度來看待現實，因爲你認同了概念造成的差別性。你認定現實是由不同的概念組合成的，於是就看不見超越概念之外的一體性了。看不見一體性，不可能認識實相。塔東法王接下來又說道：

每當我們遇見新的客體時，我們很快會拿它來和我們以往知道的事物做區分，然後為其加上標籤。如果我們是第一次看見大象，我們就會說它和我以往看到的東西不一樣；它既不是狗，也不是貓。接著我們就會用「大象」這個名稱替它加標籤，於是簡單的區分方式逐漸形成了複雜的概念，然後又形成了其他的概念。譬如「自由」之所以有意義，是因為我們拿它和「不自由」做了對比。

假設你相信有所謂「自由」這個東西，你一定會追求「自由」，然而自由只是你的頭腦製造出來的一種概念罷了。

我們會形成「愛」的概念，是因為我們把「愛」與「非愛」做了對比。

然後我們就會花一輩子的時間尋找愛，雖然它只是心智用來和另一個東西做對比的概念罷了。

在童年的某個階段裡，我們會發現自己開始思考和說話，學習運用概念以及對概念產生反應。

當然我們並不知道自己在做這些事，我們只覺得對現實發展出概念是很興奮的事。我們不知道自己是在揑造一些東西。

從父母、朋友以及社會制約帶來的影響，我們逐漸形成了概念的框架。嬰兒時期的我們，只是對光與影不斷在變化的形式和模式著迷；我們學著去辨認父母和其他事物的差異，我們在自己的眼耳鼻舌和身體的感覺上，做出了各種概念性的聯想。我們也許已經發展出對這些概念的了解，但還不知道如何表達它們的意思。

聆聽周圍的人說話，我們逐漸學會為世界裡的形式和特質命名。這個過程會犯許多錯誤；起先我們說出的名稱可能不符合那個相關的事物，譬如兩個大小和色澤完全不同的東西，我們同樣會用「狗」這個字來描述它們。另外兩個看似相同的東西，名稱卻完全不同，譬如「狗」和「貓」。

對孩子而言，則可能要花上一段時間，才能分辨哪一個是狗。

修正了好多次之後，我們才能把早期種下的印象冠上成年人認可的概念，然後才有能力把形式和聲音連在一起。

因此我們認識的現實是從父母那裡承繼下來的。我們的概念大部分是從別人那裡學來的。

逐漸地，我們不再需要聆聽週遭的聲音或話語，而能直接聽懂話中的意義。於是概念漸漸變成一種速記，一種指出熟悉事物的便利方式，而不再是精確地描述出我們眼前看到的東西，或是我們真正的意思。

同時我們也被教導如何對下列的概念產生反應：對能或不能接觸到的事物、對價值、慾望或應該排斥的事物，學著如何產生反應；我們甚至學會了什麼事應該感到哀傷，什麼事不應該感到哀傷。

然後我們又稱這些反應爲我們的「偏好」。

根據特定文化裡的習俗，我們被教導以正確的方式來分類、運用概念，以及按照經驗來思考。逐漸地，許許多多的聯想便環繞著概念而形成。這些聯想又造成了記憶和更複雜的概念。譬如「家」這個字可能會激發複雜的感受和聯想，為我們帶來特定的意義。另外有些字詞則會帶來深刻和私密的感覺，還有的影像、氣味、聲響以及覺受，則似乎會帶來無法解釋的豐富意涵。

但是對個人有意義的概念，仍然是奠定於文化的語言基礎上面。我們必須接受周遭人教給我們的意義，將那些無法溝通的感覺及意義放掉。我們習得的這些概念又會反映給我們自己，於是我們就開始運用語文來思考。現在我們心中自發地產生的念頭，都是從別人那裡承繼過來的概念。這些概念又會造成我們對自己、對世界的觀點，形成了思想與反應。它們創造出了我們每日的現實，而我們也會運用它們來詮釋經驗。

概念是漸漸固化的

這樣的影響是普世性以及全面性的，我們就在這個由概念創造出來的世界裡，選擇自己所要的東西。我們認爲某些事物是有價值的，必須追求的，另外有些事則是沒有價值的，應該躲開的。

概念一開始是流動的、有伸縮性的⋯⋯。

當我們一開始學習如何形成概念時，它們是流動的以及有伸縮性的。⋯⋯但逐漸變得愈來愈固化。一開始知道「空間」或「覺知」時，我們對其中的含意有很高的接納度；我們可能會深深地玩味、質疑以及探索其中的可能性。一旦覺得已經熟悉它們了，我們就開始喪失興趣。基本上我們會逐漸忘卻它們。

我們不再願意重新檢視、摒除或擴張這些概念，這些字眼不再鮮活，不再延展成新的認知，而會凍結成一種被我們擁有的資訊。我們會把它們變成一種自動化的思想，於是它們就不再具有創造性了。

思想不必然是缺乏創造性的。只有當思想變成記憶、概念或串聯成邏輯時，才會變得缺乏創造性。這樣的心智活動基本上很像是電腦。電腦無法發明任何新的東西，它只能製造出一些既定的概念。我們的生活或認知如果完全奠定於概念，是毫無新意可言的。如此一來，眞正的創造性便消失了。

思想仍然可以帶有創意，但我們必須敞開心胸接納超越概念的狀態。這樣即使是語文或思想，也能夠用來描述實相，就像源源不絕的泉水一樣，從非概念性的實相之中爆發出創意來。思想可以是自發的、原創的以及帶有創意的，前提是必須直接表達當下的經驗；這才是眞正的溝通交流。然而我們通常是運用語文來描述過往的老舊思想和記憶，因此我們的表達或思維總顯得僵固陳腐。

我的意思是，概念化本身不必然是壞事。思想也可能是一種相當有創意的活動，前提是必須和當下的經驗連結。

> 完全仰賴概念模式，會逐漸限制心智的開放度，使我們很難覺知到當下不斷在改變的細微現象。當我們產生覺知的那一刻，心智會立即將覺知到的信息加以詮釋，使我們產生與過往經驗有關的聯想及情緒反應。

當你看見某個東西時，眼前的信息就會立即輸入到腦子裡面，然後我們的心會開始詮釋它，於是這個經驗就不再是純粹的現實了。

……我們的心會詮釋感官接受到的信息，讓我們形成與過往經驗有關的概念，而這些概念都會產生特定的聯想及情緒基調。

我們對當下經驗的想法，並不是奠定於實際發生的事。在覺知的那個當下，感受、印象、聽到的聲音和影像都是嶄新的，但我們往往會透過概念去覺知這些嶄新的現象，而且這些概念又會自動激起情緒反應以及種種的覺受。因此我們的經驗並不是奠定於純粹的覺知，而是奠基於概念帶動的思想、覺受和記憶。這樣的事每一秒鐘都在發生。我們從不允許或極少允許自己單純地覺知。

這些聯想會隨著概念自動生起，將過往的情境投射到眼前，制約住我們對眼前經驗的觀點。我們不必然會對當下的經驗起反應，但往往會透過概念、記憶、意像以及聯想來面對經驗。

把眼前的情況看成與過往經驗類似的狀態，會使我們立即產生反應，減低以嶄

> 新覺知來面對當下的能力。和過往的歷史綁在一起，會令我們覺知不到當下的各種可能性，因而削減了行動的自由度。

我們的情緒模式是奠基於早已固化的概念上面，我們所有的行動都涉及到概念和聯想，因此你的反應是事先包裝好的。你的心智活動是從許多人那裡承繼過來的，它會以特定方式面對嶄新的當下、進而產生反應，因此看不見其他的可能性了。我們的自由已經被概念制約住了。

> 這種傾向遮蔽了覺知，使我們喪失與當下連結的生命力，令我們活在一個僵固的世界裡。

以當下的開放性來超越概念

我們現在要思考的是最根本的制約——心智的自動化作用。這種制約是超越個人模式和心理議題的。它埋藏在個人的模式、心理議題及歷史的底端。概念是形成我們所有的反應、知識和認知的積木。由於它發生的方式太自動化了，所以我們往往認爲自己已經看見了現實。我們無法覺知到產生概念和詮釋的那一刻。外面的信息一輸進來，我們會立即形成概念和語言文字。

若是透過概念來覺知，我們很難有嶄新的意識。然而嶄新的意識究竟是什麼？塔東法王稱其爲「當下的開放性之中的活力」。當下的開放性之中是充滿著活力和清新感的，但我們早已喪失這份清新的特質。它並不是無法被覺知；它一直都存在著，關鍵在心智會自動產生反應，而這些反應是由概念所掌控的。

超越心智活動的意思就是單純地覺知，不帶有任何概念或認知。這意味著讓你的心「安住」，停止神經語言系統的自動化反應，就可以看見當下的眞相。我們看見的東西會變成創造力的來源，甚至連我們的語言都能表達這股創造力。當我們不再帶著概念去覺知時，想法自然會起變化，也會變得更活潑，更貼近於當下的經驗。

> 如果概念在意識裡變得固化，我們就覺知不到嶄新的當下，也覺知不到眼前不斷在改變的細微現象了。甚至連我們的姿態和說出來的話，都是重複再三的。

這便是所謂的業力模式。

當我們的心只剩下自動化反應時，會愈來愈怠惰渙散，尤其是在熟悉的環境裡；固著的觀點會帶給我們一種安全感。

我們以為自己已經知道世上所有的事物，對人或其他眾生都有所認識。我們希望事物能一成不變，藉此來滿足我們對它們的掌控慾，形成「應該」或「不應該」的論斷。

這段話帶出了與概念有關的心理動力議題。我們藉由把概念當眞來獲取安全感。它們能夠支撐我們的自我感以及對世界的感覺。隨著對概念以及無念實相的探究，我們將會逐漸了解那些根深柢固的想法，以及心理動力上對概念的需求，但首先要了解的是概念本身。

我們愈是仰賴僵固的概念，心就愈不願意檢視已知的事物。當我們把經驗變成僵固的模式時，內在世界就會愈縮愈小，繼而喪失了日常經驗的豐富性。當概念制約住我們的洞見、感受以及表達方式時，便只能複製早已學會的模式，如同我們的父母、祖父母以及曾祖父母一樣。從正規教育和經驗獲得的知識，只是一些變得愈來愈複雜的思想罷了；它們無法為人生帶來多大的意義。因為這些概念太過於特殊化、太脫離活生生的事物，而且無法表達我們最深層的經驗。

愈是固著的概念，愈是脫離當下的經驗。它們會使我們的世界變得狹隘。我們被自認為應該奮力維護的偏見所掌控。

除非我們質疑、分析以及重新檢視自己的概念，否則就只有一套詮釋經驗的方式了。不論它們與當下發生的現實是符合的，還是帶給了我們不必要的痛苦，毫無選擇地我們必須活在這個有限的次元裡。這代表我們會繼續活在心智創造出來的世界裡。

即便概念世界是孤獨的，而且很難從經驗之中獲得快樂，我們的思想仍然能帶來幻覺式的安全感。除了這種理解自己和世界的方式之外，我們很難看見其他的選擇了。因為我們深信這就是真相，所以怎能有別的選擇呢？就算是嚮往自由，我們仍然會在老舊的世界裡去思索自由。

即便是這樣的思想，也是奠基於未經檢視的概念上的，因為你怎麼知道沒有別的可能性呢？我們對一個自己毫無所知的東西，如何能有所認識呢？如果完全不知道愛是什麼，還會有能力對它產生某種期待嗎？還會對它感到失望或形成對某個人的幻想嗎？如果完全沒有愛的概念，還有可能產生恨嗎？若是沒有任何「我」的概念，也不知道自己和他人是有分別的，還會有愛和恨嗎？若是沒有「獨自存在」的概念，那麼愛或恨某個人又代表什麼呢？

我們還有可能執著於某個人或事物，體驗到不安全感或害怕遭到排拒嗎？如果社會沒有灌輸我們一些理想，讓我們覺得自己的情況不符合這些理想，還會有罪惡感嗎？

這段話要闡明的是，如果沒有概念，就沒有心理動力方面的議題了。

語言裡面如果沒有「應該」這樣的字眼，我們的生命品質會不會改變？

仔細地檢視一下我們的經驗，會發現有許多重要或真實的事物，其實都是由頭腦和概念構成的。在現實生活裡我們每日運用著這些概念，往往會忘掉它們是頭腦編造出來的。譬如快樂這個東西並不是從我們渴望的事物裡產生出來的，而是源自於我們對「興奮」這種感覺的詮釋方式。不論我們怎麼重視這個東西，它也不過是一種概念，一種加諸於某類情境或感受上面的名相罷了。

如果沒有「快樂」或與其相關事物的概念，我們還會知道自己正在快樂嗎？我們還會不快樂嗎？若是沒有表達這種感覺的名相，我們還會有這種感覺嗎？

沒有「快樂」二字，我們能感受到快樂嗎？

沒有「快樂」這個名相，我們還會感覺快樂嗎？我們創造出了這個概念，然後生活裡就出現了不快樂，於是我們又企圖變得快樂。你看出這個陷阱了嗎？

假設根本沒有概念這種東西，我們還會花時間去思考快不快樂的問題嗎？我們幾乎無法想像生活裡少了這些熟悉的概念，會是什麼情況。我們已經十分信賴目前的概念模式，將其視為可靠的、能反映真相的東西，而且是無庸置疑的。但概念模式是增加了存在與行動的選擇性，還是帶來了太多制約？目前的概念對認知是有利的，還是已經變得過於僵固，而無法為我們帶來更融通的觀點？

不假思索地仰賴概念（包括思想、言語和書寫在內），溝通能力一定會降低。我們全都活在心智的次元裡；個人經驗限制住了我們所運用的概念。我們的心智世界雖然與他人的相互重疊，但從不是完全相同的。我們無法把自己的意思充分表達出來；在比較精微的層次上，我們因而與他人隔絕。雖然大家的日常用語是相通的，但人我之間的溝通總是有道鴻溝……

省思一下概念的本質，以及不假思索地把這些概念當真的態度，我們會發現這就好像卡在一套非常繁複的電腦系統裡面，而且它們的運作方式是無法被意識到的。它們的運作方式不是我們可以決定的，但我們卻覺得自己能夠主宰思想。到底是我們在操縱這個程式，還是這個程式在操縱我們？能不能脫離這套程式，讓自己的思想和行動奠基於更值得信賴的直觀智慧上面？

在這種更大的智慧之下，心智能不能以更令我們滿意的方式來覺察？能不能透視自己的概念模式？有沒有一種方式可以讓我們打開視野，用更徹底的方式溝通交流？能不能找到與當下的經驗、深層洞見以及真實感受比較貼近的概念？或許有其他方式可以讓我們瞥見意識更精微的面向，以便更清楚地檢視概念的固著模式。其實當我們把身體放鬆下來的時候，就可以減緩思想的速度，更直接地觀察到思維的過程。

放鬆身體並不需要涉及到特別的技巧。你只需要觀察意念的來去，不加以詮釋就夠了。以這種方式去觀察心智活動，我們觀察到的也許會與期待有落差——看到的可能是不太重要的妄念。然而一段時間之後，就能以放鬆的專注力來進行觀察，這件事本身就是一種嶄新的經驗。這樣的向內觀察方式，可能會讓我們對念頭的本質產生重要的洞見，並覺察到思維與感受之間的關係。

思想的活動持續一段時間就會停下來，猶如碰到一堵白牆似的。我們可能有過這樣的止念經驗，特別是在一連串的念頭之後或卡在某個問題時。任何一個時刻心智都可能暫時安歇下來，如果這個停頓的時間被我們發覺了，通常會認為自己已經到達念流的尾端。若是沒有新的念頭繼續產生，我們就會把注意力轉向另一個目標。

這個看上去像是到了底的止念狀態，很可能是通往新認知方式的門檻。如果能以平衡的專注力聚焦於這一點，便可能超越以往的思維模式，發現新的認知方式。

假如能保持放鬆和覺知，就會有一種光明的感覺，好像光是從空寂之中照射出來的。以往的念流以及專注在思想內涵的慣性，使我們很少有機會產生這種光明的感受。但如果能不再執著於念頭的內涵，轉為留意念頭本身，便可能察覺念頭從尚未形成名相之前的光中生起。

觀念頭就是觀察思維過程，並發現念頭之間的空檔

現在試著用這個方式進行一下冥想。你要做的就是觀察自己的念頭，但觀念頭不是去弄清楚自己在想什麼。你不需要考慮念頭的內涵；只要注意思維的過程就夠了。重點在於不卡在念頭裡面，受其影響或操縱，或是形成概念。你只要覺察念頭是怎麼生起的就對了。你要察覺念頭的生起、停止、念與念的空檔，以及另一個念頭的生起，至於念頭的內容是什麼卻不重要。如果持續地觀察下去，你就會發現念頭之間的空檔，體驗到空寂的品質。

因此重點就在於學會以放鬆、平衡的方式來覺察念頭的生滅。所謂的放鬆和平衡的方式，指的就是不用力，只是覺知就夠了。一旦對念頭起了反應，便進入了念頭的內涵之中，因此你不能對念頭起反應。但這不代表你要控制自己的反應，因爲你的控制也是一種念頭。

因此念頭的內容是什麼並不重要，不論它是原創的、反應式的、帶有批評意味的或是一種分析，都無關緊要；只要覺察思維過程就夠了。讓我繼續唸下面這段教誨：

思維的過程實在太快速，因此我們會立即認同它的內涵，於是就形成了自我對談。隨著更多的詮釋活動，我們強烈的情緒會被激起，我們會察覺自己的感受變得愈來愈沉重、陰暗和逼真。當這種思維過程開始時，原先開放和光明的本性又到哪裡去了呢？

也許當我們提出這個問題時，念流會停歇下來，但是沒有多久新的念頭又產生了。接著會持續很長的時間，或者持續一小段時間之後，另一波念流再度開始出現。這一連串的念頭到底來自何處？如果帶著覺知將它們導向特定的方向，會發生什麼事？

也許念流完全沒有停歇的時候：我們陷入了一連串的劇情中，然後突然內容改變了，我們發現自己又進入不同的劇情之中。我們是如何從一個劇情進入另一個劇情的？是否每一段劇情都有開始和結尾，還是會一直持續下去？它們會不會相互重疊，彼此影響？

這所有的問題都可以藉由我們的冥想練習來觀察清楚。

以這種方式來質疑念頭，我們就可以放鬆對概念的執著傾向，產生對念頭活動的洞見。每個念頭都能帶給我們觀察和學習的機會。經驗多了以後，我們就會開始認清思想是如何製造出困擾，如何讓不愉快的心境延續下去。然後就會愈來愈清楚某個念頭如何激起了另一個念頭，造成了一種循環。

這就像織掛毯的人藉由一根根的線來編成各種花樣。當我們意識到念頭的開端時，就能察覺它是如何從一種簡單、開放和帶著空間感的狀態，演變成愈來愈堅實的模式。

記憶和聯想激發了各種感受和情緒，於是簡單的念頭就失去了原先的開放性，變得愈來愈繁複。同時我們也會意識到自己的判別力，譬如為經驗加標籤，說它是快樂的、沮喪的、乏味的、憤怒的、高尚的或應該受責難的。

法王是在探討思想的整個過程和發展。

隨著心智封閉在每一個經驗之中，思想會變得愈來愈具體和逼真；然後我們就會認同自己的經驗，並根據這種制約來產生反應。

當我們卡在某個念頭當中時，這個念頭會變得愈來愈具體，感覺也會愈來愈逼真，就像牢不可破的現實一般。

從各個不同的角度來看某個經驗，我們可能會選擇稱其為「快樂」，然後會將它投射出來，決定自己想要擁有這個經驗。

這也是另外一個念頭，對不對？

追求自認為是快樂的東西，就是在跟自己設定的快樂意像相遇。

這也是另一個念頭，另一種概念。

因為非常期待自己能經驗到快樂，並且希望它能延續下去，所以我們感覺到它的時間通常很短。它幾乎是立即就溜跑了。

觀察念頭的起起落落，會讓我們看見心智如何為感覺和情緒加標籤，然後又製造出了一堆的論斷來詮釋經驗。看著眼前的這些念頭如何編織成概念，我們甚至懷疑它們可能會製造出一件紮實的衣服來。也許我們真的可以用不同的方式來看自己——不只是人格、外表或活動，也包括我們存在的根基在內。這種嶄新和開放的視野，可以讓我們的心從凍結的經驗中解放出來，不再困惑無明。一旦了解自己有可能不再執著於念頭所帶來的痛苦，便等於開展了新的理解方式，繼而有能力轉化所有的經驗。

愈是能洞察自己的真相、自己是誰、為何有特定的感受、理解方式及行為模式，就愈能從嶄新的視野來看這一切，然後就能更深刻地分析我們的這些假設，為自己決定什麼可以改變或不能改變，什麼樣的思維方式是健康的有價值的，什麼是徒勞無益的。繼續質疑下去，心就會愈來愈清晰和富有活力，並且會帶來嶄新的自我了解，使我們更能掌握人生。

因此我們是在試圖消除念頭、了解思維的過程，譬如當念頭一產生的時候，是什麼情況？當我們觀察到一個念頭的時候，是什麼情況？投入於念頭之中的時候，是什麼情況？當念頭變得複雜的時候，又是什麼情況？我們要了解思想如何決定以及構成了現實，並且要看透這整個過程。如同塔東法王所說的，思想的品質會因此而改變。它們會變得更有活力。

直觀洞見是一種嶄新、富創意的念頭

思想一直在被製造出來，某種程度上它們是自動出現的，但往往源自於過去的歷史。不過思想也可能從當下這一刻展露出來——你會看見你的思想裡面有洞見，而且是從嶄新的當下產生的。當你形成某種直觀洞見時，那也是一種念頭，但卻是嶄新而富創意的。

洞見仍然以概念為基礎，所以從某個角度來看，它也不是百分之百地新穎，但卻比較貼近於當下的經驗。如果你完全與當下的經驗合一，很顯然是不會有任何形相的。形相會逐漸消失。

學生：我不十分確定分析念頭的過程，就能讓思想變得新穎和開放。

阿瑪斯：分析和我們剛才說的冥想是不一樣的。如果你對剛才的冥想有了一些體悟，當然也可以在事後對它做一些分析來更加了解它。時間久了你就會了解念頭是怎麼產生的，這才是法王的意思。洞見可以幫助你更順利或深入地冥想。分析不是透過冥想來進行的；那是在事後才做的事。我們關切的不是分析，而是如何洞察思想的過程。

起初我們會在心中看到一些念頭，到了某個階段我們會發現其中的空檔，裡面或許有一種空間感或光的感覺，但仍然是潛意識裡的念頭在決定我們的經驗。我發現我正在生起一個念頭，然後我去觀察它，接著我發現這個念頭就是一個「我」。過了一段時間我們可能會發現每個生起的東西都是一種念頭，即便是對外境的覺知也一樣。這就是我所謂的創造力。只有當心和嶄新的存在徹底接觸時，創造力才會出現，這會令想法變得新穎，得到超越邏輯的洞見。

此即洞見和回憶的不同。回憶是憶起已經發生過的事；你可以回想它，然後和當下的狀態連結，但並不是一種洞見。洞見是充滿著爆發性的，雖然它也會製造出一些念頭，卻是富有創造性的。

這個過程會愈走愈深。我現在只是在舉出一個與創造性有關的例子，來幫助大家了解洞見如何將思想變成一種創造的過程。

〔第十五章〕

物質現實與無念實相

無念實相就是我所謂存在的真實狀態。這樣的狀態不能藉由超越概念來察覺，而是要洞悉概念、令思維過程變得透明化。

我們通常是活在一種不完整的覺知狀態裡，我們總是把現實的一小部分視為全部，然後就根據這種不完整的觀點來生活；以不完整的觀點解決問題是不會生效的。除非我們眞的發現完整的實相是什麼，否則勢必被誤導，也無法以有效的方式面對生命的各種情境。

實相是一個絕美的謎

眞正的實相是什麼我們根本無法想像，因為我們已經聚焦於現實的特定面向。發現更完整的實相不但能幫助我們面對人生，還能使我們看見更美、更眞實、更宏大的宇宙。事物的眞實狀態和運作方式本是一個絕美的謎，若是能發現這神祕而令人驚歎的實相，我們本身以及我們的人生一定會產生變化。一旦體悟到實相，就無法再按照原來的方式生活了。

我喜歡科幻小說的原因之一，就在於它使腦筋變得更有伸縮性，不再執著於往常看事物的方式，對新的經驗和觀點能抱持開放態度。只要我們對當下的眞相保持覺知，這種嶄新的態度隨時可能出現。我經常懷疑為什麼人們不寫一些與實相有關的科幻小說，因為實相比最精采的科幻小說還要迷人。

如實看見事物的眞相，就是不戴任何過濾鏡或面罩來看事物。如實看見眞相意味著客觀地覺知，也就是不把過往的歷史投射到當下這一刻。實相很顯然就在當下這一刻，因為存在的只有當下這一刻。這是一種十分合乎邏輯的看法。我現在所說的東西不帶有任何神祕性，因爲過往的一切早已消失，未來還沒有發生。如實看見眞相意味著如實覺知當下，這代表不受過往歷史的影響。我們探索過的所有觀點，已經令我們發現問題和幻覺都源自於過往的經驗。我們已經明白自己如何把老舊的模式投射在客體關係上面，如何把與父母和其他人的關係投射到眼前的情況裡，如何以跟當下無關的模式產生反應。我們無法看見別人的眞相；我們總是根據過往的經驗在看他們，把早已不存在的關係裡的意像和模式，投射到眼前的關係上。

在這些投射出來的事物之中，最根本和最細微的就是「概念」。我們經驗的內涵就是由概念構成的，它們也構成了心智的內涵，而且我們很清楚心智和我們所處的世界是無法分割的。你生活的世界就是由你的信念所決定。

在過往幾次的聚會裡，我們探索了無念實相的議題，基本上我們對帶有概念和不帶概念的經驗已有了一些認識。你們有些人對我所謂的「不帶概念的經驗」已經有所認識。「不帶概念的經驗」意味著不從過往的歷史去經驗事物，也就是完全沒有心智活動，因爲心智活動就是我們爲實相加上的濾鏡。因此當我們談到沒有心智活動的經驗時，我們指的就是覺知而不產生辨識作用。無概念的覺知是不帶有過往的歷史、偏見或想法的，亦即禪所謂的「無心」。

解脫感官的束縛

今天要探討的是阻礙我們洞察無念實相的障礙和心理議題。接下來的幾次聚會要探索的則是觀察事物時的某種障礙，或者可以說是對特定模式的執著。

今天我要探討的是傳統教誨所謂的「解脫感官的束縛」。這句話到底是什麼意思？經典時常提到我們是如何被感官所縛，而且靈修極重要的部分就是不受感官影響，因此我們要看看這到底是什麼意思。當然這不代表從此你看不見也聽不到了。我們的感官本是我們生命的一部分，缺少了它們，我們就活不下去了，但我們仍然有可能不受感官的束縛。

執著於感官乃是體悟無念實相最大的障礙。了解感官的運作方式，則會幫助我們釐清這個障礙，但若是缺乏超越感官的體驗或從未考慮過有這種可能性，那麼體悟這種狀態就會有些困難。當你不透過身體的感官來經驗事物時，就會發現感官只會讓你產生偏見。

受制於感官，意味著斷定我們對世界的感覺是眞實的，而且把覺知到的現實當成了全部。換句話說，我們完全相信自己所看到的一切。很顯然大部分人都受到了這種制約，但我們不知道自己受到了制約，總以爲自己感覺到的世界就是眞相。我們對眼、耳、鼻、舌、身、意覺知到的一切都深信不已。

讓我們來探索一下這個觀點。一旦把感官覺知到的一切都當成了實相，就會認爲實相即是物質世界，除了物質世界之外，其他什麼都不存在了。能夠摸得到、看得到的，才是眞正實存的東西，凡是摸不到看不到的，都是不存在的。

你可能會說：「我曾經有過肉眼看不見的經驗，而且我知道這些東西是存在的。」很好，但你會根據這種認知去行動嗎？不會的，因爲那些經驗對你而言就像夢境一般。你仍然相信感官覺知到的東西才是眞實的，你會認爲只有肉體的覺知才夠客觀，而這就是你必須留意和觀察的部分。那些比較精微的經驗或許很美妙，但它們很快就會消失，而且也許是眞的、也許不是眞的。它們就像是一種額外的收穫，但遠不及物質現實來得重要。因此你的價值觀、焦點和信念，大部分是源自於肉體的感官而不是其他管道。

肉體感官總是以強而有力的方式影響著我們的意識，除非我們覺知到無念實相，否則永遠無法認清這種影響有多強烈。因此解脫感官的束縛不代表從此不再運用感官，而是不再深信得自感官的訊息便是全部。舉個例子，如果你在禪定中有了某種洞見或是能量突然打開了，你會很清晰地發現這類經驗和以往的截然不同——你體驗到的自己不再像以往那麼晦暗無明，你的覺知也顯得比以往敏銳多了。你看到的世界變得更鮮活、更明亮、更清晰；視覺好像被淨化了。你甚至能聽見以往聽不到的聲音——外面的鳥叫聲顯得更嘹亮了一些。你的嗅覺和味覺比以往更敏銳細膩。你就像是活在截然不同的世界裡。這時你經驗到的物質世界，是透過感官而非概念覺知到的。

在這一類的體驗之中，不但物質世界變得更鮮明，而且你對自己的身體、感受和存在，也能更清晰地覺知。但即使有成千上萬這類的經驗，仍然很難徹底放下物化的覺知方式。我們已經被物化觀點徹底說服。我所謂的物化不代表只認同物質事物，不代表汽車比愛重要，而是我們總認爲物質現實就是一切，是最重要的部分。譬如你在根本上是認同身體的，你認爲身體是你最重要、甚至是最眞實的部分。如同我們在探索無念實相時所發現的，我們早已建構了對自己和世界的堅實概念，甚至把自己當成了一個實存的個體，活在一個實存的萬象世界裡。如果你徹底認同了這種看法，就會變成完全物化、把自我當眞的人。因此物化傾向不但是認同了物質的價値，同時也把物質宇宙當成了唯一的宇宙。如果你只相信自然科學，就會變成物化傾向的人。

超越感官覺知，邁向靈性次元

某些靈修訓練試圖幫助我們從物化觀點中抽離出來，發展出不受這種觀點侷限的覺知能力，但這不代表不重視或不相信物質世界的存在。所謂靈性層面的覺知或是對實相的覺知，指的是把感官的覺知看成是擷取訊息的一部分管道。受制於感官，則意味著把感官覺知到的現實當成了全部。也就是認爲現實是最根本、最恆久、最眞實的東西。觀察一下自己的行爲、思想和感覺，你會發現自己的確深埋著這份信念，而且看待自己以及看待人生的方式，全都受到這份信念的影響。這是你頭腦中最強烈的信念，即使是靈性或超驗性體驗，也無法動搖它。任何一種屬於實修的內在工作，最終都會挑戰、撼動以及去除這層信念。我們必須將其粉碎之後，才能徹底覺知當下的實相。

大體而言，深層或精微的覺知並不能影響我們對物質世界的信念，因爲你仍然相信你就是你的身體。你還是認爲身體是你最重要的部分，並且認同了身體的需求和慾望，以爲身體的好惡就是你的需求和現實，不管眞實的經驗是否有別於這份信念。即使經驗能令你淸晰地發現你並非你的身體，你仍舊侷限於物質次元的肉身經驗。或許你已經花費許多年的時間在靈修和心理轉化上面，但仍舊相信和覺得物質現實就是你最重要最根本的部分。

靈性修持不只要認淸物質次元之外還有靈性次元，同時還得如實見到實相——包括物質與非物質實相。若想讓這件事發生，就必須擺脫掉縮小焦點在現實次元的信念，而這些信念都是藉由感官建立起來的。這些信念是如此堅實和深刻，它們徹底滲透在我們整個意識之中；我們不只是把它們當成了信念，甚至當成了無可質疑的現實。

因此每個人都帶著這種受限的觀點在生活，然後就會延生出一些問題，因爲我們的信念是不正確的，所以行動也勢必缺乏效率。最簡單而常見的例子就是認爲擁有物質一定會得到快樂，或者把身體打扮成某種樣子，就會對自己更加滿意。但抱持這種觀點只會令自己不快樂，因爲物化觀點永遠無法涵蓋你全部的眞相。

這是一個相當廣泛而深邃的議題。從某個角度來看，這是一個顯而易見的事實，卻又隱微難測。我們曾經探討過，可見的宇宙和心智裡的概念是無法區分的，然而可見的宇宙大部分屬於物質次元，心智的發展也是藉由專注於物質世界而達成的。把意識侷限於物質次元就是心智發展的過程，但這種觀點不是長大之後才建立的。物化觀點是隨著你長大成人的過程逐漸發展出來的。對物質現實的信念會變得愈來愈根深柢固。它會變成心智的一部分，變成思想、感受和覺知的模式，因此你很難看透或超越它。我們很難想像缺少了這份認定，該如何行動或覺知世界。

心智是由對物質現實的概念建構成的

我們已經探討過發展中的孩子如何形成了對世界的概念。孩子一開始知道的是什麼？是媽咪、爹地？但是對孩子而言，他們只是兩副能夠行走的身體罷了。孩子學會的第一個字通常與物質世界有關。媽媽說：「手肘、手指頭、你。」孩子就會跟著說無數遍「手指頭」這個字，因此父母總是訓練小孩把焦點放在物質現象上面。父母的焦點本來就是專注在物質層次上的，他們不會指出孩子的本體說：「本體。」他們只會說：「鼻子。」然後孩子就跟著說：「鼻子。」一段時間之後我們會怎麼樣？我們就變成了我們的鼻子、眼睛、臉頰等等。我爲什麼很可愛，因爲我有一個酒窩。你不會因爲心中充滿著甜美的愛而顯得可愛。每個人都是在這些物質概念裡被教育長大的。

心智是由對物質現實的概念建構而成的。舉例來說，所謂的關係指的通常是兩個物質客體之間的關係。孩子最容易覺知到的客體一向是物質事物。孩子無法了解什麼是「自由」之類的觀念。一個十四個月大的孩子是無法了解「自由」的，他的感官經驗裡沒有自由這種東西，但是他知道他有一個鼻子，因爲他可以覺知到這個部分。因此物質次元是最容易被意識到的部分，而且孩子必須把焦點放在物質次元，才能學會生存和運作之道。起先孩子對具體的事物完全沒概念，爲了學會在世間運作，他必須明白他的身體和桌子無法佔據相同的空間。在這樣的學習過程中，他發展出了「我」的概念以及「桌子」的概念。「我」和「桌子」是兩個不同的東西。這是必要的學習過程，然而一旦建構了這種對肉身及物質世界的概念，孩子就會把其他的覺知模式排除於外。

孩子早期的學習經驗，包括吃、喝、拉、撒、睡以及清理自己等等，全都和身體有關。後來他才明白什麼是愛和溫柔，以及其他更細膩的現象。但如果我們沒有被溫柔地觸摸過，是不可能知道什麼是愛的。如果你的母親不觸摸你，不照料你的身體，你不會相信她是愛妳的。我們需要很高的誠實度，才能明白某人的態度裡面有愛。如果某個人不想和你有親密關係，你會相信他愛妳嗎？因此物質事物是非常重要的，這就是爲什麼性是我們關係裡最大驅力的原因。

一開始嬰兒的覺知似乎並不受制於物質感官。他們似乎有一種包容物質次元的完整覺知，但專注於物質世界的發展，讓這種全觀狀態起了變化，而逐漸受制於身體的感官。

舉個例子，藉由談論鼻子、桌子、毯子、食物之類的東西，我們不但能指出那個東西，而且能指出它的構成要素。我們說「桌子」，於是它和其他東西就有了區別；我們說「食物」，於是它和碟子、手、胃及嘴便區隔開了。只消說出「桌子」或「食物」之類的字眼，抽象概念就開始具體化，於是桌子和食物便成了不同的東西，各自有了獨立的存在性。這個過程會把其他的覺知能力關閉住，於是身體的覺知就成了認識世界和我們自己的唯一管道。

如果我們只是透過肉體的感官來覺知，自然會從物質次元的角度來看現實。如果只運用眼、耳、鼻、舌或觸覺，便只能從物質空間的角度看事物，因爲這就是感官運作的方式。

現在我們已經認清，物質現實和抽象概念在我們的經驗裡是同一回事。存有的世界，由桌子、人或樹等等構成的世界，便是我們所謂的物質世界，但這個世界其實是由概念構成的。認爲物質現實就是最終極的現實，便等於認爲概念是最終極的現實一樣。這種根深柢固的想法似乎與常識恰好相反。傳統認爲物質世界與人的心智是分開的，因此我們看見的、聞到的、感受到的以及聽到的都是客觀現實。

把物質當成是終極實相，意味著把桌子當成了終極實相。沒有了你，沒有了人，沒有了意識，桌子照樣存在，因此它必定是終極實相。然而桌子只是個概念罷了，在孩子沒有學會這個概念之前，他不一定知道桌子和地板是分開的。一旦洞穿對桌子的概念，就會發現桌子本來是個透明的東西，而且桌子和地板不是分開的。這種無分別性不是存在於物質次元，它存在於我們感官無法覺知的另一個次元。我們必須藉由與感官有別的另一種能力，來覺察合一境界的透明狀態。這種狀態不屬於物質世界。闡明這件事對我而言有點困難，因爲我看物質世界的方式與一般人不太一樣。我們只有透過身體的感官才能看到物質世界，但是你其他的部分如果也能同時運作，看到的就不只是物質世界了，裡面甚至沒有一樣東西是跟其他東西分開的。覺知到這種合一性，不會令你失去對物質世界的分辨力；你只是不再把各種東西看成是各自獨立的。

覺知合一性，重拾全觀能力

如同我們曾經探討過的，辨識和概念化的過程，會令我們把事物看成是各自獨立的存有。這個活動反過來會讓我們侷限在感官的覺知中，因爲它削減了我們本有的全觀能力；它讓我們覺察不到實相的合一性。處在實相裡，區分能力並不等同於劃分能力。我們的肺和心臟雖然不同，但並不是完全分開來的。身體的細胞雖然可以被精細地區分，但它們彼此並不是隔絕的。它們共同組成了我們的身體。從根本上來看，它們構成了我們身體這件事，比它們是各自獨立的要更正確一些，而實相的合一性也比桌子和椅子是獨立存在的要更根本一些。換句話說，合一性才是更根本更完整的實相。

把抽象概念具體化不但會阻礙我們洞察實相，同時也形成了我們對物質經驗的概念。舉個例子，你認同你的身體大過於內心的解脫，因爲你的身體是具體的物質，而解脫是一種非物質狀態。因此，人類的心智就是由物質概念構成的。

我們把某個東西看成是圓的，另一個是方的；這個東西和那個東西的距離比較遠，和另一個東西則比較近。我們認爲這個東西和另一個東西沒有關係，或者這個客體喜歡那個客體，但不喜歡另一個客體。這些事物之間的關係發展成了一種牢不可破的結構，也形成了物質性概念，亦即我們對物質世界的概念。

就因爲我們認爲物質宇宙是最根本的實相，所以我們懼怕死亡。爲什麼死亡會這麼大不了？因爲你認爲你即是你的身體，你的身體比任何一樣東西都更能界定你這個人。因爲你認爲身體界定了你，於是就產生了死亡這件事。我們所謂的死亡，只是肉身的死亡，但由於我們認爲肉體就是我們，所以肉身的死亡才令我們深感畏懼。

我們不斷關切身體發生了什麼——身體是否舒適，是否得到了它需要的東西。身體是舒服的，還是不舒服？它是安全的，還是遭到了威脅？它能不能得到別人的喜愛？它是胖的，還是瘦的？是高還是矮？這一切都是我們非常關心的事。我們最深的心理議題都是奠基於對身體的考量。我們關切的一向不是自己有沒有愛心、慈悲心，或者能否解脫。即使我們關切這一類的精神事物，在根本上我們更投入的仍然是物質世界和肉身。

認同肉身會排斥其他次元的實相

小我的心智之所以是一切問題的源頭，就在於它排除了其他次元的實相，斷定終極實相便是物質宇宙。這種觀點製造了大部分的痛苦——包括對死亡與疾病、苦與樂的態度，以及接納或抗拒等等的心理議題。在內在工作的過程中我們會發現自己最終的本質，而認同肉身及物質世界則會一直帶來障礙與擔憂。

舉個例子，某人已經開始體驗到更大的空寂感，但一開始他體驗到的往往是一種空洞感。我們都知道當本體的某個面向出現時，通常會示現成一種空洞感。首先我們會感受到骨盆腔附近有一種空洞的感覺。人們通常會怎麼看待這種感覺呢？他們不會認爲：「喔，我覺得這裡有一種空洞感，我體認到了空寂次元。」不，大部分的人反應會是：「喔，糟了，我的性器官不見了。」這是大部份人會產生的反應，爲什麼？因爲你會從身體的角度去經驗這件事。如果你在那個部位意識到空寂感，就可能覺得失去了性器官，你不會認爲：「我是在覺知另一個不同的次元。」雖然物質現實是實存的，但其他次元也同時存在著。如果你認識到這一點，就不會有恐懼或心理問題了。你什麼也沒失去，只是發現了自己的另一個次元罷了。因爲你假定物質宇宙便是最根本的實相，因此當空寂感出現時，就會認爲「喔，糟了，我的陰莖不見了。」

如果你的腦子突然空了，也可能會覺得：「喔，我的腦子不動了，是不是變傻了，變蠢了。」但腦子不動跟傻有什麼關係呢？人的腦子只要一放空，最常見的反應就是覺得自己變傻了，因爲你是從物質的角度在看這件事。我們總以爲智力是埋藏在腦子裡面的，而物質宇宙決定了我們的身分。

當你認清這種物質導向有多麼根深柢固時，就會發現你從不以完整的觀點去看自己的深層經驗；你總是從物質和身體的角度在看它們。你大部份的心理議題都是源自於這種觀點。當你覺得自己快要消失時，那個將要消失的東西究竟是什麼？通常是你對身體的形象感。你驚恐是因爲你認爲自己的肉身是最重要、最恆久、最眞實、最堅固、最基本的你，如果它消失了，你就死了。你不會認爲：「我是從另外一個次元在看自己。我的覺性是有別於肉體感官的，因此我是從更深的次元在看我的身體。」如果你以上述的角度去看自己，就不會覺得自己即將消失。你會發覺你並不是在透過肉體感官看事物，然後你就不再有恐懼，也沒有理由恐懼了。因此我們恐懼的原因，就是把肉身當成了自己。

在實相之中，世界本是一體

我們的整個社會都認爲物質世界是最根本的實相。我們認爲人類是物質現實裡的一個具體的東西，因此肉身的死亡代表一個人從此消失了。但具體的事物只存在於物質宇宙，一旦洞穿到物質宇宙底端的眞相，就會發現具體的東西根本不存在。實相本是一個合一的整體，當我們被這種合一性說服時，就不再畏懼死亡了。

沒有任何物質現實是獨立存在的，也沒有任何東西和其他東西是分開或是在其上、其下的。這種物化的觀點，是由排除掉其他次元的觀點而產生的偏見。處於實相之中，世界本是一個整體，如果你只看到它的表層，就會意識到裡面有各種具體事物。因此排除掉更精微的覺知，就等於排除掉了一體性，而一體性才是萬物最根本的本質。

我們現在是在仔細認清靈性教誨裡所說的：我們都是肉體感官的囚犯。我們現在終於明白靈修傳統一向告誡我們的話——「要擺脫掉肉體感官的束縛。」在許多宗教傳統裡面，這句警語還帶有禁慾的意思，其主旨是性和享樂都是不好的事。你會被告知說：「不要專注在感官世界上面，不要把這些享受當成重要的事。」如果你不明白肉體感官製造了一個牢籠，就會從表面去理解這些貶低物質世界的告誡。這裡面的訊息是：「不要觀看、不要感覺、不要產生慾望。」但我們這裡的內在工作卻要我們全心投入於人生的每個過程，包括肉身經驗在內。排除肉身經驗是無法生效的做法，你必須在整個存在上面下工夫才行。雖然你可能有過不認同肉身的經驗，或者進入過純粹的覺知狀態，但如果這些體悟是用來擺脫感官經驗的，你就會強化物質世界和其他次元之間的差別。如此一來，物質世界和概念世界將永遠無法透明化。

認清物質次元的觀點是不完整的，這並不是在貶低物質次元的價值，而是要讓其他次元的覺知出現。我們需要把其他次元的覺知也包括進來，才能讓物質感官清晰地運作，這便是所謂的淨化物質感官——擺脫掉物質感官意味著要淨化它們。當感官從更深的次元運作時，也就是擺脫掉了概念思考。藉由存在、本體或心來覺知，它就能得到淨化。

西方目前正在復興的身心靈整體醫療以及另類療法，就是要試圖說明超越物質感官之外還有其他次元存在。西方主流醫學基本上是透過肉體感官來看待身體，其他的醫學觀點，譬如針灸術，則是從別的次元來操作。如果你運用的是超越物質結構的能量，就是所謂的另類醫學。意識到這些能量，便是穿透物質表象進入到另一個次元。

讓我們做個總結。首先我們發現我們是如何被感官所縛。如果我們是透過概念來覺知，便只能看見物質世界，而且會深信這就是完整的實相了。一旦認同了這種觀點，就會認爲現實世界是由各自獨立的東西構成的。我們把自己的肉身當成了眞實的東西，而它和其他事物有特定的關係。在這個觀點之下，我們變成了一副活在物質宇宙裡的身體。我們稱有生命的東西爲「人」或「動物」，然後我們與其互動。其他沒有生命的東西，我們則稱之爲「無情物」。這類觀點是從概念、心智和童年的訓練發展出來的。這種侷限令我們很難穿透物質界，而將其當成了實相。

物化觀點決定了我們的現實，它深埋在人格、情緒及心理動力議題裡面。物質界與物化觀點結成了一體。認爲物質次元就是最根本的現實，會阻礙我們看見根本實相。

物質次元是整體實相的表層

學生：我已經看見我們都被鎖在同樣的牢籠裡，不過我發現這也只是個概念罷了。在這個牢籠之外還有一股力量是怎麼也擺脫不掉的。我們都可以接觸到這股正在運作的力量。

阿瑪斯：一點也不錯。你愈是認爲自己受到限制，就愈受限。我們可以讓概念變得更有滲透性或更沒有界分性。無念實相指的並不是物質世界消失了，而是物質次元並非獨自存在的；它是更大的實相的一部分，就好像身體的表層是身體的一部分一樣。如果你看見皮膚只是你身體的一個層次，就能覺知到更深的層次。物質現實也是同樣一回事——它只是整體實相的表層罷了。看見比物質現實更深的次元，會讓我們的想法變得更有穿透性。

如實地看見無念實相，並不需要排除掉我們慣常覺知到的世界。它仍然是它，只是更具有滲透性罷了。我們會發現空間、大地、桌子、地毯、我和你，全都是由同樣的東西構成的。這種同質性是無法言說的，用言語去描述它，只會令我們接觸不到它。你對它的描述愈少，就愈能如實接觸它。

我所謂的如實看見實相，並不代表你會突然看見各式各樣的怪東西。其實物質現實仍然存在於眼前，只不過它並非唯一的次元罷了。當你看見完整的實相時，你是從不同的次元在看它。這時物質現實的色彩會更鮮明、更和諧、更精緻；你會更能看見它的美與優雅。這種純粹而根本的覺知有別於粗鈍意識，因此桌子雖然是桌子，但是在非概念性次元，它並不是一張桌子。桌子這個概念仍然存在，但只是更根本的那個東西的表象罷了。

學生：我發現我們會有兩種極端的情況，一種情況是跟某個超越表象的東西連結時發生的。那是一種很平常的合一感，一種非常單純的狀態。但是當我無法與其連結而又朝著超越感官的方向去觀看時，我會覺得我的肉體感官形成的概念就像一堵牆似的，障蔽住了無念實相。我很想讓實相顯露出來，卻又很怕它會顯露出來，因為它會在物質界製造混亂。我覺得自己分裂成兩個極端，一方面很想和一些事物連結，很想讓那個更大的力量在我裡面運作，卻又十分恐懼它，害怕它會把一些事情炸成粉碎，害怕那股喜悅會變得過於強烈，但又真的很渴望它。

阿瑪斯：這是我們最大的恐懼，當我們洞察到物質宇宙並不是最根本的狀態時，我們會很怕失去它。我們假定超越了肉身，便可能失去這副身體。這股恐懼讓我們牢牢地抓住身體，否則它很可能四分五裂。我們緊緊抓住了現實世界，也抓住了對現實世界的概念，因此我們的心很難放掉它。你如果能夠讓這個概念瓦解掉，便可能發現眞正的實相。你總以爲你會失去這個物質世界，或者喪失理智。

學生：有人會給你藥吃！

阿瑪斯：非概念性覺知聽起來很像是精神分裂症，其實是截然不同的經驗。那種狀態裡面有合一感、整合性以及和諧性，精神分裂則是完全缺乏整合性的。當一個人精神分裂時，物質世界會變得四分五裂，但處在非概念性次元裡卻不會有這種情況。在朝著非概念性次元發展的過程裡，我們也有可能出現分裂、瓦解或無法統合的情況。這跟精神分裂症似乎有點類似，但絕不是我們所說的非概念性覺知。非概念性覺知是在你放下一切結構時出現的，那時所有的結構都徹底消失了，然後你就會如實看見事物的眞相，而不再透過心智的濾鏡去看它們。但精神分裂症患者卻是透過分裂的心在看世界的，他們並不是以「無心」在看世界。

學生：我察覺我在跟你做內在工作時，會對這類訊息產生一些反應。我會問自己到底喜不喜歡這些概念。這種自我緊縮反應是一種對這類概念的排拒，而且我發現有一種方式可以洞穿這種排拒反應，那就是直接投入物質世界，然後觀察心智是如何在製造概念。換句話說，我仍然認為我是坐在這裡看著一切，當相反的情況發生時，我仍然能自持。我不能企圖洞穿心中的念頭。

阿瑪斯：這就是一種自我了解的過程。你愈是了解自己，就愈能放掉心中的概念。你不能企圖停止概念。今天我們的討論或許能帶來一些認識，有了這些認識，心智就能放鬆下來。心智之所以會緊抓著概念不放，是因爲它把這些概念當眞了。

學生：我的意思是放鬆就是一種自我了解。這似乎是你唯一可做的事。所以自我了解並不是一種概念上的理解。

阿瑪斯：沒錯。我們必須認清現在所討論的非概念性經驗，是內在工作比較進階的部分。有了非常深的體悟和了解時，這種覺知狀態才會發生。但有些修行傳統只在這上面下工夫，譬如禪的傳統就是這樣。它最主要的方式就是洞穿概念，見到實相。因此覺察概念、放下概念以及放下對物質現實的概念，就能讓心智放鬆和不執著，令本體的某些面向顯露出來。這些面向之所以會被障蔽住，部分原因是它們不屬於物質次元，而且被概念心排除掉了。我們一旦意識到概念心的侷限，就會有能力洞悉更深的實相。這種敞開的狀態會讓本體的面向顯現出來。

在非概念性覺知上面下工夫，是一種激發本體的方式。這是某些修行傳統的做法，但我們的做法剛好相反。我們會先在本體上下手，然後再進入非概念性次元。

今天我們要認清的是我們對物質世界的執著。我們要不斷地提醒自己，看看自己如何把看到的、聽到的一切當眞了，並且要認淸這份執著如何造成了你對世界以及對自己的觀點。

〔第十六章〕

宇宙意識

解脫意味著靈魂被個人心智影響的程度逐漸減低了，而且愈來愈跟宇宙意識和諧相融。我們會逐漸覺知到普世性概念，而不是我們自己建構出來的概念和反應。因此當下的存在會變得愈來愈重要，因為存在就是安住於當下的真相，亦即宇宙意識的本體場域。

我們已經探討過我所謂的「無念實相」，這個超越心智以及本體各個面向和特質的狀態。今天我們要討論的是這個無念實相與本體次元是如何連結的。首先我們必須檢視一下內在工作所涉及的完整畫面。將要探索的存在次元很顯然並不是我們內在工作最特別的部分，別的靈修傳統也一直在描述它們。

當我們進行這項探索時，大部分人會企圖在經驗層次上跟隨我，但今天我們不要這麼做。假如這種狀態發生了，也無所謂。由於跟隨我可能很困難，所以只在頭腦層面了解我也就夠了。將要探討的那種狀態你們或許有過類似的經驗，也可能在討論過程中突然出現那種狀態。這回我們要探索的範圍很廣，其中包含了存在最根本的面向。

你們用什麼方式來了解這次的討論都沒關係，僅僅是頭腦層次的理解也無妨，因爲任何一種理解的方式都能使你們明白某些事情之間的關係。前面已經探討過是否能進展到無概念次元的覺知，甚至能夠以超越個人心智的方式運作，但這也可能爲自我帶來一些困惑，造成一些危機。如果認識不清我們要介紹的這個次元，某些人也許會預設那種境界將會帶來混亂或失序。其實那種境界帶來的是眞正的秩序。

靈修者的目標：從內在進入合一境界

通常我們會從人格開始談起，因此一開始我們必須覺知自己的身體、思想和感受，並試著去了解它們。隨著成長我們會逐漸貼近所謂的本體，經驗到本體的各個面向。你們可能會體認到慈悲、價值感、空間感、喜悅或眞相。我們稱本體的這些面向爲鑽石的刻面。你愈是能洞穿人格，就愈能看見更深、更精微的實相。一開始以及後續的階段裡，隨著我們對本體及其各個面向的體認，我們會在身體的內部經驗到它們。你會在心輪部位感受到喜悅，在臍輪部位感受到意志力，在頭部感受到清明。這些經驗都會在身體的框架內發生；對個人而言，這些都像是一些靈性體驗。

到了某個階段，我們會開始經驗超越肉身侷限的次元。那時所經驗到的本體是一種包含內在與外在的狀態。我們將會不間斷地經驗到本體，而不再侷限於肉身之內。這個次元便是所謂的合一境界。處在合一境界裡，我們和萬事萬物變成了一體，那時我們的存在或本體就不再是一種內在經驗，而是一種宇宙性的現實了。那個次元也有許多精微面向。從內在經驗進入合一經驗，一向是長期靈修的人嚮往的目標。

爲了深化我們的了解，首先我要談一談最高的無限境界，然後再往下論述。過往我們探討的方式都是從人格進展到無限境界，今天我們要依循傳統從無限境界往下探討。人所能經驗到的最深、最客觀的狀態，便是所謂的終極實相。終極實相是永恆不變的，也是最根本的境界。你不可能體悟到更超越的狀態了。某些修行傳統稱之爲祕不可宣境界。

終極實相是最巔峰的存在次元，但並不是像山頂那樣的狀態；它反而是一種最根本的狀態。譬如當你在觀察物質的時候，如果深入到最基本的元素時，你還會發現其他的東西嗎？最終你到達的是什麼狀態？終極實相。

我們這裡所說的體悟到終極實相，指的其實是終極實相碰見了自己；或者可以說它發現自己就是最終的實相，但又沒有「就是」的感覺，因爲裡面根本沒有主客的分別性。因此只有終極實相能夠體悟到終極實相，或者可以說根本沒有所謂體悟這件事，而這就是爲什麼它會被稱爲終極的原因！因爲它空無一物，又何來經驗呢？假設我真的體悟到自己就是終極實相，那麼我的體悟將會是「我不知道。」我什麼都不知道，甚至不知道我不知道。「我不知道」意味著我不再覺知。我不再覺知任何事物，而且也不覺知我不再覺知任何事物。那種狀態和深睡很類似。當你深睡無夢時，根本不知道自己是在深睡，就好像什麼都不存在似的。你不見了，徹底不見了；這便是終極實相的狀態，也是萬事萬物最深的本質。

那種存在狀態裡面沒有任何對存在的覺知。你就是存在本身，你進入了甚深境界，甚至不知道自己是存在的。終極實相只有在最深的禪定及深睡狀態才會出現，其他任何一種方式都無法讓它發生。處在這種狀態裡你什麼也覺知不到，什麼也看不見了。你不可能一邊開車一邊處在終極實相裡，因爲在那種狀態裡你連車也看不見了。

事物最根本的本質有時也被稱爲「空無」。有的傳統稱之爲「神的源頭」，蘇非教派則稱其爲「神聖本性」。萬事萬物以及人類的本質，都是無法被經驗到的空無，甚至連這份認知都是不存在的。那是一種徹底失去自我意識的狀態，而且也意識不到其他的事物了，這就是最根本的源頭，但並不意味什麼都不存在了。你仍然存在著，不過只有當你從那種狀態出來時，才會覺知自己的存在。終極實相的特質就是無法覺知自己，因為終極實相裡面還沒有任何意識顯化出來，因此又被稱為「未顯化狀態」。意識或覺知都是從終極實相之中發展出來的。從終極實相之中發展出來的第一種能力就是意識或覺知，之前這份能力是不存在的。終極實相沒有任何特質，也沒有任何屬性。

這無限量的終極實相會轉化成純粹意識或覺知。這種純粹意識有能力覺知，但是它覺知不到任何概念或存有。它是在概念之前的一種狀態。這個層次就是我所謂的無念次元。

無概念、無時空的終極實相之境

由於終極實相裡面沒有任何概念，所以我們才稱之為無念實相；它比無概念狀態還要深刻。無概念狀態與終極實相十分類似，但裡面還是帶有覺知的。我又稱這種無概念狀態為無名相境界，處在這種境界裡我仍然知道我知道，但是我不知道我知道些「什麼」。這個層次的「知」不涉及對事物的認知。但是處在終極實相之中，卻是一無所知的，甚至不知道自己一無所知。處在無名相境界裡，意識仍然能認出它自己，那是一種最基本的對存在的覺知，或者可以說是一種純粹意識。我之所以稱其為無概念狀態，就是因為裡面沒有任何概念活動。一旦有了概念活動，你就會認出它的內涵，當你一說出：「我知道這個東西」時，你已經製造出了一種概念，並且覺知到了這個概念。你已經把某種東西歸類，對它做出了描述。

處在無概念狀態裡，你不會有時空的感覺；那種狀態裡沒有形式、色彩、位置或大小。它是比時空更前面的一種狀態。你必須有空間的概念，才會認出形狀、大小和色彩。那種狀態裡只剩下了質感，而那種質感就是意識本身；你甚至不能稱之爲一種質感。雖然那時你還是有覺知，而且知道自己有覺知，但你覺知不到任何特定的東西。你只是覺知到覺知、意識到意識本身罷了。你並沒有內外之分，也沒有內或外的概念，更不會意識到有一個人在那裡覺知。

我們必須有意識才能夠有經驗，如果覺知不到桌子，是無法認出桌子來的。除非你能意識到自己的身體，否則你不會有「我有一副身體」的概念。在概念出現之前，你只是經驗著身體而認不出那是一副身體。因此無概念狀態是純粹而天真的。

無概念狀態裡面沒有時間感，只有一種比較像是永恆的感覺，但所謂的永恆並不代表有個東西能一直延續下去。永恆指的是與時間無關的某種次元。從無概念狀態的角度來看，你不能說某個東西存在或不存在，因爲存在或不存在也只是個概念罷了。當你對自己的覺知進入無概念次元時，你不會說「我存在」或「我不存在」，因此那個次元是超越存在或不存在的。雖然裡面仍然有意識，卻沒有對意識的概念。最後當你進入終極實相時，甚至連意識也消失了，剩下的只有一片漆黑。

終極實相與無名相境界都是無概念狀態。無名相境界裡仍然有意識，而終極實相則是超越意識的；那就像是白晝與黑夜之分。終極實相是黑夜，無名相境界或無概念狀態則是白晝。這些狀態裡面都有光明，但那光明不會帶來任何「知」的活動；那是一種純粹的光。接下來純粹意識又會顯化成存在或臨在；我們會覺知到自己是個存有，那就是我所謂的純然的存在或至上的存在。那時存在感就出現了，而且我們能夠覺知到這種存在感；此即概念性次元的開端。處在這種狀態裡仍然沒有分別意識。你不會有我存在或你存在的感覺；你只是單純地存在著。當你超越這種狀態進入無概念狀態時，就無法說出存在或不存在了。

純然的存在會被體認成一種合一性。萬物全都屬於一個整體，那種感覺就像整副身體是由同一種東西——譬如水——所構成的。處在這種狀態裡你能夠覺知到整體的局部，但這種區別能力並不會帶來界分感。那就像是覺知到身體是由水元素構成的，裡面有各種器官或原子，但不把這些元素區分開來。

因此處在合一狀態是有區別能力的，例如你可以覺知到色彩，而且色彩有差異性。由此我們發現區別能力並不代表界分性。譬如一件襯衫有各種不同的色彩，或者身體裡面有各種不同的元素，屋子裡面有許多房間等等；我們能夠區別這些事物，但仍然把它們看成是一個整體。合一狀態裡面仍然有時間與空間感，純然的存在則沒有時空感，只有存在感。因爲合一狀態裡面有空間感，所以才有區別能力。

在這個次元裡概念是存在的。這裡所謂的概念，指的是具有分別意識，也就是能夠區分現象，繼而顯現成概念或觀念，我們稱之爲「純客觀形式」。這些概念或純客觀形式並不是一種心智現象，它們和頭腦裡的思維活動不一樣，但我們通常會把這些概念和頭腦裡的意像連結在一起。頭腦對某些事物的概念，其實和眞實存在的形式無關，從這個角度來看，房子是一種概念，但房子和它座落的山丘是不一樣的，對不對？因此它們是可以被區分和辨認的。房子與山丘都屬於一個完整的現實，因此山丘只是個概念，房子也只是個概念罷了。區分與分辨都是藉由概念達成的，在概念的次元裡，你可以區分出完整的現實與個別存在的事物。

舉個例子，我們所謂的椅子也只是一種概念罷了。椅子的意像和眞正的椅子並不相同，因此當我說「只是一種概念」時，我指的是椅子這個概念本身。這個模式本來就在實相裡面，它不是由我們的頭腦創造出來的，這個次元便是我們所謂的「普世性概念」或「純客觀形式」。普世性概念並不是我的概念，不是我頭腦裡的概念。我頭腦裡的概念是帶有個人性的，其內涵是由個人決定的，但椅子存在於眼前這個事實，並不是由個人決定的。任何一個人來到這裡都會看見這個形象，但不一定會認爲這是一張椅子。

純客觀形式會經由普世性概念被辨識出來

因此我們所謂的「純客觀形式」，指的就是眞實存在、可以被辨認出來的事物。物質現實也是藉由普世性概念辨識出來的——遠方的那座山丘就是一種普世性概念。不只是我一個人看見了這座山丘，因爲另一個人也不能說：「那不是一座山丘，那是海洋。」因此這種辨識作用不是由我個人的經驗決定的，而這就是一種純客觀形式。我們通稱這種可以辨識的形式爲普世性概念，因爲全世界的人都可以覺知得到。我們之所以稱這些形式爲概念，是因爲從無念實相的角度來看，這些形式都是從純然的存在之中顯化出來的概念。某些傳統稱之爲「神聖心智」。對這點有所體悟的人則會說：「我們全是上主心中的概念。」

物質現實的形式就是一種純客觀形式。門是一種客觀形式，鳥是一種客觀形式，人類也是一種客觀形式，因爲它們都是眞實存在的東西。它們的存在並不是由我們的覺知或我們賦予它們的稱謂而決定的；它們的確存在於那裡，與我們的信念毫無關係。但是在合一性的層次上，它們並不是各自獨立的事物，而是結爲一體的。純客觀形式之所以能夠被區分，是因爲它具有自己的原始形式，並不是由我們個人的心智界定的。我們只能認知它們，但無法改變它們的類別。我們賦予這些事物的定義或許能改變，譬如一座丘陵必須有某種高度才可以稱爲丘陵，但所謂的丘陵在另一個文化裡卻可能被稱爲山。

因此純客觀形式跟分別意識次元裡的客觀覺知有關。譬如這張桌子上面有杯水，還有一個筆記本，某人看到這個場景可能會說這裡有張桌子，另一個人則可能說：「這裡有張桌子，上面有個筆記本。」其實他們覺知到的都是同樣的東西。頭一個人把筆記本看成是桌子的一部分，但兩人都看得見這個東西是黑色的，那個東西是咖啡色的。這種辨識作用和覺知有關，但是和事物的名相無關。

學生：我想的是海洋這種東西。水似乎是一種普世性概念，海洋則是一種抽象概念。海灣和海洋都是由水構成的，卻是不同的東西。

阿瑪斯：所以海洋是更大範圍的水，對不對？另一種文化也許抱持的是不同的概念，但他們一定看得見那一大片水。

學生：水是一種普世性概念，海洋則似乎是一種看待水的特定方式。

阿瑪斯：水是一種普世性概念，一種純客觀形式，但我所謂的純客觀形式，指的則是一種獨立存在的東西，一種不被你的主觀意識扭曲的看法。

你可以在這張地毯上劃一道線，你也可以在這張桌子上劃一道線。你可以讓它們變得小一點，但你的覺知仍然是相同的。你仍然會看見不同的色彩和形式，能夠區分地毯和桌子的顏色，並且知道它們是不同的東西，但不一定會把它們想成是兩種截然不同的東西。

現在我指的是在未定名之前的辨識次元。這個次元很難理解，因爲我們不習慣把定名和辨識東西的作用力分開。除非我們有能力從超越形式的次元來看事物，否則無法只是覺知形式而不被我們的心智影響。當你從無概念次元來看存有時，你不會爲眼前的事物定名，也不會把事物看成是各自獨立的東西。你會把一切都看成是整體而不去注意它們的差異。只有從純客觀形式的角度來看事物時，才會把分別意識結合進來；我指的是桌子的存在有別於桌子這個概念。

學生：你現在指的是客觀現實。

阿瑪斯：最顯而易見的客觀意識是存在於物質世界裡的。我們雖然爲事物冠上了不同的名稱或建立了各種界線，但我們看見的事物是確實存在的。我們可能看著一棵樹而不把上面的花區分成花；這整個東西都是一棵樹。但另一個人卻可能說：「這些是花，那些是葉子。」還有一個人則可能說：「眞的嗎？這裡根本沒有所謂的花和葉子。這裡只有一棵樹。」某個人也許有樹的概念，卻沒有葉子的概念。你看見的是一棵有葉子的樹，他看見的卻不是這樣。但如果你指著葉子說：「這些是葉子。」他們很可能會說：「喔，這就是你所謂的葉子。」而不再說：「這上面沒有任何葉子。」

保有辨識力，消除疆界感，見樹也見林

因此純客觀形式和我們的個人傾向、學習歷史以及分辨事物的方式無關。如同我們討論過的，把經驗中的元素概念化會創造出一個晦暗無明、事物各自獨立的世界，而這會阻礙我

們以無概念的方式經驗實相或無概念次元。這也會阻礙我們看見一體性次元。有兩種覺知的元素必須改變，才能從頭腦的世界過渡到對純客觀形式的覺知：首先要改變的是不再把形式看成各自獨立的東西，然後我們才能覺知事物的一體性，但其中仍然保有辨識力，卻沒有對事物的疆界感。在這個層次的覺知裡，形式和概念都可以被穿透。接下來我們必須有能力不帶任何概念地覺知實相。這種覺知屬於無概念次元，也就是所謂的「覺知的根基」。這兩種能力不一定會按照特定的順序發展出來；它們各自有許多相關的障礙及心理議題，我們在過去幾次的聚會裡都提到過。

除了那些晦暗無明能夠決定我們經驗的概念之外，還有一些存在於心智層面的障礙必須穿透，然後才能體悟到無概念次元以及一體性。如同我們探討過的，我們對自己、對他人以及對世界的一些概念，都是從童年發展出來的，而且受到了本能和情感需求的影響。這個過程是由趨樂避苦的反應所掌控的。我們對自己以及對世界的概念發展，一向被心理動力議題以及各種反應所著染。心理動力議題往往和親子關係有關，也和其他要素相關。

肉體與情感的苦樂經驗，形成了我們對自己以及對世界的概念，其中的執著或逃避反應，則造成了心智的僵固和封閉傾向。有個例子是攸關於性和性別概念的：我們在成長的過程裡學到了男孩或女孩的概念，這類概念往往會造成價值論斷。我們對男性或女性的性別觀念，以及對自己和他人的信念，通常是非常主觀的。男性或女性雖然是帶著差異性的純客觀形式，但每個人對男性或女性的觀點都是相當主觀的。這種純個人性觀點涉及到各式各樣的論斷、反應、意見、偏見及聯想。這些反應和聯想又會侷限我們的觀察，使我們無法在每個當下認清現實，繼而令我們的概念變得愈來愈僵化。就像我們已經發現的那樣，晦暗無明和僵固的概念會令我們更無法看見自己的眞相，並且會造成我們的痛苦和異化傾向。

將抽象概念具體化和產生反應會形成一種惡性循環，我們的內在工作採取的對策是在本體的每個面向上下工夫。到目前爲止我們已經探討了物質現實純客觀形式的顯化，另外一個有別於個人概念也屬於純客觀形式的次元，我們稱之爲本體的各個面向。舉個例子，你體認到的慈悲和我體認到的慈悲往往是同樣的感覺，但你我可能賦予它不同的稱謂。然而慈悲的本質是相同的，它不是由我個人的心智決定的，也不需要仰賴我以往的認識。慈悲是一種客觀的存在狀態，本體的特質之一。

如果我們經驗到的是本體的「價值」這個面向，那麼一個屬於本體次元的人可能會說：「這是你個人的主觀經驗。」但本體的這個面向不只是一種主觀經驗；這是靈魂眞實而特有的存在狀態，它存在的次元比我對我自己的概念還要更根本。舉個例子，我心中的自己是個受創的小孩，那個形象影響了我看待自己的方式，也影響了我的感受和反應，但它並不存在於當下這一刻的經驗裡。它只是我心中的一種概念罷了。如果當下的我體認到的自己是一種價值感，這代表我當下眞的感覺自己有價值，這種價值感和任何一種物質現象同樣具體。

到目前爲止我們已經認清從無概念次元到概念性次元的顯化過程。首先出現的是純客觀形式或普世性概念。這時我們是擁有區分能力的，但不爲事物定名，也不界分事物。如果我是從無概念次元來覺知世界，我不會說：「這是一張椅子，這是一隻手臂。」我只是看著事物的差異性而不去區分它們。到了下一個階段我們才開始區別事物，以便順利地運作溝通。

心智裡的概念多少可以和純客觀形式並存。這個演變成客觀意識的過程——對我們自己以及實相——是非常漫長而艱辛的。這涉及將自己導向眞相及客觀性，過程中我們必須不斷質疑心智的內涵——其信念及反應，並且要試圖認清經驗的眞相是什麼。在過程裡我們必須承認自己並不知道眞相是什麼，如此才能體認到內在的空間感和開放性。然後我們會進入無念實相的次元，處在這種境界裡，個人的概念不再決定我們的覺知。在這個階段我們會發現本體各個面向的意義，然後會逐漸進入宇宙意識的次元，希臘哲學家稱之爲純理性（Nous）。在純理性之中，概念是比頭腦的思想還要更根本的層次。覺知到這個層次的概念，令我們有能力溝通運作而又不仰賴個人心智的內涵。

在本體次元客觀的辨識力是存在的，舉個例子，手指甲可能是物質世界裡的一種現象，但有的人也許不會認爲它是一種獨立存在的東西；他們可能視其爲與手指合一的東西。他們會認爲手指的這一節是軟的，有指甲的那一節是硬的，甚至不會給指甲一個特別的名稱。還有的人或許無法區分慈悲與愛，但它們的確有差別。

純客觀形式次元是獨立於我們的定義和偏見之外的。我們的定義和偏見決定了我們注意的焦點，也決定了概念的內涵，以及我們對自己、他人和世界的意像，因此個人概念的內涵是可以改變的。

今天我們探討的領域相當廣泛。我們已經區分了無概念與概念性次元的差別，現在我們要描述的是客觀現實的次元，這個次元有許多層次，從純然的存在到本體的其他面向，然後到物質面向。我們可以把一切事物都經驗成一種存在，同時又能察覺這些存在的差異性，譬如椅子是一種存在，玻璃是一種存在，地毯是一種存在，它們雖然有區別，但都是一體的。

鑽石指導方針：讓靈魂接受純理性的引導和影響

我們正在探索的這個領域究竟是什麼？一種整體性存在，裡面包含了各式各樣的事物，也就是所謂的宇宙意識或純理性。純理性涵蓋了現實裡的一切事物。一切能夠被覺知和經驗到的事物，以及能夠被概念化的事物，全都涵蓋於純理性之中。我們的內在工作稱之爲「鑽石指導方針」，亦即讓個人靈魂接受純理性的引領和影響。無概念次元或無名相次元，則是超越純理性的一種境界；它是純理性的基礎，缺少了它，純理性就不存在了。無名相次元是超越心智活動的，終極實相則超越了無名相次元。

對比之下，個人心智的內涵或個人性事物並不是實際存在的現實。個人心智的內涵是由特定的歷史和制約所決定的，裡面有各式各樣的文化形式及價值觀，還有根據個人情況而形成的概念。把概念具體化的過程，會導致我們藉由心中的概念來覺知自己和世界。此外個人心智裡往往有許多論斷、情緒性聯想、偏好及各種反應。我們的心時常會說：「喔，這張桌子很好，那塊地毯很糟。」或者「這塊地毯很美，那座山丘很醜陋。」

個人心智的基礎就是純理性；缺少了純理性，它不可能存在。它是根據純理性之中的區分能力、客觀概念或形式而運作的，但它也會扭曲這些形式，把加諸形式的概念具體化，令它們變得晦暗無明。個人心智裡的內涵和現實的差距，又會被我們的論斷、反應和偏好所強化，而這會導致情緒性反應，譬如「我喜歡這個，討厭那個。這個讓我產生嫉妒，那個讓我不舒服。」等等的反應。我們已經認清這些論斷的活動都是源自於趨樂避苦。然後我們又在這種分別意識上面建構一些概念，「這是好的，那是壞的，我喜歡這個，我不喜歡那個。」這種模式繼而發展成個人心智的整個內涵，編織成了非常複雜的對錯概念——整個哲學都是從個人觀點發展出來的。

個人心智往往聚焦於純理性的某個部分，然後視其爲現實的全部。它把大部分的焦點都專注於物質宇宙。由於這種物化傾向，個人心智通常是札根於實質性次元。它奠基於純理性最具體、最有限的一個層次，而非最精微的次元。個人心智大部分源自於身體的苦樂感覺，即使受到本體的影響也是如此。決定自我的反應、感受與覺知的自我意像，都是奠基於對身體的認同。個人心智因而無法注意到理性或宇宙意識的精微次元，譬如本體和純然的存在。我們需要接受許多教育，才能把這些次元納入覺知。

個人心智是奠基於理性和概念之上的——包括普世性概念、純客觀形式以及個人心智建構出來的概念。舉個例子，個人性概念和普世性概念的關係，可以拿美與和諧的議題來探討一下。在純理性次元之中，對美醜的論斷及反應是不存在的，雖然對美學的重視會令我們更貼近純理性一些。純理性之中的確有美與和諧的感覺，但個人心智仍然帶有主觀歷史的元素及情緒反應，因此會對善惡美醜產生論斷和心理反應。如果能超越心智活動和個人偏見，甘願接受宇宙意識的引領，我們的心中就會有美與和諧。一切事物都會變得光明而美好，裡面沒有一種東西是醜陋的。只有在個人心智的層次上，才有美與醜的分別意識，而美好的感覺往往能引領我們進入宇宙意識。

個人心智包含了我們自己的觀點、信念、評量、論斷、偏好和反應，其哲學思辯能力則是源自於宇宙意識。這些信念、評量以及編織成的故事，往往奠基於個人的歷史。我們已經明白，個人心智是隨著我們這個有機體的發展而建構出來的，它攜帶著過往歷史的一切記錄。但純理性並不仰賴過往的歷史，它和時間無關，因為它是一種對當下的純然覺知。假設你看見一些人坐在屋子裡，你可能會稱他們為「人」，但你很明確地知道他們是在這間屋子裡，而且知道這些人和他們的座墊是不同的東西。因此你或許不會為不同的東西冠上相同的名稱，但你很清楚它們是有差異的，除非你的覺知出了問題。而且即使你的辨識力很正確地反映出椅子和人的形式，你的頭腦仍然會說人比椅子重要。這種評量作用就是一種個人心智活動，但是令我們辨認出個人與椅子差異的，卻是宇宙意識的作用力。

首先我們談到的是無概念次元，隨即我們又檢視了概念性次元。我們將其分成兩個部分——其中之一取決於個人心智，另外一部分則是獨立於個人心智之外，亦即所謂的純理性或宇宙意識。純理性涵蓋了本體和存在的所有面向，以及我們所謂的一切靈性體驗。所有的靈性次元都屬於宇宙意識的範疇。我現在是在粗略地區分概念性次元與無概念次元；其實概念性次元還有許多面向沒有談到。

顯化萬物就是宇宙意識的運作方式

學生：我們現在所談的似乎是在評量什麼狀態屬於宇宙意識，一種純客觀的運作方式。我們可以說在純客觀的層次上，行動的背後自有支撐力量，而它和個人的偏好沒什麼關係。

阿瑪斯：是的，我們可以說事物起不起作用與個人心智無關。我們可以把起作用定義為從這裡到那裡的作用力，譬如這條路可以從這裡走到那裡，那條路則不能，這便是純理性的作用力。但是說從這裡走到那裡很好，則是個人心智的作用力。甚至我們可以說「我應該活著」也是一種個人偏好，因為沒有任何一種本體的面向會說出「我應該活著」這句話。我們愈是和本體連結，價值觀愈會起變化。個人心智會因而得到轉化，並且會更受純理性影響。如果個人心智完全不存在，就不再有評量活動了。你只是從純理性的角度在運作，而不是因為你認為某一種東西比另一種東西好。舉個例子，樹木本身有一種成長和保持健康的傾向，這種傾向並不是源自於樹木認為成長和健康是應該做到的事。它自然會形成這種作用力。顯化出萬物就是宇宙意識的運作方式，我們稱之為「道」（Logos）。

因此我們發現，個人心智停止活動並不會導致混亂。我們不會因此而傷害自己或罹患疾病。如同樹木或其他的有機體一樣，人類也有一種成長和保持健康的本能。樹木不會說：「我害怕死亡，我比較喜歡活著。」它只是自然地活著、成長和逐漸趨向死亡。

學生：那麼選擇能力又是什麼呢？

阿瑪斯：選擇能力是從個人心智發展出來的，因為它依據的就是評量的能力。當然，個人心智和宇宙意識之間的關聯是個很龐大的議題，我們的內在工作有一部分就是要處理這些議題。我們經常聽到：「我對本體已經有了體悟，接下來我該做什麼呢？」我們可能以為：「假如我解脫了，我就該做這個或那個。」或者「我連結上了本體，就不該工作了。」我們之所以會有這類想法，是因為我們仍然是從個人心智的角度在看實相。

學生：所以你的意思是，如果我們能關閉個人抉擇的機制作用，不再想掌控事物，那麼宇宙意識就會支持我們。我們會因此而繁榮興盛。

阿瑪斯：沒錯。宇宙意識的確有這種傾向——它顯化出來的森羅萬象都會繁榮興盛，然後衰敗死亡。這便是生命的自然律。

內在工作的目的就是要讓個人心智不再運作，只是隨順事物的發生。這是很難描述的一種狀態，我盡量試著多闡明一點……。個人心智是純理性的一部分，因爲萬事萬物都是它的一部分。人類或人的靈魂只是宇宙意識裡面的一種純客觀形式。

人類的靈魂或靈魂的純客觀形式（一種普世性概念），是跟其他概念不同的，因爲它具備思考和形成概念的能力，也有創造自己的現實以及決定自己對事物之觀點的能力。岩石做不到這一點，但人類的靈魂做得到。

同時靈魂還有能力封閉住對宇宙意識的大部分覺知，只把焦點縮小在物質現象上面。人類的整個視野都是奠基於對物質現實的覺知。我想這就是我們之所以有自由意志的原因——我們有能力對實相的某些部分說：「不」。然後把自己有限的認知當成了全部。從這種有限的認知我們又做出了各種抉擇，以這個角度來看，我們的確擁有自由意志。但是從純理性層次來看，自由意志是不存在的。在靈魂層面純理性會以特定的方式運作：靈魂阻絕了對某些次元的覺知，自認爲能主宰大局，但矇蔽住自己的靈魂，也有能力變得清明，繼而發現自己的純理性，讓它重新運作。我們可以把這個過程稱作臣服、允許上主的意志重新運作，也可以說是一種無爲或純然的存在。

因此藉由內在工作，靈魂可以擺脫掉個人性的心智活動。這種靈魂的內在工作，就是我們一直在檢視的客體關係、自我意像、反應模式及信念，還有種種的概念、夢想和認同活動。進行內在工作的過程裡，靈魂會逐漸覺知個人心智的特定細節，包括它一貫的偏見與信念。同時靈魂也會發現自己的現實不必受過往歷史操控。

讓純理性引導靈魂，脫去心智的捆綁

所以，我們愈是經驗到本體，並將其統合進來，個人心智活動就愈受純理性影響而被導正，進而能客觀地認清現實是如何運作的。這個過程便是我所謂靈魂的進化與發展。如此一來，靈魂就不再受個人心智所主宰，而會根據純理性來運作。我們會開始根據本體的眞理及內在工作體認到的眞相來生活。

我們愈是意識到純理性，給它運作的空間，允許自己去覺知它的運作方式，就愈能感受到和諧、美與愛，以及所有本體的特質。我們會體認到一種開闊的解放感，一種不再受限的感覺。所有的侷限都來自於和純理性對抗、認爲我們和它是分開的，或者總是根據與當下的眞相無關的信念來運作。

思考一下生比死要好這個概念。誰說生比死要好？「純理性」或「道」都不是這麼說的。宇宙的動力形式便是所謂的道；這是在實相裡產生變異與轉化的一個層次，方式是按照純理性的純客觀形式來運作。道裡面有生也有死，它不說誰好誰壞，因爲事物總是在不停地變異和轉化。海洋會轉變成雨水，雨水又會變成海洋，因此道從不說哪個更好一些。它是涵容兩者的。

我們一旦明白和接納了這個觀點，制約就會愈來愈少。制約乃是源自於我們的偏好。我們總想讓事情按自己的方式而非以道的方式運作。舉個例子，如果道讓你生病，這就是它運作的方式之一，但你可能會覺得：「不，我不該生病。我不該死亡。我應該要擔憂這些事。」但總有一天你會死的。你會死就是宇宙意識的運作方式之一，而你卻說：「不，這件事不該發生。我不想死，我要對抗它。」於是你對抗它，然後就變得充滿著恐懼。接納現實就是接納宇宙意識運作的方式，接納一切發生的事。

從這個角度來看，解脫意味著靈魂被個人心智影響的程度逐漸減低，而且愈來愈跟宇宙意識和諧相融。我們會逐漸覺知到普世性概念，而不是我們自己建構出來的概念和反應。因此當下的存在會變得愈來愈重要，因爲存在就是安住於當下的眞相，亦即宇宙意識的本體場域。

學生：我可以理解為何人不該否認自己是必死的。這似乎和掌控議題有關，不過其中也有一種危險性，因為一旦被動地接受了宿命論及死亡，就可能不再為活下去而奮鬥了，對不對？

阿瑪斯：你的問題反映出一種信念，那就是個人心智如果停止運作的話，事情就不會朝著你認爲好的方向去發展。宇宙意識自有其運作之道，它的運作方式之一就是當你生病時，才會開始顧及到它。這是個人心智和宇宙意識之間的一種互動方式，是很難理解的一個部分。舉個例子，讓自然自己去運作，並不代表不發展科技，因爲創造科技的就是宇宙意識本身。我們愈是能覺知宇宙意識，就愈能放掉對事物的僵固信念和想法，然後自然本身就會照料一切，我們的存在也會開始運作，而這就會帶來健康。自然有自己的幸福與健康之道。

科技和文明不一定和宇宙意識相左

人有時很難分辨自然與文明或文化的差異，其實兩者不必然是衝突的。科技和文明不一定和宇宙意識相左。如果我們不被自己的信念、無明或偏好所掌控，事情將會如何發生呢？我們將如何對待原子能？我們是要它或不要它？答案是我們什麼也不知道。有的人會說：「文明是很糟糕的東西。我要生活在叢林裡。」但這種選擇不一定自然。宇宙意識是包含著機械與原子彈的，這一切都屬於宇宙意識。

當我們逐漸轉化到宇宙意識時，將如何看待事物？我們會如何生活？當我們覺知到當下的眞相而不再有偏頗反應時，會如何看待事物？這些都是內在工作要探索的東西。

學生：我以為這會導致被動性，但後來我想到了真實不虛的意志力。我發現如果你真的和宇宙意識連結，就不再輕易採取行動，除非眞實不虛的意志力生起了。你不會再靠虛假的意志力來行動。

阿瑪斯：沒錯。那時行動一定會出現，或者你根本不會有任何行動。讓宇宙意識自然運作，並不代表裡面不再有任何行動，也不意味被動性。個人心智會把它看成一種被動性。許多傳統靈修體系會使你變得愈來愈被動，或者說接收性愈來愈強，但你接收的是宇宙意識而非個人心智。

假如你的身體需要被療癒，宇宙意識就會在你之中顯化成眞正的意志、力量與智慧，於是你就能以最有效的方式療癒自己。但你若是按照個人想法去運作，便可能障蔽住純正的意志力和力量，而以不必要和無效的方式治療自己，或者會過於努力、錯置力量。

學生：當你把焦點從個人心智轉向宇宙意識時，似乎會不清楚以何種方式與其相應，裡面好像有許多灰色地帶。

阿瑪斯：沒錯。困惑通常出現在運作的層面，而看見當下的眞相是比較容易做到的事。從某個角度來看，當你以特定的意像界定自我的時候，就是在告訴自己該如何存在；這就是一種個人心智的活動。但如果你把它們放下，不再以過往的意像來界定自己，只是讓自己存在著，那時你經驗到的自己又會是什麼呢？答案是本體，一種存在，而且你會發現自己和其他事物是沒有界分的。強烈的界分感只存在於心智活動裡面，特別是認爲身體足以定義自己之類的想法。

我們或許能看見這個眞相，但探入運作的次元就比較困難了，因此最好從「目前的現實是什麼？」或「存在於當下的是什麼？」開始探索。當我們有了一些了解之後，才比較容易理解宇宙意識或道的運作及活動是什麼。

我們已經發現自我會根據宇宙意識的物質次元來定義現實，這就是個人心智活動的基本內涵。你總是從這個角度在看自己和自己的生命。因此內在工作很顯然就是要重新教育自己的心智，並且要拋掉童年接受過的錯誤思想，引進宇宙意識的影響力。

自我會執著於普世性概念，陷入晦暗無明

由於自我會利用概念來定義一切事物，因此它會緊緊抓住任何一種足以維持實存感的想法，甚至會抓住普世性概念，讓自己繼續存在。它甚至會執著於對本體的體悟，然後對自己說：「我就是本體了。」這其實是把自己界定爲本體而非經驗成本體。因此你也許有過對本體的經驗而認爲自己就是本體，但那只是一種自我意像罷了，它和其他任何一種自我意像同樣晦暗無明。雖然那份體悟是源自於宇宙意識，但你的頭腦仍然在利用它繼續定義自己。這就是我們必須超越宇宙意識進入無念實相的理由，因爲後者裡面已經沒有足以讓我們定義自己的東西了。

因此內在工作必須從個人心智進入到宇宙意識，這意味著必須從人格次元進入本體次元，然後還得超越本體次元進入無念實相，否則自我仍然會利用客觀的分別意識，緊緊抓住它們來確立自己。

如同我們曾經探討過的，當我們從無念實相的層次來覺知物質及本體世界時，它們看上去仍然像是一種思想；這就是我們會稱其爲「宇宙意識」的理由。因此純理性可以被看成是一種概念模式或結構。當我們穿透個人心智裡的概念而覺知到頭腦的意像時，我們會發現這些在純理性之中運作的概念，也都只是一些意像罷了。從無念實相的角度來看，宇宙意識也只是一種意像罷了，因此桌子並不是眞的桌子，而是看似桌子的一種意像。從個人心智的角度來看，它似乎是眞實存在的東西，但其眞實性比不上無概念次元，因爲無概念次元是更根本的實相，而物質世界及本體次元裡的事物，也都只是無念實相裡的一些意像罷了；這就是我們之所以稱其爲宇宙意識的原因。

我們稱其爲宇宙意識是因爲當我們超越它的時候，才會發現它是有意識的，但這種意識並不是由我們的人格創造出來的。這種意識是眞實存在又完整的，因此有人稱之爲「上主意識」。

從無概念次元的角度來看，物質世界、本體以及所有存在的事物，都是由概念或形式構成的意識，而且充滿在無概念次元或原初意識裡面。除非你能從無概念次元產生覺知和理解，否則仍然是佛家及西方哲學所謂的「本體論者」。你仍然相信事物和本體是存在的、各自具有永恆的本質。靈修和哲學系統經常提出人們一向會產生的某種誤解——錯把實相的某個層次當成了整體。從無概念次元來覺知，會讓我們釐清不同的次元以及它們之間的關係。

因此無概念次元就像是一整片東西，裡面沒有任何區塊，接著它就被切割成許多部分，而這便是所謂的宇宙意識，但是請記住，宇宙意識並不是個人性的心智活動。我們必須有能力區分個人心智活動和宇宙意識的差異，否則很難了解什麼是宇宙意識。從宇宙意識中顯化出來的一切事物，都可以說是一種概念。

舉個例子，如果我們說心是一種概念，這代表什麼呢？從某種程度來看，心的確是一種意像或概念，但不是一般的意像或概念。它是一種純客觀形式。但如果從慣常的角度來看它，則似乎是一種現實。

無概念次元能夠強而有力地影響自我。自我會持續地認定物質和本體次元都是眞實存在的東西，除非它進入無概念次元。那時你才發現原來一切都是意識，然後你又會質疑：「如果一切都是意識，那我爲什麼會認爲它們是眞實的？」到了那個時刻，你對存在的終極信念就會遭到巨大挑戰。如果你開始發現萬事萬物都是意識，就會開始質疑：「死亡又代表什麼呢？」當然這不意味生死不存在了，而是它們喪失了原來的重要性。它們不再像以往那麼重要了。因此這份了悟會帶來更大的自由。無概念次元帶來的挑戰，會從根本上動搖自我的僵固信念。當然進入到終極實相，挑戰會更強烈一些。到了那個階段，甚至連自我意識本身都不需要存在了。

如何既處在無分別狀態中，又能觀察到其他次元呢？

學生：既然無概念次元是經驗不到分別意識的，那麼你又如何能從這個次元觀察到其他層次的意識活動？那不是落入了分別意識嗎？

阿瑪斯：我曾經說過處在無概念次元裡既能經驗到無概念狀態，也能經驗到概念性次元。我可以從終極實相的層次將自己化成終極實相，也就是說裡面沒有任何對自我或其他事物的覺知；但我也可以從終極實相來經驗現象世界。那時我就不是純粹的終極實相了；因爲純理性已經出現，所以產生了辨識力。就因爲有了純理性，我才認出了終極實相的存在，缺少了辨識力，我永遠無法認出終極實相；我可能處在終極實相的狀態裡，但是對這種狀態毫無所知。因此從某個角度來看，你必須從這個狀態出來之後，才能認出它來。爲了覺知到終極實相，另一個層次的覺知必須出現，而這就是無概念次元，一種純然的覺知。處在無概念次元裡，你才能覺知到終極實相，你會發現終極實相比你觀察到的任何一個層次都要更深奧。

這就是爲什麼藏密傳統會認爲修行人必須有最後一層的精微意識，才能體解空無。這種精微意識便是所謂的淨光。有了空無的淨光，我們才能體解空無。缺少了淨光或淸淨識，你根本不知道空無存在或不存在。

蘇非傳統認爲上主的本質就是終極實相。上主說：「我是一個稀世珍寶，我希望被知道，所以我創造出了宇宙萬物。」如果終極實相不變成別的東西，又如何能夠被認出來呢？除非它變成有覺有知的意識以及宇宙萬物，否則是無法被認出來的。身爲終極實相本身，上主並不認識祂自己，因此爲了認識祂自己，祂創造出了萬事萬物。因爲有了意識，祂才能夠說：「啊，我們終於有了意識！這眞是美妙極了！」當然這只是一種解說的方式，不過它可以幫助我們了解今天探討的內涵。我不知道這是不是上主運作的方式，但聽起來有點道理。這種說法可以解釋創生的階序。

終極實相是一種純然的覺知，它無法覺知到自己，但卻能覺知從它之中產生的東西。當意識出現的那一刻，終極實相才會察覺自己就是淨光。因此你可能從終極實相的層次覺知無概念次元，但也可能失去終極實相的狀態，完全變成了無概念次元的狀態。你可以從無概念次元經驗到自己，也就是一種純然的覺知，但卻沒有覺知的對象。你也可能變成無概念狀態，而可以覺知到終極實相。這就是爲什麼我們有能力探討終極實相的理由。

處在任何一種層次的經驗裡，你都可以觀察到更膚淺的次元以及下一個更深的次元，除非進入了終極實相。進入終極實相就到底了，那時你只能反過來觀察更膚淺的次元。假如你是處在個人性的心智狀態裡，也只剩下一條路可走，那就是朝著更深的次元發展。終極實相是最根本的狀態，個人心智則是最膚淺的狀態。

擺脫個人心智，迎向令人驚嘆的實相

當我們看見實相的所有層次時，眞的會驚嘆不已。我們會發現個人心智是非常受限、非常渺小、非常不完整的；這種侷限就是痛苦和負面生活的肇因。我們把整個實相縮小成一個有限的東西，然後又企圖透過這種狹隘的觀點來生活。那就像是把某個手指當成了一整隻手，這種信念勢必會帶來極大的痛苦。

逐漸覺知到最核心的部分，會讓我們超越個人心智、體驗到實相，因此才稱之爲我們內在的本質。當我們體認到自己的本質時，就能體會到當下的存在，而不再讓歷史延續下去。但這種能力是漸進的。你無法立即擺脫掉那些老舊的自我意像。你愈是能擺脫老舊的意像，愈能覺知當下的存在。如此一來你的心量就會更寬廣，更具有包容性。

從根本上來看，整個過程就是在擺脫個人性的心智活動。你會很恐懼這種狀態，因爲當你進入終極實相時，個人心智裡的一切東西都會消失。其實萬物仍然存在於眼前，但它們不再屬於個人心智。那時宇宙意識就變成了存在的內涵，因此蘇非傳統才會說：「當一個人解脫時，就從人變成了宇宙人。」

這整件事非常神祕而奇妙。不妨深思一下今天所探討的內涵。我們的確有可能體驗自己的終極實相，不再覺知自己或其他的事物。我們的確有可能徹底轉化成終極實相，而發現世界完全消失了。但是當你睜開眼睛時，世界仍然在眼前。

當我們成爲終極實相時，那種狀態就像是深睡無夢。你也許會認爲處在深睡無夢的狀態時，世界仍然存在，但是當你醒來時，卻發現世界根本不存在。這整件事比我描述的還要更神祕。我既能經驗空無，又能經驗萬有……。這到底是怎麼一回事呢？

這不是一件透過線形思考可以了解的事。這些內在次元也不是一個個堆疊上去的。你可以把它們看成是一層又一層的狀態，但眞相並非如此。我們其實可能同時經驗所有的階層。有時你只能體驗到某個階層，有時你連一個階層也體驗不到。這是一種很難解釋的狀態，因爲實相是非常神祕而奇妙的，裡面充滿著不可思議的美與神奇性。

這就是人類爲何會被視爲特殊存有的原因。人類比其他動物要特別得多，因爲人有能力經驗所有的次元，而動物只能待在特定的狀態裡。人類可以經驗或看見所有的次元。

某些靈修傳統甚至認爲天使都不及人類，因爲天使只能存在於特定的次元。譬如某些天使只能存在於愛的次元，祂們只能體驗愛而無法體驗其他的感覺。祂們永遠都充滿著愛，可是沒有其他的體認，人類則有能力經驗所有的次元。

學生：通常我們會認為心靈的演化是從與上主合一降級到動物界、礦物界或更原始的狀態，而我們人類似乎處於中間階段。但是根據你的說法，動物界與礦物界似乎屬於普世性概念的層次。

阿瑪斯：其實個人心智才是最低的層次。未解脫的個人心智甚至比動物界還要低下。這就是爲什麼某些經典（譬如可蘭經）會說：「我們把你創造成最高等的生物，但同時也把你降到了最低層。」個人的心智確實可能演變成最低下的狀態，甚至連貓狗都不如。

當我說我們有可能變得更自由更美好時，我指的就是我們有可能存在於所有的次元；因此人們才會說人類是根據上主的形象創造出來的。

上主這個概念可以藉由某種方式來理解：上主基本上就是整個宇宙意識，祂涵蓋了所有的次元。人類的靈魂也能經驗所有的次元。就我們所知，宇宙裡只有人類能夠經驗所有的次元，從這個角度來看，我們和上主十分類似。你可以繼續當人，但所有的次元都在你之內，而且你甚至能覺知所有的次元。人類就是一個小型的上主，而這便是所謂的完人，一個完整的人，因爲他可以同時存在於所有的次元。

由於人類是根據上主的形象創造出來，所以他是神子、上主的代表，也是終極實相的副攝政。人類雖然無法變成整體宇宙，但可以存在於所有次元。如果你已經體驗到所有次元，就是在體驗上主本身了。體驗到合一境界就如同體驗到上主一樣。

〔第十七章〕

無我

我們通常認為聖誕精神就是給予和分享，但我們到底給出了什麼？如果你給出的是錢或禮物，那並不符合基督所強調的給予方式。如果你給出的是自己，如果你為了真理而捨棄自我，那才是真正的給予。

今天要探討的是無概念次元的核心議題，我們將採用聖經路加福音裡的一段話：『基督說：「若有人要跟從我，就當捨己，天天背起他的十字架來跟從我。因爲，凡要救自己生命的，必喪掉生命。凡爲我喪掉生命的，必得著生命。」』（路加福音9章23～24節）由於現在是聖誕節期間，所以我覺得應該談一談和這個節日有關的議題。我認爲聖經裡的這段話，很貼切地描述了聖誕精神。我希望藉由探討「凡要救自己生命的，必喪掉生命，凡爲我喪掉生命的，必得著生命」這段話，來發展一些更深入的理解。

自我是開悟的最大障礙

聖經裡的這段話觸及了內在工作的核心，以及任何一種開悟體系的核心。自我本是開悟最大的障礙，因爲它永遠爲自己而活，但這爲什麼會是個問題呢？爲什麼企圖保有自己的生命，反而會喪失生命，但犧牲自己，卻能拯救自己？

即使是非常深入地修行，你仍然是爲自己在修，仍然想獲得某些東西。你必須質疑自己爲什麼想與上主合一，答案是你想獲得更美好的感覺；或許你以爲靈修可以使你成爲上主的新娘。這種觀點其實很正常，大部分人都是如此看待生命。你永遠是爲了自己而活，雖然你願意爲他人服務，但出發點仍然是爲自己。

我認爲基督所謂的：「若有人要跟從我」，意思並不是要把祂當成凡人來追隨。因爲跟從基督意味著追隨眞理，而基督就是眞理或實相的代表。

若想追隨眞理，「就當捨己，天天背起十字架來。」這是一段十分精微難解的話，因爲我們通常會認爲自己有兩個主人，即使把自己奉獻給眞理也一樣。我們以爲人既可以爲眞理而活，又能同時擁有自己想要的東西。修行有一大部分就是要處理這種內在的掙扎。不過，眞理的要求到底是什麼？自我的需求又是什麼？是否大部分時間我們都在向自我妥協？

基督曾經說過，你若是爲自我而活，或者試圖妥協而去侍奉兩個主人，那是行不通的。你將會喪失你想拯救或擁有的生命。喪失你的生命，意味著無論自我怎麼活，都不可能活出眞實的生命。你的人生永遠是空洞、無意義和不滿足的，因此不如死掉算了。

另外還有一種解說的方式，我通常會用「死不掉」來替代死掉。因爲你的自我如果死不掉，就會像行屍走肉一般，無法活出最眞實的生命。

前面提到的「就當捨己」這句話，暗示著自我的需求若不是和眞理的要求相反，就是和眞理的要求相抗衡。如果我們更深入地去了解這句話，可能會發現它其實意味著：「我追求眞理是爲了自己。」如果你對自我有所了解的話，就會發現它和眞理永遠是背道而馳的。自我的存在方式和它自認爲的方式是相左的。我們大部分人都認爲：「這是我，這個我有它自己的生活。擁有自己的生活就是爲了我這個人。」這個信念本身就意味著你不是爲眞理而是爲自己在活。但是在基督意識或宇宙意識的層次上，自我並不是一個獨自存在、擁有生命的存有。事實上它根本不存在。由於它不存在，所以爲自我而活就代表你是在崇拜一個虛假或根本不存在的東西。當然，要認清我們的自我或人格根本不存在，並不是一件容易的事。

基督的那句話不僅僅在說明自我是不眞實的，祂其實用了一種特別的方法，讓我們洞悉這整個情況的解決方式。祂要我們思考，到底我們是爲眞理、上主、基督而活，還是爲自我而活。

追隨真理是要為真理捨己，背起十字架來

「若有人要跟從我，就當捨己，天天背起他的十字架來跟從我。因爲，凡要救自己生命的，必喪掉生命，凡爲我喪掉生命的，必得著生命。」基督這段話的意思就是要我們做眞理的追隨者，亦即我所謂的不斷爲眞理犧牲生命，也就是要天天背起你的十字架來，天天都臣服於眞理以及眞理之道。

許多的宗教和靈修傳統都強調這種精神，我在本章要介紹的就是這部分的內在工作。如果你一直想救自己，這部分的內在工作是無法生效的。你修行若是爲了追求自我或爲了得到好處，那是行不通的，事情就是這麼簡單。內在工作的目的本是要捨棄自我、交出自我，以及爲眞理犧牲自己。

這並不是一種道德觀，也不代表爲自我修行是件壞事，或者會遭到上主懲罰。可能有某

些人是這麼想的，但我不認爲如此。我把它看成是一種自然律。一個渴望追隨眞理的人，怎能爲自我而努力呢？自我根本是個虛假的東西，這麼做不可能有效果的。

如果你修行是爲了自我，是爲自我而活，並不代表你是個很糟糕的人，或者需要被懲罰。你只不過就是爲自我而活罷了。但是，你獲得的必定是一種小我的生活；你不可能活出眞理來。我並不認爲這是很糟糕的事，也沒人會要求你停止這麼做。

剛才我們讀到的那段聖經，指的並不是「應該」跟從基督。基督的意思是如果任何人「願意」跟從我，因此這如果眞的是你的選擇，就必須弄清楚自己選擇的是什麼。你必須弄清楚其中的意義以及勢必會發生的事——天天背起十字架來。

我說的自我犧牲，並不是要你成爲一個受害者，或者必須受苦。這不是我的意思。自我犧牲最深的意義是選擇眞理而非幻覺。你要犧牲掉的是幻覺，然後要選擇眞理。

基督所謂的選擇，並不是指偏好靈性上的洞見或體悟。基督的意思其實是要我們學會如何生活。因此你究竟是依照眞理而活，還是依照小我的觀點在活？「凡要救自己生命的」意味著如果爲了小我而去救自己的生命，「必喪掉生命」；但「凡爲我喪掉生命的」則會因爲追尋眞理而「得著生命」。到目前爲止我還未充分解釋這段經文。

你的選擇，決定了你是跟隨真理或是跟隨小我

就日常生活的每個當下而言，這段經文究竟帶來了什麼啓示？假設你結束工作回到家，擁有兩、三個小時的放鬆時間，你會做什麼？你會爲自己，還是爲眞理而活？也許你會去看場電影、探望朋友、看電視、讀書，或是做些其他的事。在上述的這些活動中，你服務的對象是誰？你的動機是什麼？你的驅力是什麼？你是在滿足自己，還是把自己交出來、臣服於眞理？

當然基督的意思並不是：「如果你的確是爲眞理而活，就不能看電視。」我不認爲這是祂話中的意思。幾乎所有的靈修傳統都強調自我必須捨棄，慾望必須否絕掉。這就是棄世苦修的基礎。但我認爲這段經文背後的原理是，只要我們還在爲自己效勞，而且把自己當成了眞實的存有，就會不由自主地忽略眞理，轉而以純物質次元的角度運作。換句話說，我們會認爲的確有一個獨立存在的自我，它有許多需求和想做的事，也有各式各樣的發展。

基督並不是說自我不該存在，祂說的是自我應該爲眞理而活，應該跟從眞理。我們必須弄清楚這個觀點，因爲基督並沒有說自我必須消失，靈性才能重生。

然而，祂所說的死亡究竟是什麼？死亡意味著把對自我的身分認同捨棄掉，不再活在自我中心的狀態裡。從屬靈的角度來看，自我的死亡就是不再活在自我中心的狀態，而選擇活在本體、上主和眞理之中。

這是一個很容易誤解的議題，因爲我們總是強調以無我的態度活出自己的生命，但如何才能辦到呢？以無我的態度來生活，意思就是要爲眞理而活，因此你不能爲了小我而活，也不能有「我的人生」之類的觀點。當然你仍舊會去做許多事情，但中心點在哪裡？服侍的對象是誰？目標是什麼？

我們認識的自己通常是一個有中心點的存有或意識體，它有一個自我，也有特定的身分或傾向。這個自我和他人、宇宙或其他生命是有界線的，而我們的人生就是爲了讓這個自我活下去，因此我們很難想像如何能不爲了自我或自我的滿足而活。

即使當你有了美妙無比的開悟經驗，仍然是一種自我中心的活動。那時你是處在一種開闊無邊的狀態裡；你的自我感消失了，於是你終於領悟萬物皆是一體的。五分鐘之後你對先前發生的這件事開始感到興奮不已。你察覺這件事只發生在你的身上而非別人身上；這是具有重大意義的。但如果你並不是爲自我而活，那麼這個經驗發生在你身上和發生在別人身上，又有什麼不同呢？它發生在別人身上和發生在你身上是一樣美好的。

我不認爲你們馬上就能按照這種觀點來生活，馬上就能以無我的生活爲目標；也就是活在實相中。但我們必須把這個目標弄得更清楚一點，看看我們的內在工作究竟要做些什麼。我們必須了解自我犧牲爲什麼是必要的。請留意，我們並不是爲某個人、某個組織、某位老師、學校或團體犧牲自己，我們是爲了眞理或實相而犧牲自己。

自我犧牲代表的是臣服於真理

我們的文化通常會把「犧牲」理解成被剝削或變成受害者，因此我們很難了解爲什麼自我犧牲是正確的生活方式。如果某人採取自我犧牲的生活方式，人們就會認爲他有烈士情結或容易受人操控。人們很難了解自我犧牲代表的是臣服於眞理。

自我犧牲不僅僅意味著臣服於眞理，從某個角度來看，這個觀點本身就是眞理。若想眞的洞悉眞理，必須有某種程度的自我犧牲，因爲洞悉眞理就是領悟到實相是超越自我，最終會把自我廢除掉的一種更宏大的狀態。所以，認淸眞理就是認淸自我並不是以我們認爲的方式存在著。然後我們就會發現，眞實不虛的生活並非我們認爲的那種生活。

自我犧牲不是要我們受苦，如果把自我犧牲看成是痛苦的事，就尚未徹底認淸眞相。但是有一段時間我們勢必會感到痛苦，不過痛苦會愈來愈減輕。一段時間過後，自我犧牲會變成一種自然產生的驅力，原因是我們對實相有了眞摯的愛。當我們有了眞實的體認之後，爲眞理犧牲自己就會是一件喜悅的事了。爲眞理放棄你的生命，意味著活出眞人的生活方式，從這個角度來看，放棄自己的生命就等於拯救生命。

當我們以自我的角度考量事情時，我們的觀點通常是自我中心的，也就是靈修傳統所謂的被動物本能或慾望所操縱——奠基於物質現實的傾向，其目標就是要滿足本能需求，譬如追求生活保障、安全感、享樂以及社交生活帶來的慰藉。滿足自我基本上就是滿足這些需求。當這些需求產生時，你會發現它們通常是奠基於小我的信念，也就是認為自己和實相的其他部分是分開的，因此必須支持它才能生存下去。我們通常無法區分身體和自我的身分認同。

但如果從無念實相來看這整件事，就會發現自我只是心中的一種概念罷了。長久以來我們對這個概念一直信以為真，認為身體和其他物質事物是分開的，因而下了一個結論——我有一個自我以及它的本能需求。我們的許多需求若不是出於本能，就是出自對這些基本需求的反應。雖然這些需求都是真實的，但若是變成了生活的目標，你就會像基督所說的：「必喪掉生命。」於是就不可能擁有真實的生活了。但你若是為基督或真理捨掉了生命，反而能活出真實的你。

就大部分人而言，這種捨棄自我的生活方式，感覺上就像是喪失了生命一樣，但你原本的人生究竟是什麼狀態呢？只不過是一些本能需求的滿足罷了。考慮自己該如何在物質世界存活下去，如何獲得安全保障和享受，如何擁有社交上的慰藉及社會的認可，如何得到伴侶的撫慰等等，就是我們一般認為的生活方式。但基督的意思卻是：若想活出真實的你，這些考量都不應該是最主要的，也不該是你行動的理由或生活的重心。

我們生活的重心應該是真理才對，而跟隨基督就是跟隨真理，亦即要依照真理而活。基督的話語指出了真正的價值所在，也指出了生命的深度。如果我們活著只是為了滿足世俗需求，我們的生命就是膚淺的，缺乏靈性帶來的生命力。靈性的生命力是一種更深奧、更原創、更根本的東西。這種生命力和滿足世俗需求毫無關係。

不過我們在物質需求上也必須滿足到某種程度才行，因為我們仍然得活下去，而且必須擁有某種程度的慰藉，才能發現眞實的人生是什麼。人生是爲了開悟而不是爲了其他目的。開悟不是爲了擁有更美好的關係或更令人滿意的工作。我們追求開悟並不是要得到更好的朋友或更成功。基督要我們跟從祂，意思是要把開悟當成人生的核心目的，因此本能需求必須臣服於眞理之下。自我犧牲或是背起十字架來，意味著你的性需求、社交需求或自保本能若是和眞理起了衝突，那麼很顯然你必須放棄這些需求。不是暫時放棄，而是不間斷地每天都要做到這一點。

這才是棄世眞正的意涵。你放棄自我並不是要變成聖人，也不是要獲得上主的獎賞。你做這種選擇是因爲你認爲實相、本體和上主的旨意才是最重要的。

內在工作不能停留在心理治療上

在聖誕節期間談這個主題是很恰當的，因爲這能提醒我們內在工作的目的是什麼。有時我們會忘了我們的目的，而開始認爲內在工作是爲了改善我們的關係。我們希望內在工作能讓我們快樂一點，或幫助我們改善和上司及其他人的關係。沒錯，鑽石途徑的確很注重這些心理議題，但最終的目的並不是爲了改善關係，而是要藉由對心理議題的了解，來看到更深的實相。因爲了解了所有的心理議題，才能看見埋藏在底端的核心部分。

擁有更理想的婚姻生活，或是更能享受工作，都是很美好的事，但並不是我們做內在工作最終的目的。如果這就是你的目的，那麼你想要的只是一種心理治療罷了。心理治療的確有其重要性，然而內在工作並不是一種心理治療，它的目的也不是爲了解除痛苦，讓人生變得更美好。它其實是要你和實相產生關係，讓實相變成你生命的核心，讓實相成爲你的上主，你祈禱的對象，以及犧牲自己的理由和存活下去的目的。

我們可能會覺得若是侍奉眞理，自我就會喪失一些東西，「如果我靜坐兩個小時，就沒辦法和朋友相處了。我會因此而失去談八卦的樂趣。」我們是不是經常處在這種矛盾中？每當團體靜坐的時間來臨時，你就會想去做其他更有趣的事。

投入於內在工作會帶來長期的掙扎，這種掙扎就是內在工作要轉化的部分。一段時間之後，我們自然會選擇跟隨眞理，但過程裡仍然會有矛盾衝突。一開始我們會把對自我的認同當成對眞理的認同。我們看不出謬誤所在。

昨天晚上我讀了一段有關十三世紀的一位蘇非女性的故事。她的名字叫拉比雅。她是一位開了悟的聖人。在她臨死之前，有三位著名的蘇非聖者去探望她，這三位聖者都給了她有關人會遭逢不幸的忠告。第一位是這麼說的：「臣服於眞理就是不再抱怨自己遭遇了不幸，因為上主的旨意就是要妳經歷不幸。」這位女士回答道：「這似乎是一種自我中心的態度。」第二位聖者告訴她說：「臣服於眞理就是要讓自己快樂起來，因為這是上主的旨意。」女士的回答是：「對我而言，這是行不通的。」第三位聖者的建議則是：「侍奉眞理就是對上主感恩，因為祂以帶給妳不幸來眷顧妳。」女士的回答是：「我已經快要死了，這句話對我來說仍然是無意義的。」於是三位聖者同時問她：「那麼妳就說說妳的想法吧？」她答道：「對我而言，臣服於眞理就是徹底面對眞相，乃至於根本不認為有所謂不幸這件事，因為我的眼中只有眞相。」由此可見她有多麼愛眞理了。對拉比雅而言，眞理才是最重要、最有價值的東西。

我們愈是深入思考，就愈會發現這種生活方式很困難，因為它跟人格的本質是對立的。因此聖誕節可以有另一種獲得喜樂的方式：為了愛眞理而享受自我犧牲。但我們愛眞理並不是為了獲得什麼，我們只是為了愛眞理而愛眞理。

為真理而活，也是為真我而活

有兩種要素可以促成我們依照眞理而活，一是對眞相的洞察，二是覺知到自己無法洞察所有眞相時，寧願捨棄自我。首先，若想看到自我的眞相，必須明白自我並不像我們以為的那麼眞實、重要或根本。自我基本上只是奠基於肉身的一種結構罷了，其中最膚淺的部分是自我意像，最深的本質則是實相。因此爲眞理而活，某種程度上就是爲自己而活，但並不是屬於塵世的那個自我。你會發現爲自己而活以及爲眞理而活，其實是同一回事。我的眞我和宇宙的本質並不是分開的，也不是跟你的眞我分開的，它就是一切存在的本質。如果我的行動是眞實不虛的，自然能夠爲你我服務，而不會去思考你我的分別，因爲實相是屬於大家的。因此犧牲你的生命，意味著採取眞實的行動，做出客觀和正確的事情。

爲基督犧牲生命代表要依照眞理而活，亦即客觀地生活，同時要根據實相來採取行動。然而，一旦明白犧牲的不是自我時，你就不會有被犧牲的感覺了。你會發現自我並不是你的實相或核心部分，而透過自我犧牲，反倒能獲得更根本、更眞實、更令你滿足的東西。

一段時間之後你甚至會說：「我不再想獲得滿足，我只想讓上主快樂。我不想讓自己快樂，只想讓祂快樂。」於是你不再向上主祈禱說：「主啊，請賜給我這個東西，讓我快樂起來。」你的祈禱會變成：「告訴我該怎麼做，才能讓祢快樂？」因此，每當你想要滿足自我的時候，界分感便產生了，那時你就是爲外在的自我而活，這意味著你已經捨棄了更深的實相。基督把跟隨祂稱爲一種犧牲：背起十字架來。但是從實相的觀點來看，卻不是一種犧牲，而是領悟了實相是什麼。由於我們領悟了實相，所以生命得到了拯救。你會發現什麼也沒犧牲，因爲你捨棄的東西都不是眞正的你。你內在那個最深的東西才是最重要的，外在的一切都是爲內在的那個東西服務。我們會錯把外在的一切當成眞實的自我，只因爲大家都這麼認為。基督十分了解這個道理，祂知道即使是最客觀的實相，人類還是很難依照它來行動。祂選擇了一種簡單的方式幫助人們了解眞相，所以採用了「犧牲」這個字眼。雖然，你的確會有這樣的感覺，但事實上並不是一種犧牲。基督說：「跟從我。」當你眞的跟從祂時，你會發現你其實是在跟從自己。雖然祂說：「就當捨己。」但其實你並沒有喪失什麼，反倒是體驗了宇宙的合一性。因此我們必須心甘情願地為眞理犧牲自我。

舉個例子，你靜坐了兩個小時後有了某些體悟，而突然產生一種洞見。你發現實相才是存在的價值及本質。或許你確有體悟，但根據體悟而活又意味著什麼呢？可能是必須捨棄生命，但你發現你並沒有捨掉自我。從禪定出來之後，你發現世俗的自我仍然健在。它勢必再度確立自己，而且會繼續帶來矛盾衝突。所以，你雖有體悟，仍舊會面臨掙扎，因為你深信自己就是那個表層的自我，所以還要下許多工夫，才能眞的犧牲自我。

事實上，我們要捨棄的並不是肉身，而是概念或信念。但我們的心智並不能區分肉身與心理上的信念，因此捨棄掉這些信念，感覺上就像肉身死亡了一般。所以，根據眞理而活，意味著寧願放下對肉身及其生活的執著。舉個例子，窮或富與眞理的生活毫無關係，但由於世俗性的自我很喜歡富有，喜歡過舒服日子，因此若是放下財富才能活出眞理，就必須接受貧窮。

不過，眞理從不強調要拋棄家庭生活，或是不能擁有愛人及婚姻。只是世俗性的自我格外關切這些事情，所以你必須犧牲它們來活出眞理。世俗性的自我對外在的滿足非常執著和認同，甚至會以其來定義自己，因此我們才會認爲必須拿這些東西來換取眞理。臣服不代表要把錢捐給別人，只是當這類挑戰降臨時，必須心甘情願地奉行。凡是面臨選擇時，我們選擇的都應該是眞理。

世俗需求與靈性需求，二者不能兼顧

根據純客觀眞理而活是很困難的事，因爲世俗性的道理往往會扭曲它。雖然我們外在的一切全都屬於世俗世界，但我們的內心可以變得愈來愈不世俗，愈來愈屬靈，愈來愈接近存在的本質。

我們的確有生理需求，但靈性上的需求是更深切的，因此我們可能認爲兩者可以兼顧，其實是行不通的。我們必須爲靈性需求而捨棄外在需求。但我到底該把多少注意力放在靈性層次上，多少注意力放在物質層面上呢？除非你已經徹底整合，否則不可能有解答，因爲世俗性的需求永遠想確立自己，永遠想持續下去。它一直在你的心中運作，影響著你看事情的方式。它的本質就是不斷想滿足本能需求。它根本不關切靈性生活或內在生活，也不想服侍上主或耶穌基督，甚至連靈性是什麼都不知道。當這個以生存爲導向的自我操控大局時，你卻想起了自己的靈性體悟，這就會有一種如夢似幻的感覺。你不但會覺得本體經驗沒有意義、和你賺錢謀生毫無關係，而且也不能讓你找到更合適的人做愛。

我們必須認清我們都有求生本能，這個在物質世界運作的部分，可以幫助我們存活，我們的確需要它，但是它很想掌控大局。求生本能應該是個隨從，卻想作主。除非它獲得適當的教育，並且有了成長，否則它的本質就是想當主人。因此內在工作的目的就是要教育它。我們已經花了很長的時間探索內在工作裡的客觀現實，以及看見眞相的可能性。現在我們是從基督的觀點來看內在工作；也就是我們必須甘心捨己跟從基督或眞理。

因此首先我們必須認清，根本沒有犧牲這回事。我們認爲的那個會被犧牲掉的自我，並不是按照我們所想的方式存在著，所以並沒有犧牲這回事。第二個要認清的事就是，臣服於實相感覺上就像是放棄生存需求或慾望一樣，因此即使能活出眞理，仍然會有一種捨棄生命的感覺。

在內在工作的過程裡，每個人都會遭逢一些挑戰，總有一天我們會來到十字路口，必須做出一些改變。這些挑戰會幫助我們成長和發展，也會讓我們了悟什麼才是符合眞理的生活。我們的挑戰愈多，就愈有機會發展出眞實的洞見。

如果你的生活一直很舒服，一直能得到自己想要的東西，便可能認爲：「每件事都很順利，現在我可以靈修了。」但事情不是這麼運作的。你愈感覺舒服，愈是無法選擇靈修，變得清明。如果每件事都很順利，你勢必很難認清自己是在爲眞理服務，還是爲自己服務，因此某位蘇非聖者才會說：「若是遭逢不幸，就該對其感恩。」因爲那會提供你一個機會，看看自己會選擇眞理或是自我。我認爲基督教的觀點也很強調受苦的價值，以及背起十字架的意義。我不知道教會裡的神父是怎麼想的，但是以我來看，跟從眞理並不代表必須自找苦吃，因爲困境自然會給我們機會，使我們認淸什麼是眞實，什麼是虛妄。

苦難給了我們選擇真理的機會

聖十字若望經常談到受難與痛苦，他一直很歡迎這類挑戰。當痛苦降臨時他總是很歡喜，因爲這給了他一個爲眞理放棄自我的機會。如果你眞的渴望見到實相，就會因遭逢不幸而感到快樂，因爲你會把挑戰當成是一種引領和幫助。但大體而言我們並不需要出去自討苦吃，其實挑戰一向都在眼前。我不認爲我們需要找苦頭吃，因爲我們的內在工作已經提供了許多挑戰，不過這些挑戰比起眞實生活的困境還是小得多。譬如我們會要求你徹夜不眠地探索下去，有時也可能把聚會時間拖到六點半，而你的約會是五點半。這就可能帶給你一些小小的挑戰，但是和眞實生活的挑戰比起來，仍然是微不足道的。因此我設計這些活動的目的並不是想給你們苦頭吃，如果我眞想給你們一點苦頭吃，就該設計出更有效的方式才對。眞正的關鍵其實在於如何過自己的生活。你的選擇究竟是什麼？你是從什麼觀點在做內在工作的？你是以內在工作的哪個角度在過日子？你的目標與目的是什麼？你的中心點與動機又是什麼？你是爲了什麼而奉獻。

基督說過，若想跟從祂，就必須離開家庭、孩子以及父母。我們已經認清你要離開的並不是外在的母親，而是心底的母親形象。基本上，你必須擺脫掉所有內化的客體關係，因爲這些客體關係就是自我感的來源。

眞的在進行內在工作，感覺上就像是離開了家一樣。大部分的人對母親都已經不再執著了，許多人甚至完全不再談及母親，因此你必須擺脫的其實是內化的母親。但自我很難把頭腦裡的建構和物質現實區分開來，我們以爲頭腦建構出來的東西就是物質現實，所以選擇依眞理而活才會帶來犧牲自我的感覺，我想學員都有這方面的經驗。你原先來到這裡是想獲得一些東西，年復一年卻失去了許多東西，一段時日過後有些人甚至會感覺：「我不知道自己還剩下了什麼。」

基督說：「把你的生命交給我，爲我犧牲。」我們這裡不要求你這麼做。我不要求你爲我犧牲生命，只要你認清眞相、放棄虛妄不實的東西。當你眞的願意放下外在的執著時，就代表你已經擁有了足夠的愛，然後你才會說：「我願意放棄我的孩子、我的祖父、我的工作、我的汽車、我的聲望、我的成就、我的未來、我的美貌、我的功勳……。」如果你眞能做到這一點，如果你有了足夠的愛而願意讓這些事發生，你就會發現你並不像自己想的那麼一無所有。

你會發現身上的重擔突然消失了，黑暗突然不見了，那時你才察覺你的整個人生——你周圍的人、房子、汽車、種種的活動、興趣以及投入的事物——就像烏雲罩頂一般。在沒有眞正領悟之前，你很怕失去這些東西。你會基於恐懼而想像：「我將會窮困潦倒，染上重病，沒有任何人會來照顧我。我會又老又窮，沒有一文錢，也沒有任何保險。我無處可以投靠，外面已經冷得下雪了，而我連保暖的衣服都沒有，上面盡是一些破洞。」這些都是你想像出來的情況，你認爲自己不可能接受這樣的生活方式。

甘願捨去一切，才能看見萬物的合一性

如果你甘願失去所有的東西，經過一段時日之後就會發現，你放棄的東西都不像你想像的那麼眞實。你並非眞的擁有一輛汽車，沒有任何人眞的擁有汽車，你知道爲什麼嗎？因爲你的車子其實是基督意識的。你的房子屬於基督意識，父母屬於基督意識，孩子屬於基督意識，而你所有的活動也都屬於基督意識，因爲存在的只有一個實相。萬物皆爲一體，這便是我們最終的發現。若是能放下以往當眞的事物，我們就會看見這一體性。

當這件事發生時，並不代表你再也看不見汽車了。或許有一陣子汽車會消失不見，或許所有的東西都會消失不見；這便是釘上十字架的眞諦。然後你會重生，那時所有的東西又出現了，但出現的方式和以往截然不同。這種重生是從滅絕自我、喪失一切之中出現的。如果

你能放下這一切，就會發現所有的東西都融入到終極實相裡面，從其中就會出現重生，而那便是基督意識或宇宙意識。處在那種狀態裡你會發現，週遭的一切都充滿著生機、和諧、愛與感恩；藉由這種方式你反而拯救了自己的生命。然後你的肉身就會轉變成基督的身軀。每個人都是基督的肉身，而基督的肉身就是愛、圓滿、和諧與美。

但小我的觀點卻是這裡有個我、那裡有個你，我擁有一輛車，你也擁有自己的車子。你的車子登記在你的名下，我的車子在我的名下。如果我的車子出了狀況，不但會損失金錢，甚至連自己是誰都不知道了。你有沒有發現當你失去某個東西時，會有一種喪失方向的感覺。假如你失去了一份關係，或是房子著火了、母親過世了，那時你的感覺往往是：「我不知道我是誰了。」

今天我們探討的是放下頭腦裡的概念，接受基督的觀點。其實基督的教誨是比較人性化的，因爲祂並不要求你看見無念實相。祂表達的方式大部分的人都能理解。

我們通常認爲聖誕精神就是給予和分享，但我們到底給出了什麼？如果你給出的是錢或禮物，那並不符合基督所強調的給予方式。如果你給出的是自己，如果你爲了眞理而捨棄自我，那才是眞正的給予。你的給予可能是基於每個人都在這麼做，因爲聖誕節就應該做這件事，或者做這件事令你覺得很舒服，甚至因爲別人送了你禮物、所以必須回報等等，但這眞的是聖誕精神嗎？我相信許多人都這麼認爲。但根據我的了解，這可不是基督的本意。

內在工作乃是要客觀地認清實相是什麼，並且要認清物質次元和靈性有什麼關係，眞我和外在的我有什麼關係，以及我們扮演的是什麼角色。其實內在工作的眞諦就是要爲內在而捨棄外在。由於我們認同的是外在世界，所以才把這件事詮釋成了自我犧牲。

〔附錄〕

延伸閱讀

鑽石途徑系列

*《鑽石途徑I——存在與自由》（2004），阿瑪斯（A. H. Almaas），心靈工坊。

*《鑽石途徑II——現代心理學與靈修的整合》（2004），阿瑪斯（A. H. Almaas），心靈工坊。

*《鑽石途徑III——探索火焰的眞相》（2004），阿瑪斯（A. H. Almaas），心靈工坊。

其他相關書籍

*《生命不再等待》（2008），佩瑪・丘卓（Pema Chödrön），心靈工坊。

*《萬法簡史》（2005），肯恩・威爾伯（Ken Wilber），心靈工坊。

*《生命之書：365日的靜心冥想》（2005），克里希那穆提（Krishnamurti），心靈工坊。

*《箭術與禪心》（2004），奧根・海瑞格（Eugen Herrigel），心靈工坊。

*《耶穌也說禪》（2004），梁兆康（Kenneth S. Leong），心靈工坊

*《大圓滿》（2003），達賴喇嘛，心靈工坊。

*《與無常共處》（2003），佩瑪・丘卓（Pema Chödrön），台北：心靈工坊。

*《超越自我之道——超個人心理學的大趨勢》（2003），羅傑・渥許（Roger Walsh）、法蘭西絲・方恩（Frances Vaughan）編著，心靈工坊。

*《點亮自性之光——克里希那穆提談眞實冥想》（2003），克里希那穆提（Krishnamurti），人本自然。

*《轉逆境爲喜悅——與恐懼共處的智慧》（2002），佩瑪・丘卓（Pema Chödrön），心靈工坊。

*《當生命陷落時——與逆境共處的智慧》（2001），佩瑪・丘卓（Pema Chödrön），心靈工坊。

*《無盡的療癒——身心覺察的禪定練習》（2001），東杜法王（Tulku Thondup），心靈工坊。

*《狂喜之後》（2001），傑克・康菲爾得（Jack Kornfield），橡樹林。

*《人的形貌——身體與性格探索》（2000），蘇珊・贊諾絲（Susan Zannos），方智。

*《來自眞實世界的聲音》（2000），葛吉夫（Gurdjieff），方智。

*《與奇人相遇——第四道大師葛吉夫的靈修之路》（2000），葛吉夫（Gurdjieff），方智。
*《探索奇蹟——認識第四道大師葛吉夫》（1999），鄔斯賓斯基（Ouspensky），方智。
*《恩寵與勇氣》（1998），肯恩·威爾伯（Ken Welber），張老師文化。
*《西藏生死書》（1998），索甲仁波切（Sogyal Rinpoche），張老師文化。
*《自由的迷思》（1998），創巴仁波切，眾生。
*《突破修道上的唯物》（1997），創巴仁波切，眾生。
*《當下自在》（1995），一行禪師，允晨文化。
*《動中修行》（1995），創巴仁波切，眾生。
*《般若之旅》（1991），克里希那穆提（Krishnamurti），方智。

鑽石途徑 I
【現代心理學與靈修的整合】
作者—阿瑪斯
策劃、翻譯—胡因夢　定價—350元

阿瑪斯發展出的「鑽石途徑」結合了現代深度心理學與古代靈修傳統，幾乎涵蓋人類心靈發展的所有面向。這個劃時代的整合途徑，將帶來有別於傳統的啓蒙和洞識。

鑽石途徑 II
【存在與自由】
作者—阿瑪斯　譯者—胡因夢　定價—280元

開悟需要七大元素——能量、決心、喜悅、仁慈、祥和、融入和覺醒。這些元素最後會結合成所謂的鑽石意識，使我們的心靈散發出閃亮剔透的光彩！

鑽石途徑 III
【探索眞相的火焰】
作者—阿瑪斯　譯者—胡因夢　定價—260元

你是誰？爲什麼在這裡？又將往哪裡去？這些問題像火焰般在你心中燃燒，不要急著用答案來熄滅它，就讓它燒掉你所有既定的信念，讓這團火焰在你心中深化；讓存在變成一個問號，一股熱切的渴望。

鑽石途徑 IV
【無可摧毀的純眞】
作者—阿瑪斯　譯者—胡因夢　定價—420元

在本系列最深入的《鑽石途徑IV》中，阿瑪斯提出個人本體性當在剝除防衛、脫離表相、消除疆界後，進入合一之境，回歸處子的純眞狀態，讓知覺常保煥然一新，在光輝熠熠的實相中，看見鮮活美好的世界。

萬法簡史
作者—肯恩．威爾伯
譯者—廖世德　定價—520元

這本書要說的是——世界上每一種文化都是重要的部分眞理，若能把這些部分眞理拼接成繁美的織錦，便可幫助你我找出自己尙未具備的能力，並將這份潛能轉譯成高效能的商業、政治、醫學、教育、靈性等活力。

生命之書
【365日的靜心冥想】
作者—克里希那穆提
譯者—胡因夢　定價—400元

你可曾安靜地坐著，既不專注於任何事物，也不費力地集中注意力？若是以這種方式輕鬆自在地傾聽，你就會發現心在不強求的情況下產生了驚人的轉變。

關係花園
作者—麥基卓、黃煥祥
譯者—易之新　定價—300元

關係，像一座花園，需要除草、灌溉、細心長久的照料。健康的花園充滿能量，生機盎然，完美的親密關係也一樣，可以滋養每一個人，讓彼此都有空間成長、茁莊。

健康花園
作者—麥基卓、黃煥祥
譯者—魯宓　定價—240元

你是否覺得自己孤單、憂鬱、不滿足與無所依靠？爲了想讓自己過得健康快樂，你也許已經向外嘗試不同的解決之道。但是，其實不需要改變外在世界就可以活得更健康，關鍵在於，你要能夠改變內在的你。

生命花園
作者—黃煥祥、麥基卓
譯者—陶曉清、李文瑗、殷正洋、張亞輝
　　　姚黛瑋
定價—450元

我們每一個人的功課，就是要去找到屬於自己的，通往自由、負責、健康與快樂的路徑，一個能眞正滋養自我的心靈花園。

存在禪
【活出禪的身心體悟】
作者—艾茲拉．貝達
譯者—胡因夢　定價—250元

我們需要一種清晰明確的實修方式，幫助我們在眞實生命經驗中體證自己的身心。本書將引領你進入開闊的自性，體悟心中本有的祥和及解脫。

箭術與禪心
作者—奧根．海瑞格
譯者—魯宓　定價—180元

海瑞格教授爲了追求在哲學中無法得到的生命意義，遠渡重洋來到東方的日本學禪，他將這段透過箭術習禪的曲折學習經驗，生動地記錄下來，篇幅雖短，卻難能可貴地以文字傳達了不可描述的禪悟經驗。

耶穌也說禪
作者—梁兆康
譯者—張欣雲、胡因夢　定價—360元

本書作者試圖以「禪」來重新詮釋耶穌的教誨，在他的筆下，耶穌的日常生活、他所遇到的人以及他與神的關係，都彷彿栩栩如生地呈現在我們的眼前；頓時，福音與耶穌的話語成爲了一件件禪宗公案與思索的主題。

探索身體，追求智性，呼喊靈性，
攀向更高遠的意義與價值
是幸福，是恩典，更是內在心靈的基本需求，
企求穿越回歸眞我的旅程

Holistic

綠野仙蹤與心靈療癒

【從沙遊療法看歐茲國的智慧】

作者—吉妲·桃樂絲·莫瑞那
譯者—朱惠英、江麗美　定價—280元

心理治療師吉妲·桃樂絲·莫瑞那從童話故事《綠野仙蹤》中的隱喻出發，藉由故事及角色原型，深入探索通往人們心理的療癒之路。本書作者莫瑞那是《綠野仙蹤》原作者李曼·法蘭克·包姆的曾孫女，她爲紀念曾祖父贈與這世界的文學大禮，特地於此書中詳載《綠野仙蹤》的創作背景、家族故事及影響。

覺醒風

【東方與西方的心靈交會】

作者—約翰·威爾伍德
譯者—鄧伯宸　定價—450元

東方的禪修傳統要如何與西方的心理治療共冶一爐，帶來新的覺醒？資深心理治療師約翰·威爾伍德提供了獨到的見解，同時解答了下列問題：東方的靈性修行在心理健康方面，能夠帶給人什麼樣的啓發？追求靈性的了悟對個人的自我會帶來什麼挑戰，並因而產生哪些問題？人際關係、親密關係、愛與情欲如何成爲人的轉化之鑰？

教瑜伽·學瑜伽

【我們在這裡相遇】

作者—多娜·法喜
譯者—余麗娜　定價—250元

本書作者是當今最受歡迎的瑜伽老師之一，她以二十五年教學經驗，告訴你如何找對老師，如何當個好老師，如何讓瑜伽成爲幫助生命轉化的練習。

瑜伽之樹

作者—艾揚格
譯者—余麗娜　定價—250元

艾揚格是當代重量級的瑜伽大師，全球弟子無數。本書是他在歐洲各國的演講結集，從瑜伽在日常生活中的實際運用，到對應身心靈的哲理沉思，向世人傳授這門學問的全貌及精華。

凝視太陽

【面對死亡恐懼】

作者—歐文·亞隆
譯者—廖婉如　定價—320元

你曾面對過死亡嗎？你是害怕死亡，還是怨恨沒有好好活著？請跟著當代存在精神醫學大師歐文?亞隆，一同探索關於死亡的各種疑問，及其伴隨的存在焦慮。

生命的禮物

【給心理治療師的85則備忘錄】

作者—歐文·亞隆
譯者—易之新　定價—350元

當代造詣最深的心理治療思想家亞隆認爲治療是生命的禮物。他喜歡把自己和病人看成「旅程中的同伴」，要攜手體驗愉快的人生，也要經驗人生的黑暗，才能找到心靈回家之路。

日漸親近

【心理治療師與作家的交流筆記】

作者—歐文·亞隆、金妮·艾肯
審閱—陳登義　譯者—魯宓　定價—320元

本書是心理治療大師歐文·亞隆與他的個案金妮共同創作的治療文學，過程中兩人互相瞭解、深入探觸，彼此的坦承交流，構築出這部難能可貴的書信體心理治療小說。

心態決定幸福

【10個改變人生的承諾】

作者—大衛·賽門
譯者—譚家瑜　定價—250元

「改變」爲何如此艱難？賽門直指核心地闡明人有「選擇」的能力，當你承認你的「現實」是某種選擇性的觀察、解讀、認知行爲製造的產物，便有機會意志清醒地開創自己的人生。

當下，繁花盛開

作者—喬・卡巴金
譯者—雷叔雲　定價—300元

心性習於自動運作，常忽略要真切地去生活、成長、感受、去愛、學習。本書標出每個人生命中培育正念的簡要路徑，對想重拾生命瞬息豐盛的人士，深具參考價值。

有求必應

【22個吸引力法則】
作者—伊絲特與傑瑞・希克斯夫婦
譯者—鄧伯宸　定價—320元

想要如願以償的人生，關鍵就在於專注所願。本書將喚醒你當下所具備的強大能量，並帶領讀者：把自己的頻道調和到一心所求之處；善用吸引力心法，讓你成爲自己人生的創造者。

超越身體的療癒

作者—勞瑞・杜西
譯者—吳佳綺　定價—380元

意義如何影響心靈與健康？心識是否能超越大腦、時間與空間的限制，獨立運作？勞瑞・杜西醫師以實例與研究報告，爲科學與靈性的對話打開一扇窗。

不可思議的直覺力

【超感知覺檔案】
作者—伊麗莎白・羅伊・梅爾
譯者—李淑珺　定價—400元

知名精神分析師梅爾博士，耗費14年探究超感官知覺（ESP），從佛洛伊德有關心電感應的著作，到中情局關於遙視現象的祕密實驗。作者向我們揭露了一個豐富、奇幻的世界。

占星、心理學與四元素

【占星諮商的能量途徑】
作者—史蒂芬・阿若優
譯者—胡因夢　定價—260元

當代美國心理占星學大師阿若優劃時代的著作！本書第一部分以嶄新形式詮釋占星與心理學。第二部分透過風、火、水、土四元素的能量途徑，來探索本命盤所呈現的素樸秩序。

占星・業力與轉化

【從星盤看你今生的成長功課】
作者—史蒂芬・阿若優
譯者—胡因夢　定價—480元

富有洞見而又深具原創性的本書結合了人本占星學、榮格心理學及東方哲學，能幫助我們運用占星學來達成靈性與心理上的成長。凡是對自我認識與靈性議題有興趣的讀者，一定能從本書中獲得中肯的觀察。

心靈寫作

【創造你的異想世界】
作者—娜妲莉・高柏
譯者—韓良憶　定價—300元

在紙與筆之間，寫作猶如修行坐禪
讓心中的迴旋之歌自然流唱
尋獲馴服自己與釋放心靈的方法

狂野寫作

【進入書寫的心靈荒原】
作者—娜妲莉・高柏
譯者—詹美涓　定價—300元

寫作練習可以帶你回到心靈的荒野，看見內在廣闊的蒼穹。撞見荒野心靈、與自己相遇，會讓我們看到眞正的自己，意識與心靈不再各行其是，將要成爲完整的個體。

傾聽身體之歌

【舞蹈治療的發展與內涵】
作者—李宗芹　定價—280元

全書從舞蹈治療的發展緣起開始，進而介紹各種不同的治療取向，再到臨床治療實務運作方法，是國內第一本最完整的舞蹈治療權威書籍。

非常愛跳舞

【創造性舞蹈的新體驗】
作者—李宗芹　定價—220元

讓身體從累贅的衣服中解脫，用舞蹈表達自己內在的生命，身體動作的力量遠勝於人的意念，創造性舞蹈的精神即是如此。

身體的情緒地圖

作者—克莉絲汀・寇威爾
譯者—廖和敏　定價—240元

身體是心靈的鑰匙，找回身體的感覺，就能解開情緒的枷鎖，釋放情感，重新尋回健康自在。作者是資深舞蹈治療師，自1976年來，運用獨創的「動態之輪」，治癒了無數身陷情緒泥淖的人。

敲醒心靈的能量

【迅速平衡情緒的思維場療法】
作者—羅傑・卡拉漢、理查・特魯波
譯者—林國光　定價—320元

在全世界，思維場療法已經證明對75%至80%的病人的身心產生恆久的療效，成功率是傳統心理治療方法的許多倍。透過本書，希望讀者也能迅速改善情緒，過著更平衡的人生。

生命不再等待

作者—佩瑪．丘卓　審閱—鄭振煌
譯者—雷叔雲　定價—450元

本書以寂天菩薩所著的《入菩薩行》爲本，配以佩瑪．丘卓既現代又平易近人的文字風格；她引用經典、事例，沖刷掉現代生活的無明與不安；她也另外調製清新的配方，撫平現代人的各種困惑與需求。

當生命陷落時

【與逆境共處的智慧】

作者—佩瑪．丘卓
譯者—胡因夢、廖世德　定價—200元

生命陷落谷底，如何安頓身心、在逆境中尋得澄淨的智慧？本書是反思生命、當下立斷煩惱的經典作。

轉逆境爲喜悅

【與恐懼共處的智慧】

作者—佩瑪．丘卓
譯者—胡因夢　定價—230元

以女性特有的敏感度，將易流於籠統生硬的法教，化成了順手拈來的幽默譬喻，及心理動力過程的細膩剖析。她爲人們指出了當下立斷煩惱的中道實相觀，一條不找尋出口的解脫道。

不逃避的智慧

作者—佩瑪．丘卓
譯者—胡因夢　定價—250元

繼《當生命陷落時》、《轉逆境爲喜悅》、《與無常共處》之後，佩瑪再度以珍珠般的晶瑩語句，帶給你清新的勇氣，及超越一切困境的智慧。

無盡的療癒

【身心覺察的禪定練習】

作者—東杜仁波切
譯者—丁乃竺　定價—300元

繼《心靈神醫》後，作者在此書中再次以身心靈治療爲主、教授藏傳佛教中的禪定及觀想原則；任何人都可藉由此書習得用祥和心修身養性、增進身心健康的方法。

十七世大寶法王

作者—讓保羅．希柏　審閱—鄭振煌、劉俐
譯者—徐筱玥　定價—300元

在達賴喇嘛出走西藏四十年後，年輕的十七世大寶法王到達蘭薩拉去找他，準備要追隨他走上同一條精神大道，以智慧及慈悲來造福所有生靈。

大圓滿

作者—達賴喇嘛
譯者—丁乃竺　定價—320元

「大圓滿」是藏傳佛教中最高及最核心的究竟眞理。而達賴喇嘛則是藏傳佛教的最高領導，一位無與倫比的佛教上師。請看達賴喇嘛如何來詮釋和開示「大圓滿」的精義。

108問，與達賴喇嘛對話

作者—達賴喇嘛
對談人—費莉絲塔．蕭恩邦　定價—240元

作者以深厚的見解，介紹佛教哲理、藏傳佛教的傳承，及其對西方現代世界的重要性，對於關心性靈成長，以及想了解佛教和達賴喇嘛思想精華的讀者，這是一本絕佳的入門好書！

隨在你

作者—吉噶．康楚仁波切
譯者—丁乃竺　定價—240元

心就像一部電影，外在世界的林林總總和紛飛的念頭情緒，都是投射於其上的幻影。如果我們可以像看電影般地看待自己的生命，就可以放鬆心情，欣賞演出，看穿現象的流動本質，讓妄念自然來去。

當囚徒遇見佛陀

作者—圖丹．卻准
譯者—雷叔雲　定價—250元

多年來，卻准法師將佛法帶進美國各地重刑監獄。她認爲，佛陀是一流的情緒管理大師，可以幫助我們走出情緒的牢籠。

病床邊的溫柔

作者—范丹伯
譯者—石世明　定價—150元

本書捨棄生理或解剖的觀點，從病人受到病痛的打擊，生命必須面臨忽然的改變來談生病的人遭遇到的種種問題，並提出一些訪客箴言。

疾病的希望

【身心整合的療癒力量】

作者—托瓦爾特．德特雷福仁、
　　　呂迪格．達爾可
譯者—易之新　定價—360元

把疾病當成最親密誠實的朋友，與它對話——因爲身體提供了更廣的視角，讓我們從各種症狀的痛苦中學到自我療癒的人生功課。

終於學會愛自己

【一位婚姻專家的離婚手記】
作者—王瑞琪　定價—250元

知名的婚姻諮商專家王瑞琪，藉由忠實記錄自己的失婚經驗，讓有同樣經歷的讀者，能藉由她的故事，得到經驗的分享與共鳴。

以畫療傷

【一位藝術家的憂鬱之旅】
作者—盛正德　定價—300元

……此刻我把繪畫當成一條救贖之道、一段自我的療程，藉著塗抹的過程，畫出眞實或想像的心裡傷痕，所有壓抑也靠著畫筆渲洩出來。我藉由繪畫來延續隨時會斷裂的生命與靈魂、來找到活下去的理由……

學飛的男人

【體驗恐懼、信任與放手的樂趣】
作者—山姆．金恩　譯者—魯宓
定價—280元

爲了一圓孩提時的學飛夢想，山姆以六十二歲之齡加入馬戲團學校，學習空中飛人。藉由細緻的述說，學飛成爲一則關於冒險、轉化、克服自我設限、狂喜隱喻的性靈旅程。

太太的歷史

作者—瑪莉蓮．亞隆　譯者—何穎怡
定價—480元

這本西方女性與婚姻的概論史淋漓盡致呈現平凡女性的聲音，作者瑪莉蓮．亞隆博覽古今，記錄婚姻的演化史，讓我們了解其歷經的集體變遷，以及妻子角色的轉變過程，是本旁徵博引但可口易讀的書。

跟自己調情

【身體意象與性愛成長】
作者—許佑生　定價—280元

身體是如何被眾多的禁忌所捆綁？要如何打破迷思，讓屬於身體的一切都更健康自然？本書帶領讀者以新的角度欣賞自己的身體，讓人人都可以擺脫傳統限制，讓身體更輕鬆而自在！

貧窮的富裕

作者—以馬內利修女　譯者—華宇
定價—250元

現年95歲的以馬內利修女，是法國最受敬重的女性宗教領袖。她花了一生的時間服務窮人，跟不公義的世界對抗。本書是她從個人親身經驗出發的思考，文字簡單動人卻充滿智慧和力量，澆灌著現代人最深層的心靈。

染色的青春

【十個色情工作少女的故事】
編著—婦女救援基金會、纓花
定價—200元

本書呈現十位色情工作少女的眞實故事，仔細聆聽，你會發現她們未被呵護的傷痛，對愛濃烈的渴望與需求，透過她們，我們能進一步思索家庭、學校、社會的總總危機與改善之道。

親愛的爸媽，我是同志

編著—台灣同志諮詢熱線協會
定價—260元

本書讓父母及子女能有機會看見其他家庭面對同性戀這個課題的生命經驗。或許關於出櫃，每位子女或父母當下仍承受著痛苦與不解，但在閱讀這本書的同時，我們希望彼此都能有多一點體諒與同理心。

醫院裡的危機時刻

【醫療與倫理的對話】
作者—李察．詹納
譯者—蔡錚雲、龔卓軍　定價—300元

詹納博士透過一個個眞實深刻的故事，細膩生動而情感豐富地描繪了病患、家屬與醫護人員，在面對疾病考驗及種種醫療決策時所面臨的倫理難題與思維，藉由不斷的對談與互動，將問題釐清，找出彼此的價值觀與適當的醫療處置。

生命長河，如夢如風，
猶如一段逆向的歷程
一個掙扎的故事，一種反差的存在，
留下探索的紀錄與軌跡

Caring

眼戲
【失去視力，獲得識見的故事】
作者—亨利·格倫沃
譯者—于而彥、楊淑智　定價—180元

慣於掌握全球動脈的資深新聞人，卻發現自己再也無法看清世界樣貌……這突如其來的人生戲碼，徹底改變他對世界的「看」法。

空間就是權力
作者—畢恆達　定價—320元

空間是身體的延伸、自我認同的象徵，更是社會文化與政治權力的角力場。

希望陪妳長大
【一個愛滋爸爸的心願】
作者—鄭鴻　定價—180元

這是一位愛滋爸爸，因爲擔心無法陪伴女兒長大，而寫給女兒的書…

難以承受的告別
【自殺者親友的哀傷旅程】
作者—克里斯多福·路加斯、亨利·賽登
譯者—楊淑智　定價—280元

自殺的人走了，留下的親友則歷經各種煎熬：悔恨、遺憾、憤怒、自責、怨懟……漫漫長路，活著的人該如何走出這片哀傷濃霧？

晚安，憂鬱
【我在藍色風暴中】(增訂版)
作者—許佑生　定價—250元

正面迎擊憂鬱症，
不如側面跟它做朋友。
跟憂鬱症做朋友，
其實就是跟自己做朋友，

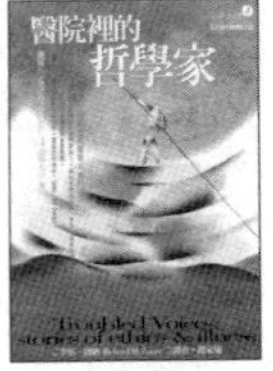

醫院裡的哲學家
作者—李察·詹納　譯者—譚家瑜
定價—260元

作者不僅在書中爲哲學、倫理學、醫學做了最佳詮釋，還帶領讀者親臨醫療現場，實地目睹多位病患必須痛苦面對的醫療難題。

與愛對話
作者—伊芙·可索夫斯基·賽菊寇
譯者—陳佳伶　定價—320元

作者以特異的寫作風格——結合對話、詩和治療師的筆記——探索對致命疾病的反應、與男同志友人的親密情誼、性幻想的冒險場域，以及她投入佛教思想的恩典。

愛他，也要愛自己
【女人必備的七種愛情智慧】
作者—貝芙莉·英格爾　譯者—楊淑智
定價—320元

本書探討女性與異性交往時，如何犧牲自己的主體性，錯失追求成長的機會。作者累積多年從事女性和家庭諮商的經驗，多角度探討問題的根源。

瘋狂天才
【藝術家的躁鬱之心】
作者—凱·傑米森
譯者—易之新、王雅茵　定價—320元

本書從多位詩人、文學家、畫家，談從憂鬱、躁鬱氣質逐漸到病症的過程，深刻反省現代醫學對躁鬱症和其他疾病所需考量的倫理觀點。

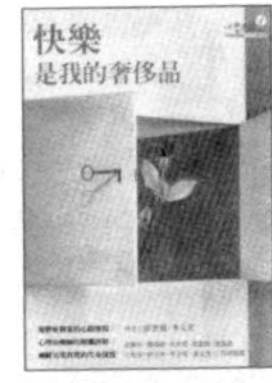

快樂是我的奢侈品
作者—蔡香蘋、李文瑄　定價—250元

本書藉由眞實的個案，輔以專業醫學知識，從人性關懷的角度探討憂鬱症患者的心路歷程，以同理心去感受病友的喜怒哀樂，爲所有關懷生命、或身受憂鬱症之苦的朋友開啓了一扇希望之窗。

聽天使唱歌
作者—許佑生　定價—250元

我深信唯有親自走過這條泥濘路的人，才眞正了解那種微細的心理糾纏、顚覆、拉扯，也才會在絕境中用肉身又爬又滾，找到一條獨特的出路…。

揚起彩虹旗
【我的同志運動經驗 1990-2001】
主編—莊慧秋　作者—張娟芬、許佑生 等
定價—320元

本書邀請近三十位長期關心、參與同志運動的人士，一起回看曾經努力走過的足跡。這是非常珍貴的一段回憶，也是給下一個十年的同志運動，一份不可不看的備忘錄。

顛倒的生命，窒息的心願，沈淪的夢想
爲在暗夜進出的靈魂，
守住窗前最後的一盞燭光
直到晨星在天邊發亮

SelfHelp

不要叫我瘋子
【還給精神障礙者人權】
作者—派屈克・柯瑞根、羅伯特・朗丁
譯者—張葦　定價—380元

本書兩位作者都有過精神障礙的問題，由於他們的寶貴經驗，更提高本書的價值。汙名化不僅只影響精障朋友，而會擴及社會。所以找出消除汙名化的方法應是大眾的責任。

他不知道他病了
【協助精神障礙者接受治療】
作者—哈維亞・阿瑪多、安娜麗莎・強那森
譯者—魏嘉瑩　定價—250元

如果你正爲有精神障礙的家人該不該接受治療而掙扎，本書是你不可或缺的。作者提供了深刻、同理且實用的原則，足以化解我們在面對生病的人時，產生的挫折與罪惡感。

愛，上了癮
【撫平因愛受傷的心靈】
作者—伊東明　譯者—廣梅芳　定價—280元

日本知名性別心理學專家伊東明，透過十三位男女的眞實故事，探討何謂「愛情上癮症」。他將愛情上癮症分爲四種：共依存型、逃避幸福型、性上癮型，以及浪漫上癮型。

孩子，別怕
【關心目睹家暴兒童】
作者—貝慈・葛羅思
譯者—劉小菁　定價—240元

本書讓我們看到目睹家暴的孩子如何理解、回應並且深受暴力的影響。作者基於十多年的實務經驗，分享如何從輔導、法令與政策各方面著手，眞正幫助到目睹家暴的兒童。

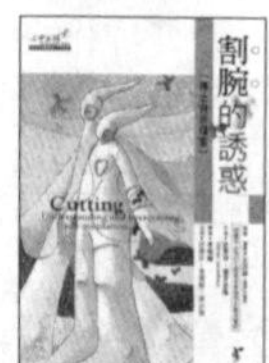

割腕的誘惑
【停止自我傷害】
作者—史蒂芬・雷文克隆
譯者—李俊毅　定價—300元

本書作者深入探究自傷者形成自我傷害性格的成因，如基因遺傳、家庭經驗、童年創傷及雙親的行爲等，同時也爲自傷者、他們的父母以及治療師提出療癒的方法。

我的孩子得了憂鬱症
【給父母、師長的實用指南】
作者—孟迪爾
譯者—陳信昭、林維君　定價—360元

本書是國內第一本討論青少年憂鬱症的專書，在書中，作者再三強調，憂鬱症要及早診斷、給予恰當的治療，才能確保身心健康，而最好的康復之道，必須有家長的充分了解與支持，一起參與治療計畫。

我和我的四個影子
【邊緣性病例的診斷及治療】
作者—平井孝男
譯者—廣梅芳　定價—350元

邊緣性病例，是介於精神官能症、精神病、憂鬱症、健康等狀態之間，由許多層面融合而成。本書將解開這病症的謎團，讓我們對憂鬱症、人格障礙等症狀有更深的理解。

愛你，想你，恨你
【走進邊緣人格的世界】
作者—傑洛・柯雷斯曼、郝爾・史卓斯
譯者—邱約文　定價—300元

邊緣人格患者的情緒反反覆覆，充滿矛盾。本書是以通俗語言介紹邊緣人格的專書，除了供治療專業者參考，更爲患者、家屬、社會大眾打開一扇理解之窗，減輕相處的挫折與艱辛。

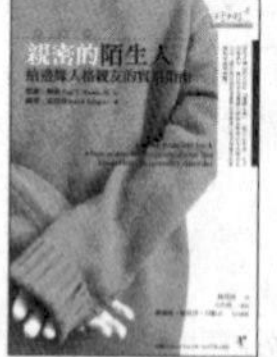

親密的陌生人
【給邊緣人格親友的實用指南】
作者—保羅・梅森、蘭蒂・克雷格
譯者—韓良憶　定價—350元

本書是專爲邊緣人格親友所寫的實用指南。作者收集一千多個案例，經過整理統合後，列出實際的做法，教導邊緣人格親友如何有效處理邊緣人格者的種種異常行爲，並照顧好自己。

躁鬱症完全手冊
作者—福樂・托利醫師，麥可・克內柏
譯者—丁凡　定價—500元

本書討論了與躁鬱症相關的獨特問題，包括酗酒、用藥、暴力、自殺、性、愛滋病和保密性，是一本針對病患、家屬與醫護人員需要而寫的躁鬱症完全手冊，也是介紹躁鬱症最全面完整的巨著。

老年憂鬱症完全手冊
【給病患家屬及助人者的實用指南】
作者—馬克・米勒，查爾斯・雷諾三世
譯者—李淑珺　定價—320元

高齡化社會已全面到來，要如何成功老化，憂鬱不上身，是知名的老人精神醫學權威米勒博士和雷諾博士的研究重心。本書總結他們二十年的臨床經驗，爲讀者提供完整實用的資訊。

對於人類心理現象的描述與詮釋
有著源遠流長的古典主張，有著速簡華麗的現代議題
構築一座探究心靈活動的殿堂，
我們在文字與閱讀中，尋找那奠基的源頭

Master

故事・知識・權力
【敘事治療的力量】
作者—麥克・懷特、大衛・艾普斯頓
審閱—吳熙琄　譯者—廖世德
定價—300元

本書針對敘事治療提出多種實例，邀請並鼓勵讀者以反省的立場，在敘述和重說自己的故事當中，寫作與重寫自己的經驗與關係。

詮釋現象心理學
作者—余德慧　定價—250元

本書探詢語言是何等神聖，詮釋又是怎麼一回事，希望在心理學的基設上做更多的思考，孕育心理學更豐富的知識。

災難與重建
【心理衛生實務手冊】
作者—戴安・梅爾斯　審閱—魯中興
策劃—中華心理衛生協會
譯者—陳錦宏等十人　定價—300元

災後重建，除了理論依據，還需實際的方法與步驟。本書希望藉由美國的災難經驗及災後重建的實務運作，提供國內實際工作的參考。

母性精神分析
【女性精神分析大師的生命故事】
作者—珍妮特・榭爾絲　譯者—劉慧卿
定價—450元

作者企圖標示出不同於佛洛伊德的古典精神分析之路（注意焦點和研究主題的不同），用極端的二分法「母性和父系」，讓讀者注意到這種焦點的改變。

意義的呼喚
【意義治療大師法蘭可自傳】
作者—維克多・法蘭可　審閱—李天慈
譯者—鄭納無　定價—220元

法蘭可是從納粹集中營裡生還的心理治療師，更是意義治療學派的創始人。在九十歲的高齡，他自述其跨越一世紀的精采人生，向世人展現他追尋意義的心靈旅程。

尼金斯基筆記
作者—尼金斯基　譯者—劉森堯
定價—320元

舞神尼金斯基在被送入療養院治療精神疾病前寫下的筆記，見證這位藝術家對人類的愛、精神和宗教的追尋。這些文字來自一個崩潰的靈魂的吶喊，爲了達到舞蹈極限，他跳向一個無人能及的地方—「上帝的心中」。

崔玖跨世紀
口述—崔玖　執筆—林少雯、龔普美
定價—300元

從國際知名的婦產科權威，到中西醫的整合研究，到花精治療及生物能醫學的倡導，台灣的「另類醫學之父」崔玖七十餘年的人生，不斷突破傳統，開創新局，是一則永遠走在時代尖端的傳奇！

生死學十四講
作者—余德慧、石佳儀　整理—陳冠秀
定價—280元

本書從現代人獨特的生存與死亡處境出發，以海德格、齊克果的哲學精神爲經緯，結合作者多年累積的學養與體驗，引領你我一起探索關於生命與死亡的智慧。

超越自我之道
作者—羅傑・渥許、法蘭西絲・方恩
譯者—易之新、胡因夢　定價—450元

本書呈現的是超個人學派發展的大趨勢。且看超個人運動能不能引領我們化解全球迫切的危機、使人類徹底覺醒。

心理治療入門
作者—安東尼・貝特曼、丹尼斯・布朗
強納森・佩德
譯者—陳登義　定價—450元

本書是心理治療的經典入門作品，詳盡地介紹精神動力的原理與實務概要，對於不同型式心理治療的歷史、理論、實務等方面的脈絡加以討論，是學習正統心理治療最佳的媒介。

愛的功課
【治療師、病人及家屬的故事】
作者—蘇珊・麥克丹尼爾、潔芮・赫渥斯
威廉・竇赫提
譯者—楊淑智、魯宓　定價—600元

一群家族治療師勇敢打破傳統心理專業人士與病人、家屬之間的階級與藩籬，分享自己生病的經驗。讓治療的過程更富人性，醫病關係也更眞誠。

學習家族治療
作者—薩爾瓦多・米紐慶、李維榕
喬治・賽門
譯者—劉瓊瑛、黃漢耀　定價—420元

米紐慶在家族治療領域有深遠的影響力，他的典型面談甚至成爲治療師評斷自己工作優劣的標準。本書提供了初學者與執業者少有的機會，在大師的帶領下，學習家族治療的藝術與技術。

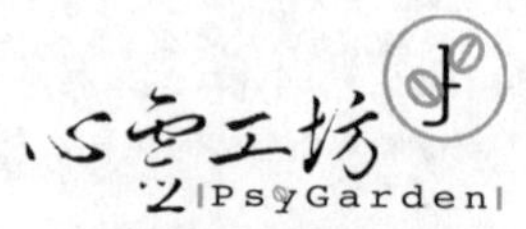

Holistic 046

鑽石途徑 IV：無可摧毀的純真

Diamond Heart Book Four: Indestructible Innocence

作者—阿瑪斯（A. H. Almaas）

策劃、翻譯—胡因夢

出版者—心靈工坊文化事業股份有限公司
發行人—王浩威
總編輯—徐嘉俊　執行編輯—朱玉立
通訊地址—10684 台北市大安區信義路四段 53 巷 8 號 2 樓
郵政劃撥—19546215　戶名—心靈工坊文化事業股份有限公司
電話—02）2702-9186　傳真—02）2702-9286
Email—service@psygarden.com.tw　網址—www.psygarden.com.tw

製版・印刷—中茂分色製版印刷事業股份有限公司
總經銷—大和書報圖書股份有限公司
電話—02）8990-2588　傳真—02）2290-1658
通訊地址—248 新北市新莊區五工五路二號
初版一刷—2009 年 3 月　初版三刷—2022年3月
ISBN—978-986-6782-51-0　定價—420 元

國家圖書館出版品預行編目資料

鑽石途徑 IV：無可摧毀的天真
A.H. 阿瑪斯（A. H. Almaas）作；胡因夢譯.
-- 初版． -- 臺北市：心靈工坊文化，2009.3　面：公分．（Holistic：46）
譯自：Diamond Heart Book Four: Indestructible Innocence

ISBN: 978-986-6782-51-0（平裝）　1. 自我實現　2. 自我心理學　3. 靈修

177.2　98000442

心靈工坊 PsyGarden 書香家族 讀友卡

感謝您購買心靈工坊的叢書，爲了加強對您的服務，請您詳填本卡，
直接投入郵筒（免貼郵票）或傳眞，我們會珍視您的意見，
並提供您最新的活動訊息，共同以書會友，追求身心靈的創意與成長。

書系編號－HO046　　書名－鑽石途徑IV：無可摧毀的純真

姓名　　是否已加入書香家族？□是　□現在加入

電話（公司）　　（住家）　　手機

E-mail　　生日　年　月　日

地址 □□□

服務機構／就讀學校　　職稱

您的性別—□1.女　□2.男　□3.其他

婚姻狀況—□1.未婚　□2.已婚　□3.離婚　□4.不婚　□5.同志　□6.喪偶　□7.分居

請問您如何得知這本書？

□1.書店　□2.報章雜誌　□3.廣播電視　□4.親友推介　□5.心靈工坊書訊
□6.廣告DM　□7.心靈工坊網站　□8.其他網路媒體　□9.其他

您購買本書的方式？

□1.書店　□2.劃撥郵購　□3.團體訂購　□4.網路訂購　□5.其他

您對本書的意見？

封面設計	□ 1.須再改進	□ 2.尚可	□ 3.滿意	□ 4.非常滿意
版面編排	□ 1.須再改進	□ 2.尚可	□ 3.滿意	□ 4.非常滿意
內容	□ 1.須再改進	□ 2.尚可	□ 3.滿意	□ 4.非常滿意
文筆／翻譯	□ 1.須再改進	□ 2.尚可	□ 3.滿意	□ 4.非常滿意
價格	□ 1.須再改進	□ 2.尚可	□ 3.滿意	□ 4.非常滿意

您對我們有何建議？

□ 本人＿＿＿＿＿＿（請簽名）同意提供真實姓名/E-mail/地址/電話/年齡/等資料，以作為心靈工坊聯絡/寄貨/加入會員/行銷/會員折扣/等用途，詳細內容請參閱：
http://shop.psygarden.com.tw/member_register.asp。

廣　告　回　信
台北郵局登記證
台北廣字第1143號
免　貼　郵　票

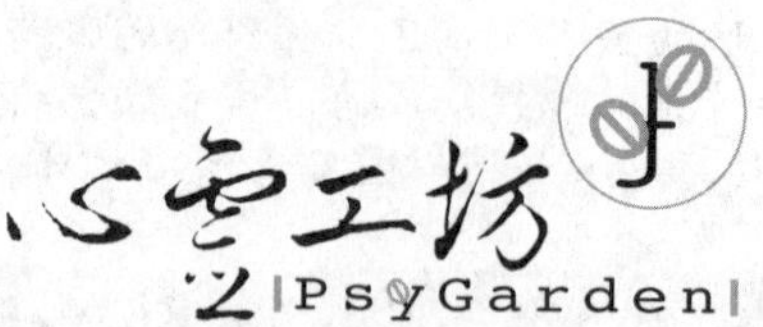

台北市106 信義路四段53巷8號2樓

讀者服務組　收

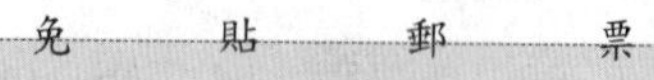

（對折線）

加入心靈工坊書香家族會員
共享知識的盛宴，成長的喜悅

請寄回這張回函卡（免貼郵票），
您就成爲心靈工坊的書香家族會員，您將可以——

⊙隨時收到新書出版和活動訊息

⊙獲得各項回饋和優惠方案